广东省教育厅人文综合实验教学示范中心立
普通高等教育21世纪"人文实验教学"

总主编 涂争鸣　**副主编** 马持节　贾　毅　陈冬纯　汪　欣

心理学与生活

李美华 / 主编

湖南师范大学出版社

图书在版编目（CIP）数据

心理学与生活 / 李美华主编 . —长沙：湖南师范大学出版社，2017.1
ISBN 978 - 7 - 5648 - 2646 - 8

Ⅰ . ①心⋯　Ⅱ . ①李⋯　Ⅲ . ①心理学—教材　Ⅳ . ①B84

中国版本图书馆 CIP 数据核字（2016）第 220296 号

心理学与生活
Xinlixue yu Shenghuo

李美华　主编

◇策划组稿：李　阳
◇责任编辑：刘　萌　李红霞
◇责任校对：谭南冬
◇出版发行：湖南师范大学出版社
　　　　　　地址/长沙市岳麓山　邮编/410081
　　　　　　电话/0731 - 88873071　88873070　传真/0731 - 88872636
　　　　　　网址/http：//press. hunnu. edu. cn
◇经销：新华书店
◇印刷：湖南雅嘉彩色印刷有限公司
◇开本：710mm×1000mm　1/16
◇印张：20
◇字数：358 千字
◇版次：2017 年 1 月第 1 版　2019 年 12 月第 2 次印刷
◇书号：ISBN 978 - 7 - 5648 - 2646 - 8
◇定价：48. 00 元

凡购本书，如有缺页、倒页、脱页，由本社发行部调换
本社购书热线：0731 - 88872256　88873071
投稿热线：0731 - 88872256　13975805626　QQ：1349748847

总序

　　人才培养是大学的基本职能。大学教育最基本的目的是培养人，培养具有较高科学素质和人文素养的人。具体而言，就是要培养出大批有独立人格、个性和创造精神，有科学信仰和科学精神，能与他人、社会和谐相处，对人类、他人、社会有深切关怀，能不断学习、不断自我完善的个体。所以说大学生人文素质教育的目的与大学教育的目的应是一致的，在高等学校进行包括人文素质教育在内的大学教育已然是毋庸置疑的既定方针。

　　人文素质教育主要是人文精神和人文知识的教育。前者包括正确的人生观、价值观、审美观、社会责任感、爱国奉献精神、独立的人格意识等；后者的主要表现形式是经典文学作品、名言警句、文化艺术作品等。人文素质教育教育学生如何去做人，如何关注人生、社会和世界，培养在生活、学习和社会参与等各个方面实践这种价值需求的精神；培养学生基本的观察问题、分析问题、解决问题的方法和思维模式，提高学生的学习能力、讨论能力、思维能力、语言能力、交际能力、沟通能力、审美能力等非常重要。古今中外的众多实例说明，大凡有成就的杰出人才，都不仅仅局限于某一专业领域叱咤风云，而且也都是积淀和施展人文素质才华的高手。因此，人文素质与专业技能都应成为学生的必修内容，不应片面地强调某一方面而忽视另一方面。

然而多年来，高校人文教育的状况却不容乐观，效果较难令人满意。一个基本的事实是，随着高等教育的大众化，大学生的人文素质却成下降趋势。现实为我们提出了一个问题：大学生人文素质究竟应该怎样教育、如何提升？传统的理念和做法就是以课堂讲授、灌输、讲解为主，辅以一些人文作品的分析研究，主要以单向性的理性教育为手段，但因为内容陈旧、方式简单、方法呆板、效果不佳而受人诟病。难能可贵的是，广东财经大学有一批教育工作者多年来致力于人文素质教育的改革，探索人文素质教育的一般规律，结合相关专业实验教学的实施，在国家级项目"广州大学城及周边地区文化素质教育基地"广东商学院分基地建设的推动下，出版了人文素质教育的标志性成果《高校人文素质教育论》，取得了一定的社会效益。在此基础上，以敢为人先的精神，大胆借鉴实验教学的理念和方法，首次进行了人文素质教育实验化、体系化的探索。以人文专业实验教学为抓手，以人文素质实验教学为演进，初步构建一个人文专业实验教学和人文素质实验教学分布推进、相得益彰、协同共生的人文综合实验教学平台，并已先期用于财经类高校的实践，于2005年9月在广东财经大学组建了人文综合实验教学中心，下设文学创作与应用写作、语言文化与语言交际、心理素质测评与社会适应能力、传播技能与媒介素养、设计创意和艺术素质五个分中心，至此人文综合实验教学平台框架基本得以确立，旨在有效整合资源，提升水平，开辟一条集专业教育和素质培养于一体的人文综合实验教学新路。伴随着实验教学环境科技含量的提高，实验教学内容也经历了改革创新，从分散的课程实验走向基于项目的分层、分类、成系统的实验教学体系。既有指向单项能力培养的单项型实验，也有指向专业综合能力培养的综合性实验，还有指向跨专业创新能力培养的创新性实验。同时，依托各专业教师和实验资源，研究、开发、设计了面向全校非人文专业大学生人文素质培养的基础性综合实验项目，构建人文素质教育实验教学体系，并衍生出一批有特色的人文实验项目，并基于人文专业实验教学平台，开设了两类实验课程：一类面向上述各专业开设了三十余门实验课程；另一类面向全校的人文素质教育课程，包括大学语文、应用写作、大学英语、艺术鉴赏、影视作品欣赏、思想品德修养、视唱、书法等。到 2005 年，人文综合实验在教学规模、学生受益面、教学质量、教学效果和教学理念等方面都有较大发展。

广东财经大学人文综合实验教学中心于 2011 年 11 月获批省级实验教学示范中心建设项目，标志着人文综合实验教学也进入到一个具有示范意义的提升发展阶段。2012 年 4 月，项目建设方案即《广东商学院人文综合实验教学平台建设方案》作为"广东商学院第六次教学工作会议"文件，提交大会讨论通过。按照人文综合实验教学平台建设的基本定位和原则要求，以"人文综合实验教学中心"为依托，充分利用现代教育技术，建立起体系完整，特色突出，实验手段先进的人文综合实验教学体系。

现在，由该中心组织编撰的首批人文实验课程的教材，即将由湖南师范大学出版社出版。这些书覆盖了人文实验教学的许多点和面，凝聚着作者多年从事实验教学的成果和经验，应该说可喜可贺。尽管难免存在底子不够厚、视野不够宽、历练不够精等许多瑕疵，但瑕不掩瑜，相信几经锻造打磨，定能发挥启发和示范作用。

是为序。

杜承铭

广东财经大学副校长

2016 年 3 月

前言

　　生活质量是随着社会的发展而提出的，随着社会生产力水平的明显提高，生活质量问题愈来愈受到人们的关注。研究提高人民的生活质量水平是时代发展的要求。钟南山院士认为，现代人生活节奏越来越快，很多人处于亚健康状态，亚健康不仅表现在失眠、乏力等表象上，还表现在心情烦闷、易急躁等亚健康的状态上。他指出，健康有五大基石：心理平衡、合理膳食、戒烟限酒、适当运动、早防早治，其中心理平衡是最重要的。

　　心理学也许是现代生活中人们最广泛涉及的主题，因为，人的生活首先也主要是由人的心理与行为支撑起来的。无论生活中的衣食住行，还是工作中的为人处世，都离不开心理学，都需要心理学知识的帮助。心理学与生活这门课程是用心理学理论与知识联系人们的日常生活与工作，用通俗易懂的语言，深入浅出地介绍心理学这一门科学，同时关注这门科学在一般大众生活中的应用，换言之，就是使它成为非专业学生了解心理学与自己的比较容易理解的一门课程。

　　心理学所涉及的方面渗透于各个领域。例如，人在工作中和家庭中的行为为什么不一样？工作是为了什么？领导是怎样起作用的？怎样使员工更努力地工作？

人不断发展积累的心理与行为会如何影响人的经济行为？不同的人投资决策会有什么不同？人的感知、态度、情感、认知以及人际互动如何影响他们的消费行为？广告是怎样起作用的？这些是经济心理学感兴趣的。我们还可以举出许多许多……总之，在人类活动的任何一个领域，都有心理学问题，都需要心理学！确实我们认为心理学是一门与人类幸福密切相关的科学。为此，我们在这样的背景下着手编一本通俗易懂、深入生活，适合非心理学专业的大学生使用的心理学教材，尽力把与心理学相关的理论和知识与人们的日常生活和工作结合起来，同时使该教材也成为一般大众了解心理学与自己的读物。本教材在内容叙述上力求通俗易懂、引人入胜，尽量采用浅显易懂的图表、生动的日常生活案例和趣味实验。本教材在突出基础心理学科学性和知识性的同时，兼顾可读性、普及性和可操作的实验。

目前国内以简洁明了的形式编写的公共心理学选修教材确实不少，但理论联系生活实际的教材不是太多，因此本教材是应高校公共选修心理学所需而编写的。

本教材的宗旨是：心理学是一门科学，同时关注这门科学在学生生活、学习与工作中的应用。编写的目标是着重培养学生运用心理学理论与知识在日常生活、学习、工作中的应用能力和创新能力，即启发学生在实践中能结合自身情况产生合理的认知，并给学生提供一些解决日常生活与学习、工作中的各种困惑的技巧，最终达到提高学生的学习与工作效率，提高生活质量，即生活的幸福指数的目的。

本书共分 12 章，既包括导论性质的心理学研究对象、发展历史和研究方法，心理与行为的生物基础，又包括心理过程为主体的感知觉和意识、学习与认知、智力与创造力等章节，以及行为和心理动力、人格与人格评估等阐述个性心理的内容，并有意识地把成长与个体心理发展、压力管理与健康心理学、人际关系与社会心理学归入课程体系的范畴，旨在加强心理学与生活的紧密联系，以及心理学与个人健康成长、社会和谐发展的紧密联系。

本书基本上是由广东财经大学心理学教师编写的（张慧勇老师是天津工业大学的老师）。具体编写分工如下：第 1 章，鞠鑫；第 2 章，李惠民；第 3 章，张慧勇；第 4 章，李惠民；第 5 章，鞠鑫；第 6 章，张霞；第 7 章，刘洁；第 8 章，方杰；第 9 章，李美华；第 10 章，李美华；第 11 章，蔡成后；第 12 章，蔡成后。李美华教授负责组织、统稿和最终定稿工作，鞠鑫副教授提出编写思路与框架等工作。

本教材使用说明：各个高校可以根据实际情况安排课时，一般安排 36 课时，平均每章 3 课时。为便于教学，本书配有相关教学资源（PPT）。

本书编写过程中，参考了国内外许多经典的心理学教材、相关论著及网络上的心理学专业材料，得到了部分专家的悉心指导，特别是湖南师范大学出版社为本书的出版提供了极大的帮助，在此一并表示感谢。由于编者水平有限，书中难免有不足之处，恳请读者予以批评指正。

李美华

2016 年 6 月于广州

目录

第五章　意识体验和心理状态 / 094

第一章　走进心理科学

　　心理学上有个著名的"巴纳姆效应"，源于有名的马戏艺人巴纳姆成功使得"每一分钟都有人上当受骗"的故事。实际上，生活中的"巴纳姆效应"比比皆是。假如我们要让每个人都能感到对自己人格的描述是准确的，就要去说那些带有普遍性的行为特点，使这种描述用在谁身上都行。算命、手相、占星术等都是利用这种效应，怎么说都能让人听着有点道理。说的越具有普遍性，就越能让人佩服他们说得准。然而，真正的心理学容不得猜测和妄想，像算命、占星术这类伪心理学的危害性很大，科学心理学应该是以观察和实验为基础的。

第一节 ｜ 初识心理学

一、什么是心理学

　　从词源上来说，"心理学"（psychology）一词是由希腊文 psyche 和 logos 两词演变合成而来的。psyche 象征着人类的"灵魂"或"精神"，古希腊人相信心灵是有别于且脱离于肉体的，灵魂在经历了磨难和奋斗而死去之后，又进入了一种崭新的境界；logos 意指对某一领域的研究。"psyche"和"logos"合起来即指研究人类灵魂或精神的学问，即"灵魂之科学"。然而，人的灵魂和精神是不可能直接观察到的。因此，大多数当代心理学家都认为：心理学是研究行为和心理过程的科学。

　　行为（behavior）就是行动，生活中人们做的任何事情都是行为，如吃饭、睡觉、上课、讲话、做梦等。这些都属于外显行为，即可以观察到的行为和反应。心理学家也研究内隐行为，即不能直接观察到，但可以通过特定的方法进行推论出来的内部心理活动，如思维、记忆、想象等。

二、心理学不是什么

有些人认为，心理学是"伪科学"，是骗人的巫术。这种看法主要有两方面原因：一是人们对心理学科学性的怀疑。人们认为"科学"应当是像物理、化学或数学一样，有严格的实验操作和严密的逻辑推理。而人的心理是看不见、摸不着、主观性极强的，心理学研究的结果也必定靠不住，缺乏科学性。二是许多人对心理咨询的"失望"。有的人认为解决心理问题责任全在心理咨询师，自己不需投入；有的人认为一两次心理咨询就应该治好心理疾病。这些想法自然导致不理想的咨询效果。1982 年国际科学联合会（ICSU）接受国际心理科学联合会（IUPsyS）为其会员协会，肯定了心理学的学术地位。心理学的各个领域都采取了严格的实验设计和统计分析，遵循科学统一的标准。心理学中的实验心理学、心理物理学和生理心理学等，其实与自然科学研究很相近。

心理学与"心理呓语"（psychobabble）相去甚远。心理呓语是指披着心理学术外衣的一种伪科学和骗术。真正的心理学比心理呓语更为复杂，更有内涵。心理学基于严谨的研究和实验产生，其研究结果通过精心观察、测量和实验得来，对人们的生活更为有用。

伪心理学与科学心理学截然相反。伪心理学是指那些貌似心理学但没有任何事实根据的体系。像手相学、颅相学、笔迹学、占星术这些伪心理学。而科学心理学以怀疑、批判的态度评价自己的学说，积极寻找各种理论中的缺陷，以观察和实验为基础，不断扩展人类的知识领域。

另外，心理学也不是常识。我们每个人都有一套如何看待自己和他人，以及如何处理生活事件的规则。许多人想当然地认为心理学就是研究这些基本规则的，心理学就是常识。虽然这些规则或常识对解释人们日常生活中的问题可能很有用，但是心理学并不轻易接受那些听起来似乎合理的观点，心理学以科学的方法、严格的评定标准来检验假设，并预测和控制行为与心理过程。

三、心理学能做什么

心理学家希望达到的目标是什么？一般而言，心理学作为一门科学，以达到对个体心理活动的描述、解释、预测和控制为研究目标，其最终目标是提高全人类的生活质量。

（一）揭示和描述人的心理活动规律

人类认识和改造世界的活动都离不开人的心理活动的参与。如果心理活动的本质和发展规律不能被揭露，就无法去理解和控制，有时甚至会被看成是任意发生的、没有因果规律可循的。为此，心理学大量的研究任务是测量、描述和揭示人的心理和行为如何调节和支配人的活动的规律性。例如，心理学通过大量实验揭示了人类遗忘的规律，这样就可以理解为什么有的人记得又快又牢固，而有的人则记忆效果差，并提出了有效记忆的方法。

（二）解释和说明人的心理活动的原因

解释和说明人的心理活动，实际上就是找出产生所观察到的某些心理现象的原因。这个过程既包括根据已知的事实形成相关的说明，也包括根据事件之间的关系提出需要证明的假设。例如，影响心理的因素概括起来有三类：一是环境因素，即人所接触的周围的客观世界，既包括自然界的物质变化，又包括人类的实践活动，如人的工作学习与人际交往；二是机体因素，即人的身体状况，如人的饥渴、健康状况等；三是心理因素，即自身的心理状态，如情绪、个性特征等。以上诸因素中，任何一个因素的变化，都会引起人的心理活动的相应变化。心理学经过大量的实验、测量，提出各种假设，检验不同情形下各种影响因素的权重。

（三）预测和控制人的心理活动方向

科学的重要作用在于预测与控制。人们掌握了心理活动的规律，就能根据客观现实的需要去预测和控制心理活动。例如，可以根据智力、性格、气质等心理表现的情况，编制各种量表，来了解人们的心理发展的水平与特点；而知道了某个学生的智力水平，就能够解释该学生的某些学业成绩；了解了某企业管理者的领导能力及性格特征，就能预测该企业的效益；明确了影响人的心理活动的因素，就能够尽量创设有利情境，避免不利因素，更好地调节人的心理活动，从而提高活动效率。

第二节 ｜ 心理学从何而来

要了解今天的心理学，就必须探索它的过去。心理学的起源与发展本身是一个令人着迷的故事。德国心理学家艾宾浩斯（Hermann Ebbinghaus）曾经说过，"心理学有一个久远的过去，但却只有一个短暂的历史"。心理学是一门既古老又年轻的科学。说它古老，是因为心理学的一部分源于哲学，而哲学作为一门研究知识、现实和人类本质的科学已经存在许多世纪了。说它年轻，是因为心理学从开始成为一门科学至今不过一百三十余年。

一、科学心理学的诞生

最早应用实验方法研究心理现象的是天文学家、生理学家和物理学家。例如，最早发现人的反应时间差别问题是在天文学界。1795 年，英国格林尼治天文台台长马斯科林在记录一颗星经过子午线的时间时，发现助手金纳布鲁克记录的时间总是慢半秒，于是解雇了助手。1882 年，德国天文学家贝塞尔对这一发现进行深入研究后，得出了著名的"人差方程式"，即 A－B＝1.223。1879 年，德国生理、心理学家冯特（Wilhelm Wundt, 1832—1920）在德国莱比锡大学建立了世界上第一个心理学实验室，开始对心理现象进行系统的科学研究，这标志着科学心理学的诞生。冯特也因此被誉为"心理学之父"。

冯特的思想被他的学生铁钦纳（E. B. Titchener, 1867—1927）带到美国，在那里，冯特的思想被称为构造主义。这种思想强调心理经验的结构，他们希望把经验分解成一个个基本元素，就像建筑结构的一块块砖瓦那样。构造主义常常用内省的方法试着分解人的意识体验。例如，人们可以拿起一个苹果，然后说自己已经感觉到了苹果的"颜色、形状、硬度"等元素。

机能主义（functionalism）是早期科学心理学的另一个研究取向，强调心理学应该以个体适应环境时心理或意识的功能为研究对象。机能主义的创始人之一是美国心理学家詹姆斯（Willian James, 1842—1910），他主要从有机体适应环境的功能的角度研究心理体验与行为，而不是试图拆分心理体验的结构。机能主义强调意识体验自动产生于环境之中，反射行为不足以满足有机体的需要。例如，学习弹钢琴的人，首先需要意识到所有的弹琴动作，但随着弹奏技能的不断发展，行为逐渐变成自动化的。当不再需要时，意识的控制将最终消失，意识的发展是为了提供学习弹钢琴需要的工具性功能。机能主义注重研究行为的原因和结果，加速了心理学科学化的进程。

心理学由早期依附于哲学、自然科学和医学领域，最终发展成为一门具有不同专业、理论取向以及研究方法的复杂学科。在此期间，心理学界的学派之争非常激烈，各理论流派的心理学家们狂热地信奉自己学派的观点，经常发生理论的争辩。最终，在当代心理学中可分出五种居主导地位的研究取向，即心理动力学观点、行为主义观点、人本主义观点、生物学观点和认知的观点。

二、心理学新取向

心理学的不同研究取向最终形成了当代的五大主流理论观点。这些观点从不同的角度看待人性，探讨了人类行为的不同方面，并对大脑如何工作提出了不同的假设，其中最重要的是，它们对人类行为的不同的解释。各理论观点主要内容如表 1-1 所示。

表 1-1　心理学中关于行为的五种观点

五种理论	主要观点
心理动力学观点	行为由人的个性中的力量所驱动，这些力量经常是深藏的或无意识的。
	强调对内在冲动、欲望和冲突的探查，特别是对无意识的研究。认为人的行为是由冲突性的个性力量控制的。
	对人的本性的看法较为消极和悲观。
行为主义观点	研究环境和经验怎样影响个体的行为，主要是行为主义和社会认知学习理论。
	强调对可观察到的行为的研究和学习的效果。强调外部奖励、惩罚、模仿学习等的作用。
	对人的本性持中性和科学的观点，但看法多少有些机械。
人本主义观点	行为由个人的自我形象、对世界的主观知觉及个人成长的需要所决定。
	关注人的主观的和有意识的体验、人类的问题、人的各种潜能以及人的理想。强调用自我形象、自我实现对行为进行解释。
	从哲学的角度积极看待人的本性。
生物学观点	主要关注生理事件如何影响个体的行为、情绪和思想的问题。
	寻求通过对大脑活动、神经系统和内分泌系统的研究，在生理学、遗传学、生物化学及进化论的基础上解释行为。
	对人的本性的看法是中性的、机械论的和还原主义的。
认知的观点	主要研究人脑中发生了什么——人们如何推理、记忆、解决问题、形成决策、理解语言等。
	运用巧妙的研究方法，通过可观察的行为来推断人们内在的心理过程。
	以一种中性的、看待计算机似的眼光看待人的本性。

第三节 | 心理学家在研究什么

心理学家都热衷于研究个体的行为，但是，不同的心理学家，他们之间的研究又有显著差异。那么，心理学研究中主要有哪些研究领域和相关的课题呢？

一、心理学的研究领域

自 19 世纪末心理学从哲学中分离出来以后，心理学的分支日益增多，研究领域逐步扩大。如果将心理学视为一朵花，那么花朵中心就是普通心理学，花瓣是各类学科或领域，如生物学、教育、管理、精神病学、司法、历史、社会学、工业、计算机等，在中心与花瓣之间的是普通心理学与相关领域交互所产生的各心理学分支（图 1-1）。

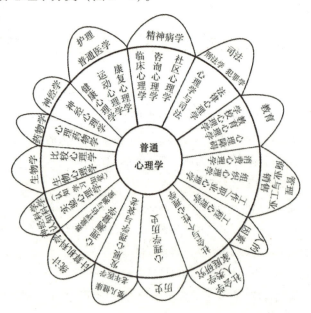

图 1-1　普通心理学与其他心理学分支学科的关系①

---

① 张积家. 普通心理学 ［M］. 广州：广东高等教育出版社，2004.

（一）普通心理学

普通心理学阐明心理现象中最基本的事实与一般问题，探讨心理活动的普遍规律。它涉及心理过程发生发展和个性心理形成及变化的最一般原理和规律，以及心理学研究的方法论原则和具体的科研方法。它处于心理学基础学科的地位，是各心理学分支的基础和初学者的入门向导。

（二）发展心理学

发展心理学研究人类个体心理发生发展的基本理论和心理发生、发展过程中的各种心理特点和规律。按照人不同的年龄阶段，分成婴幼儿心理学、儿童心理学、少年心理学、青年心理学、成年心理学和老年心理学。

（三）生理心理学

生理心理学研究人类行为、思想和情绪的生理基础。主要集中于神经系统的结构和功能、感知、学习和记忆、动机和情绪等心理活动的机制，以及内分泌系统对行为的调节作用等方面的研究。

（四）实验心理学

实验心理学以科学的实验方法研究人的心理现象和行为规律。例如，人们如何记忆？为何会产生遗忘？人们如何进行决策？不同文化中的人在同一种情境中会体验到相同的情绪吗？

（五）人格心理学

人格心理学描述和了解个人独特的心理特征和个体行为的稳定性特征，同时也探讨人格形成的影响因素和对人格特征进行测量和评估。例如，人格是生来固有的，还是后天习得的？不同的文化导致不同的人格类型吗？

（六）社会心理学

社会心理学主要研究人际间的行为和社会力量对行为的控制和影响。探讨的主题包括第一印象和人际吸引、态度、社会知觉、顺从、攻击行为等。其研究成果有助于人们在人际交往中取得成功。

（七）临床和咨询心理学

临床心理学对具有心理障碍的人进行评估、诊断和治疗，同时也对轻度行为和情绪问题进行处理。咨询心理学关注的是一些需要适应的"正常"问题，这种适应是我们大多数人在某些时候都会面临的，例如职业选择、恋爱婚姻等问题。

（八）工业和组织心理学

工业心理学关注的是工作和人的关系。组织心理学研究的是在一些组织如商业机构中人类的行为。工业和组织心理学关注的问题包括人事选拔和培训、提高生产效率和改善工作条件、计算机和自动化对工人的影响等。

美国最主要的两个心理学组织是成立于一百多年前的美国心理学会（APA），以及成立于 1988 年的美国心理协会（APS）。下列 APA 的不同分部名单（表 1-2）反映了心理学研究领域的多样性。

表 1-2　美国心理学会分部（2003）

1. 普通心理学	19. 应用实验和工程心理学	37. 心理分析
2. 心理学教学	20. 康复心理学	38. 临床神经心理学
3. 实验心理学	21. 消费心理学	39. 心理学和法律
4. 评价、测量和统计	22. 理论和哲学心理学	40. 独立从业的心理学家
5. 行为神经科学和比较心理学	23. 行为实验分析	41. 家庭心理学
6. 发展心理学	24. 心理学史	42. 男女同性恋的心理学研究
7. 人格和社会心理学	25. 社区心理学	43. 少数民族的心理学研究
8. 社会问题的心理学研究	26. 精神药理学和药物依赖	44. 媒体心理学
9. 心理学和艺术	27. 心理治疗	45. 锻炼和运动心理学
10. 临床心理学协会	28. 心理催眠	46. 和平心理学
11. 应用咨询心理学	29. 各州心理学常务联会	47. 团体心理学和团体治疗
12. 工业和组织心理学协会	30. 人本主义心理学	48. 成瘾
13. 教育心理学	31. 智力缺陷和发展障碍	49. 男性和男性化的心理学研究
14. 学校心理学	32. 人口和环境心理学	50. 国际心理学
15. 理论咨询心理学	33. 女性心理学	51. 临床儿童心理学
16. 公共服务机中的心理学家	34. 宗教心理学	52. 幼儿心理学
17. 军事心理学	35. 儿童、青年和家庭服务	53. 药物疗法
18. 成人发展和老龄化	36. 健康心理学	

二、心理学的相关职业

我们了解了心理学的主要分支学科及其主要研究领域，那么心理学家们究竟每天在做些什么呢？与心理学相关的职业有哪些呢？

第二次世界大战前，几乎所有的心理学家都在大学和学院里从事教学或研究工作，心理学几乎成为学院派专有的学科。进入 20 世纪 50 年代，应用心理学的研究领域不断扩展。现在，心理学专业的毕业生与其他专业的毕业生相比，有更广阔的职业选择范围。

心理学家的工作大致分为三类：①在大学或研究院从事教学、科研工作，称为心理学研究；②提供健康或心理健康服务的心理学工作，称为心理学实践；③非学术领域的心理学研究工作，将研究成果用于诸如商业、体育、军事、法律等领域。当然有些心理学家的工作涉及几个方面，例如，一个研究者可能在大学里从事教学、科研工作，同时也在医院提供心理咨询服务，并且为某些企业提供法律援助。表1-3列出了取得博士学位的专业心理学家大致的工作分类，图1-2描述了心理学家在不同工作领域所占比例：

表1-3　心理学家的工作分类①

心理学家工作分类	任务	工作领域
大学或研究所从事教学、科研的心理学家	专门从事纯学术和应用领域的研究	发展心理学、心理测量学、健康、教育、工业和组织心理学、生理心理学、感觉和知觉、工艺设计和运用等
健康或心理健康实践工作的心理学家	从事心理咨询和心理治疗工作，有时也做研究	私人诊所、心理健康诊所、普通医院、精神病医院、实验室、大学或研究所等
非学术领域工作的心理学家	做研究，或从事社团、机构的顾问工作	体育、消费者权益、广告、组织问题、环境问题、国家政策、民意调查、军事训练、法律问题等

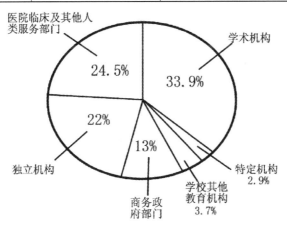

图1-2　心理学家的工作领域②

① 桑特罗克. 心理学和我们 [M]. 吴思为，等，译. 上海：上海社会科学院出版社，2008.
② 格里格，津巴多. 心理学与生活 [M]. 王垒，王甦，等，译. 北京：人民邮电出版社，2003.

（一）心理学研究

大多数从事心理学研究的心理学家都是哲学博士（Ph. D）或教育学博士（Ed. D）。一些人从事基础心理学，单纯为了追求知识而非实际运用；另一些人从事应用心理学，对具有直接的实际意义的问题进行研究，也包括对心理学研究成果的运用的心理学研究。例如，基础心理学研究"人类语言产生的机制是什么"，而应用心理学研究"我们如何教幼儿掌握更多的语言"。

（二）心理学实践

从事健康或心理健康服务工作的心理学实践者主要目标是了解并努力改善人们的生理和心理健康状况，主要包括咨询心理学家和临床心理学家。咨询心理学家的工作是治疗轻度情绪及行为障碍，帮助人们调整在学习或工作中的心理状态。而临床心理学家的工作是对心理障碍进行治疗，或研究与临床治疗有关的课题。但现在许多咨询心理学家也从事心理治疗工作，因此，咨询心理学与临床心理学的界限正在逐渐消失。

（三）非学术领域的心理学工作

从表1-2所示的美国心理学会的53个分部可以看出，心理学工作已经涉及社会生活的各个方面。随着心理学的不断发展，心理学家也在为社会的不同领域做出他们自己的贡献。

第四节 ｜ 心理学如何进行研究

所有的科学，包括心理学、社会学、经济学、生物学、化学、物理学等，都要求基于观察和实验的实际证据。心理学也遵循科学的思维方式，并采用观察法、个案研究法、测验法、调查法、实验法，进行客观、系统的数据收集，在此基础上验证假设和提出新的理论模型。

一、心理学的科学思维方式

有一位心理学家曾报告了这样一个研究：让学生按不同的顺序回答下面两个问题，第一个问题是"你觉得快乐吗？"第二个问题是"上个月你参加了几次约会？"一部分学生先回答第一个问题再回答第二个问题，而另外一些学生的回答顺序则相反。然后计算两个问题答案之间的相关程度，在第一种回答顺序下，两个问题答案之间相关系数为-0.12，而在另外一种回答顺序下，相关系数则达到了0.66。这一研究说明什么问题呢？是否事先的情绪背景影响了后面问题的回答？这需要更进一步的研究来检验。

　　类似的研究在心理学中比比皆是。心理学的研究必须使用科学的方法和科学的思维方式，主要包括六个步骤（图1-3）：①观察；②对问题进行操作性定义；③提出假设；④搜集证据检验假设是否正确；⑤发表研究结果；⑥建立理论。

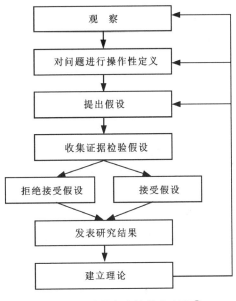

图1-3　科学方法的基本步骤①

　　心理学的研究对象（人或动物），通常被称为被试（subject）。心理学研究中核心的步骤就是对研究中的被试事实和行为进行详细记录。对问题所进行的操作性定义（operational definition）是对所要陈述的概念给予清楚具体的界定。例如，计划研究大学生的学业成绩与智力、创造力的关系，就需要首先对"大学生"、"学业成绩"、"智力"、"创造力"这几个概念进行操作性定义，可以将"大学生"界定为"大二、大三男女生各半"，"学业成绩"界定为"各课程平均成绩"等。然后形成研究假设（hypothesis），即对一个事件或一种关系的暂时性解释。例如，在对大学生进行观察后，你可能会提出这样的假设"创造性高的大学生，其学业成绩好"。你如何检验这个假设呢？

---

　　① 科恩. 心理学导论——思想与行为的认识之路［M］. 郑钢，等，译. 北京：中国轻工业出版社，2004.

这需要借助心理学的具体研究方法来搜集证据以检验你的假设是否正确，如使用观察法、调查法、实验法等。收集的证据若支持你的假设，则证明假设是正确的，反之，假设是错误的。最后可以根据假设检验的情况发表研究结果，进而建立理论模型。

二、心理学的研究方法

（一）观察法 （observational method）

观察法是指研究者在尽量不影响被观察者（人或动物）的情况下，对其行为做观察、测量和记录。自然观察法的主要目的是为了观察人或动物在各自正常的社会环境中的行为表现。例如，生物学家珍妮·古德尔（Jane Goodall）在还很年轻，第一次造访坦桑尼亚的冈贝溪研究中心的时候，就对黑猩猩非常感兴趣。后来她在矮树丛中花了近30年的时间，耐心地对黑猩猩进行自然观察。由于她的努力，人们对自然环境中的黑猩猩有了深入的了解。

社会心理学中经常使用观察法研究人类的交往行为。例如，对人与人之间交往距离的研究发现：美国和北欧的普通社交活动中，面对面的最佳距离是30～48英寸（76～122厘米），太近或太远的距离会使人产生明显的不适感；而在阿拉伯及小部分地中海国家的文化中，普通交往的人际距离更近一些。因此，假如一个阿拉伯人和一个美国人进行谈话时，阿拉伯人会不断地向前，而美国人则是不断后退，两个人都会觉得很别扭。但是心理学家往往更喜欢在实验室情境下进行观察。在实验室中，心理学家可以利用精密的仪器设备，进行较多的条件控制，保证观察的清晰度等。

（二）个案研究法 （case study）

个案研究法是对某一个体进行深入调查的研究方法。临床心理学家出于实践或伦理原因，当某一个体生活的特定方面不能在其他个体中进行重演和测试的时候，主要采用个案研究法。教育心理学上对学生的个案辅导，法律心理学上的个案调查，工业心理学上的个案分析，原则上都是应用个案研究法。

（三）心理测验 （psychological tests）

心理测验是用来测量和评价人格特质、情绪状态、智力、兴趣、能力、态度等的手段。心理测验要注意三个基本要求，即测验的信度（reliability）、效度（validity）、标准化（standardization）。信度是指一个测验的可靠程度。如果一个测验的信度高，那么，同一个人多次接受这个测验时，就应得到相同或大致相同的成绩。效度是指一个测验有效地测量了所需要的心理品质。例如，高考是为了测量学生的成绩水平，如果一个学生高考时得了高分，入学后他的成绩较好，而另一个学生入学成绩低，入学后的成绩也低些，这说明高考试题具有较高的效度。另外，心理测验的编制过程、施测过程要系统化、科学化，对结果的解释也要严谨、客观、科学，使其成为一套标准化的测验。

（四）调查法（survey method）

调查法是通过问卷或访谈的形式收集人们的经历、态度或观点等方面的信息。调查法可以提供大量的数据，但要进行一项有效的调查并不容易，其中最大的困难在于，如何获得准确代表研究者想要描述的较大总体的代表性样本。假设你想了解大学生婚前性行为的情况，你不可能对每所大学的大学生都进行调查，这时就需要抽取一个能够代表这个总体的样本。抽样也必须按照特定的程序，以保证所取得的样本的男女生比例、各年级比例、各地区比例等相关特征都与大学生这个总体相一致。

（五）实验法（experimental method）

实验法是指有计划、有目的地控制条件，使个体产生某种心理活动并进行分析研究的方法。实验法既可以在实验室进行，也可以在自然环境中进行。

实验室实验法是指在实验条件严格控制的情况下，借助专门的实验仪器，引起和记录被试的心理现象进行研究的方法。自然实验法是指在实际生活情境中，由实验者创设或改变某些条件，以引起被试某些心理活动进行研究的方法。例如教育心理学中著名的"皮格马利翁效应"就是运用自然实验法进行验证的。

第五节 | 为什么学习心理学

人们学习心理学有许多原因。首先，心理学是一个非常有意思的主题，它能解释人们做出某种行为的原因。我们身边的人的行为无时无刻不在影响着我们，我们每天都会在新闻等各种媒体中看到一些莫名其妙的行为。此外，很多心理学研究的发现都跟人们的学习、工作、生活技能相关联，人们在生活的各个方面能否成功都与这些技能密切相关。

一、帮助人们形成批判性思维

批判性思维（critical thinking）是对事物要有反思性和建设性的思维过程

和评价。批判性思维对所有学科的学习和日常生活的各个方面都很重要。例如，你打算买一本英语六级词汇手册，你会搜集不同出版社、不同作者编著的手册，评价它们的包装、价格、内容框架等，之后你才会决定买哪本，这就是批判性思维的运用。批判性思维的主要思维策略包括：①开放性思维。努力寻求各种不同的选择，避免狭隘思维的约束。②理性的好奇心。对各类问题和矛盾保持警觉，充满疑问和探索。③理性的细心。检查不精确和错误之处，要做到准确和有条理。④寻求多种解释。人们总是倾向于对事物作出某一种解释，但是心理学非常重要的一点就是心理与行为是由多种因素决定的。

批判性思维意味着要不断问自己是如何了解某件事情的。我们往往过于关注一些定义、描述、规定等，而忽略了分析、综合、评价、反思和创造。而心理学的学习，特别是心理学中使用的各类研究方法，将帮助你不会再被刻板印象所左右，不会接受那些缺乏证据支持的随意的推论。当你像一个心理学家那样思考时，你就会对那些占星术、算命、超能力、超自然力量等表示质疑。假如有些事情听起来确实很真实，就需要在逻辑上仔细思考这个问题并努力寻找事物的证据。对于这类事物，你至少得批判性地研究一下他们经常使用的模糊性语言。比如，占星家之所以能够成功预言，是因为他们所使用的语言都很模糊，几乎都是适用的。例如，"这个月你可能很关心钱的问题"或者"今年冬天我们国家南部会有一场大火灾"。

二、影响人们对社会问题的洞察力

青少年犯罪、自杀，大学生就业，教育改革等不仅仅是社会问题，同样也与心理学有关。虽然只依靠心理学知识或方法不能解决这些复杂的社会问题，但心理学却能指导人们做出更有价值的判断，提高人们对社会问题的洞察力。例如，如果你了解社会和文化因素如何影响大学生就业，这些知识可能就会影响你对当前教育改革的一些看法；如果你了解人们心理健康与压力的关系，你就可能更深刻地理解自杀及自杀干预。

三、帮助人们更有效地控制自己的生活

心理学并不是总能直接帮助你解决所有的问题，但它会提供一些有用的技巧和方法来帮助你控制自己的情绪、增强记忆力、改善人际关系和改掉一些不良习惯等。表1-4列举了不同领域的心理学家可以帮你回答的问题。

表1-4　心理学问题的多样性①

问题	由谁来回答这个问题
人们如何更好地处理日常问题？	临床心理学家
	咨询心理学家
	大众心理学家
	心理治疗师
记忆是怎样存储在大脑中的？	生物心理学家
	精神药理学家
如何教一条狗听从命令？	实验心理学家
	行为分析家
为什么不能总是回忆起我确信自己知道的信息？	认知心理学家
	认知科学家
是什么使人们彼此有所不同？	人格心理学家
	行为遗传学家
"同辈压力"是如何起作用的？	社会心理学家
关于世界，婴儿知道些什么？	发展心理学家
为什么我的工作使我这么沮丧？	工业心理学家
	工效心理学家
老师应该如何对待捣乱的学生？	教育心理学家
	学校心理学家
为什么我在每次考试之前都生病？	健康心理学家
被告在犯罪的时候是精神失常的吗？	犯罪心理学家
为什么我在重要的篮球赛上总是呼吸困难？	运动心理学家

第六节 | 生活中的心理学实验

一、抗拒诱惑实验

【实验目的】考察人的道德行为是否也表现在能否抗拒诱惑方面，对诱惑的抗拒是否可以通过榜样的影响加以学习和改变。

【实验说明】瓦尔特斯（Walters）的实验：他将5岁儿童分为三组，让其参观诱人的玩具，并告知不许玩。其中，榜样–奖励组：看电影，情景相同，小孩玩后，其母看见大加赞赏并一起玩；榜样–批评组：看电影，情景

① 津巴多．心理学与生活［M］．王垒，王甦，等．译，北京：人民邮电出版社，2003：13.

相同，小孩玩后，其母看见后批评；控制组：不看电影。然后让儿童单独待在房间里十五分钟。结果发现，第一组儿童不顾禁令去玩，平均克制 80 秒；第二组儿童平均克制 7 分钟，有的 15 分钟；第三组儿童平均克制了 5 分钟。实验说明，对诱惑的抗拒可以通过榜样、模仿而获得。

二、良好图形实验

【实验目的】证实格式塔心理学在知觉研究中提出的图形的组织原则，主要有连续律、闭合律等。对良好图形进行量的测定。

【实验说明】实验时给被试呈现一张格子图，告诉被试者格子的颜色有白、黑、棕三种。要求被试从任何一个小格开始，记住这个格子的颜色和在它前面的一个格子的颜色；并猜测下一个格子的颜色。被试必须在时间序列中来描绘这个图形，即一格又一格、一行又一行地进行。如果被试对格子颜色的猜测比机遇好，就说明他们的操作考虑了由图画成分提供的信息。实验材料如图 1-4 所示。

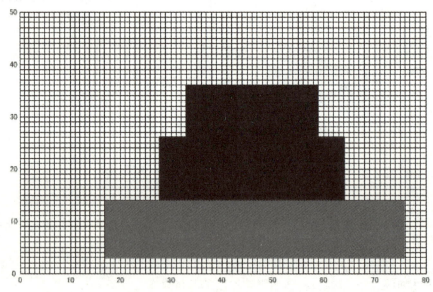

图 1-4　格子图

想一想

1. 如何辨识心理学与伪心理学？

2. 当代心理学中关于行为分析的五种主要理论观点是什么？他们分别使用什么方法进行研究？结合这五种理论观点分析自己的学习行为。

3. 心理学使用哪些方法进行研究？这些研究方法对你的批判性思维的形成各有什么作用？

测一测 --➤

学心理学你有前途吗？

【指导语】较为成功的心理学专业的学生会存在某些特点。对以下项目做"是"或"否"的判断，看看你符合这些特点的程度如何。

是　　　　否

1. 我常常思考导致人们做出某种行为的原因。　　　＿＿＿＿＿＿　＿＿＿＿＿＿

2. 我喜欢阅读科学家在行为研究中发现的新问题。　＿＿＿＿＿＿　＿＿＿＿＿＿

3. 其他人劝我相信某些行为上的观点时，如果没有证据支持这些观点，我通常会持怀疑态度。　＿＿＿＿＿＿　＿＿＿＿＿＿

4. 我喜欢通过行为的测量和统计方法发现有意义的差异。

＿＿＿＿＿＿　＿＿＿＿＿＿

5. 我通常会对某种行为有多种解释。　＿＿＿＿＿＿　＿＿＿＿＿＿

6. 我能提出一些研究思路来帮助解释我所感兴趣的行为。

＿＿＿＿＿＿　＿＿＿＿＿＿

7. 其他人经常找我探讨他们的问题，并希望分享我对解决这些问题的看法。　＿＿＿＿＿＿　＿＿＿＿＿＿

8. 如果我无法解答自己的问题，我并不会特别沮丧。＿＿＿＿＿＿　＿＿＿＿＿＿

9. 我通常很关注细节。　＿＿＿＿＿＿　＿＿＿＿＿＿

10. 我喜欢记录和讨论我所学的东西。　＿＿＿＿＿＿　＿＿＿＿＿＿

11. 我喜欢做智力测验。　＿＿＿＿＿＿　＿＿＿＿＿＿

12. 我觉得很安心，因为心理学的教育可以让我以后能找到好工作。

＿＿＿＿＿＿　＿＿＿＿＿＿

【评估方法】如果你对大部分项目都回答"是"，那么心理学专业可能非常符合你的兴趣。这些项目并不能最好地预测你是否愿意主修心理学或将此作为职业，但是你可以通过这些题目更好地了解心理学家是做什么的，以及如何成为一位心理学家。

第二章 脑和行为的生物学基础

我们能跑能跳，在不同的情境中有不同的行为。什么使我们成为一个独特的个体？各种不同的心理又是如何产生的？

心理的产生应当有其生物基础。要理解心理和行为的生物基础，就必须要懂得脑的结构和机能，了解脑和内分泌系统对行为的控制以及遗传对行为的影响。本章先重点讨论脑的结构和机能、脑对行为的控制，然后讨论内分泌系统和遗传因素对行为的影响。人脑是人类长期进化过程的产物。人生下来的时候就具有控制行为的脑中枢（例如新生儿生来就有调节吸吮活动的中枢）。这些神经联系是先天遗传的、固定的。但是，通过社会实践人脑会产生新的神经联系，人脑的结构和机能在社会实践中不断变化发展。因此个体在心理和行为上的差异除了取决于遗传，更取决于人们的社会实践以及在社会实践中学到的东西。

第一节 | 神经系统的基本单位

神经元是神经系统的结构和功能的基本单位。如果我们把人脑存储和加工信息的方式同电脑进行类比，那么神经元就是基本元件。

一、神经元的结构和类型

神经系统主要由神经细胞和神经胶质组成。神经元即神经细胞，是神经系统结构和功能的单位。神经元的形状和大小不一，但多数神经元具有一些共同的特点。典型的神经元由胞体、树突、轴突组成（图2-1）。自胞体突起呈树枝状的称为树突，它接收其他神经元传来的信息并传至胞体；细长的突起称为轴突，它把冲动由胞体传给另一个神经元的树突、肌肉或腺体。由胶质细胞构成髓鞘并包裹在轴突外，起着绝缘作用。

根据神经元的功能，可分为感觉（传入）神经元（接受刺激向脑输送信息）、联络神经元（即把信息从中枢神经系统的一部分传向另一部分）、运动（传出）神经元（它传递脑和脊髓给肌肉的信息）。我们还可以按神经元是引起后继单位兴奋还是抑制而分为兴奋性神经元和抑制性神经元。

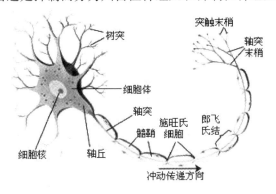

图 2 - 1　神经元的结构

二、神经冲动的传导

神经细胞在静息状态时，膜的表面任何两点都是等电位的。但是由于离子分布不均膜内外存在着电位差：膜外为正、膜内为负，这种电位差叫静息电位或膜电位，此时称为极化状态。神经细胞处于极化状态时细胞膜内的电位为 -70 ~ -90 毫伏。

当神经纤维受到刺激而兴奋时，兴奋部位的膜外电位降低，膜内电位升高，膜内外的电位差减小，这种状态称为去极化。去极化继续迅速发展，不但使膜内外原有的电位差消失，而且进一步使膜电位逆转为内正外负。这时，膜内电位可由静息时的 -70 ~ -90 毫伏升高到 +30 毫伏，电位升高约 110 毫伏。此后，膜内电位迅速回降并恢复至静息水平。神经动作电位上升相和下降相的变化均极迅速，波形锐利，故称为锋电位。锋电位是动作电位的代表，是兴奋的客观指标。神经纤维发生的兴奋可沿着神经纤维传导，传导给另一个神经元或它所支配的效应器，引起相应的反应。生理学上把沿着神经纤维传导的兴奋称为神经冲动。

三、神经元的联系

（一）突触

神经元之间的联系结构称为突触。一般的突触是由一个神经元的轴突末梢与另一个神经元的胞体或其树突组成。另外，还有少数轴突触和树突触。突触包括突触前膜和突触后膜，以及在它们之间宽约 200 纳米的突触间隙。

（二）反射弧

反射就是有机体借助神经系统对刺激做出的及时适当的反应。神经系统的一切活动都是通过反射实现的。执行反射的结构称为反射弧，一般包括五个部分：①感受器，如眼、耳、鼻、舌、皮肤、黏膜等器官和位于内脏、肌肉的内部感受器等。它们接受体内、外各种刺激，并转换成神经冲动；②感觉神经（传入神经），其细胞体在脑、脊神经节中，它把神经冲动传向中枢（脊髓和脑）；③联络神经，其树突较短，轴突较长；④运动神经（传出神经），它把神经冲动传到效应器；⑤效应器，最终产生反应的部分，如肌肉（产生收缩），腺体（产生分泌）。构成反射弧的这五个部分，有任何一部分受到损伤，反射活动就不能完成。人的效应器官同时又分布有各种感受器能感受内外环境的变化，并将信号传向中枢。因此，在人的实际神经活动中，执行活动的结构装置是反射环，而不是简单的反射弧。

（三）神经元的网络

脑中的每一个神经元都是一个或多个复杂交织的神经网络的一部分。各神经元之间形成的神经网络十分复杂，主要有三种形式（图 2 - 2）。

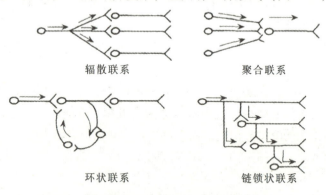

辐散联系　　　　　　　聚合联系

环状联系　　　　　　链锁状联系

图 2 - 2　中枢神经系统内神经元的联系方式

（1）辐射式：一个神经元的轴突通过它的末梢分枝与许多神经元（胞体与树突）建立突触联系。这种联系使一个神经元的活动，有可能引起许多神经元的同时兴奋或抑制。

（2）聚合式：许多神经元的神经末梢共同与一个神经元发生突触联系。这样，同一神经元可以接受许多其他神经元的影响。这些神经元可能都是兴奋的或都是抑制的，也可能是一部分兴奋，一部分抑制。它们聚合起来共同决定着突触后神经元的状态。它表现了神经兴奋在时间上的整合作用。

（3）环状联系：一个神经元发出的神经冲动经过几个中间神经元，又传回到原发冲动的神经元。它使神经冲动在这个回路内的传递可以往返持续一段时间。

一般说来，传入神经元的神经纤维进入中枢神经系统后与其他神经元发生突触联系，以分散式联系为主。传出神经元在中枢神经系统内接受不同轴突来源的突触联系，以聚合式联系为主。

中枢神经系统内神经元的联系方式极为复杂，有的呈链锁状，有的呈环状，在这些联系形式中，辐散式与聚合式联系可能同时都有，兴奋通过中间神经元的链锁状接替联系，可以在空间上加强或扩大作用范围。人生来就在神经系统中具有许多牢固的神经联结，它们所构成的反射通路为婴儿提供了遗传的适应性反射。

第二节 | 神经系统的结构和功能

人的神经系统可分为中枢神经系统和周围神经系统。中枢神经系统由脑和脊髓组成。周围神经系统由神经和神经节组成，主要功能是传递、储存和加工信息，产生各种心理活动，控制人的全部行为。

一、周围神经系统

周围神经系统分为躯体神经系统和植物性神经系统。

躯体神经系统包括脑神经和脊神经。其中脑神经共 12 对，主要分布于头面部；脊神经共 31 对，主要分布于躯干和四肢。它们的主要功能是在神经活动的反射过程中，通过传入神经把来自感受器的信息传向中枢神经系统，同时通过传出神经把中枢神经系统的命令传向效应器官。它们起着使中枢神经系统与外部世界相联系的作用。通常认为躯体神经系统是受意识调节控制的。

植物性神经系统分布在内脏器官、心血管、腺体及其平滑肌上。分布于各脏器的传出神经，在正常情况下，它们保证相对平衡和有节律性的内脏活动，如呼吸、心跳、消化、排泄、分泌等，以调节机体的新陈代谢；当环境发生紧急变化时，机体发生应付紧急情况的一系列内脏活动。内脏活动一般不由意识直接控制，并且也不在意识上产生清晰的感觉，因而，植物性神经系统也叫自主神经系统。植物性神经系统可分为交感神经系统和副交感神经系统。这两类神经都几乎向所有的腺体和内脏发送神经冲动。交感神经的功能主要是在机体应付紧急情况时产生兴奋以适应环境的变化，如心跳加快、冠状血管血流增加等一系列反应。副交感神经的作用主要是保持身体平静状态时的生理平衡，如保存身体的能量、协助生殖等，这两种系统在许多活动中具有拮抗作用，又是相辅相成的。例如，交感神经使心跳加快，而副交感神经则使之减慢；性兴奋是副交感神经的作用，而性欲高潮则是交感神经的一种反应。

二、中枢神经系统

中枢神经系统包括脑和脊髓，脑又分为延髓、脑桥（背部为小脑）、中脑、间脑和大脑两半球六部分。除大脑半球、间脑和小脑外，其他部分统称为脑干（图2-3）。它们在结构和机能上是不可分割的整体，但各个部分又有特定的功能。

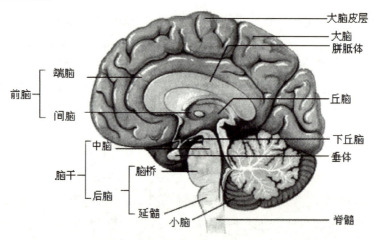

图2-3 大脑的外观

脊髓上接脑部，外连周围神经，31对脊神经分布于它的两侧，脊髓的活动受脑的控制。脊髓本身可以完成许多反射活动，如牵张、膀胱和肛门反射等。

延髓下接脊髓上接脑桥。来自头部、皮肤、肌肉的感觉信息，以及来自味觉、听觉、平衡觉和躯体的感觉信息要传送到脑都必先经过延髓。延髓还有许多对有机体十分重要的中枢，如控制肠胃蠕动、呼吸、心跳以及血管舒缩、唾液分泌、汗腺分泌等的神经中枢。因此，延髓也有生命中枢之称。

脑桥介于中脑和延髓之间，有许多传递信息的上行和下行传导神经束。

中脑位于丘脑底部，是上行和下行神经信息的主要通路。这里有视、听的反射中枢，因而瞳孔、眼球肌肉、虹膜、睫状肌等的调节均受中脑的控制。

小脑的主要机能是调节和校正肌肉的紧张度，以便维持姿势平衡，顺利完成随意运动。小脑受损会导致运动失调。

间脑位于大脑两半球之间，连接大脑半球和中脑，主要包括丘脑和丘脑下部（下丘脑）。丘脑是皮质下较高级的感觉中枢，除嗅觉外，所有的感觉信息都先传送到丘脑，进行初步的分析综合，再由丘脑传送至大脑皮质的各感觉中枢。下丘脑是植物性神经系统的主要控制中枢。它直接与大脑各中枢相联系，又与脑垂体和延髓相联系。它的主要机能是控制内分泌系统，维持正常的代谢，以及调节饥饿、渴、性等生理活动。它也是情绪反应的重要中枢。

下丘脑是脑内很小的结构，但在日常生活中的许多重要功能中都有重要作用。实际上它由几个神经核团和更小的神经元群组成，它们调节动机行为，包括摄食、饮水、体温调节和性唤醒。下丘脑维持着身体内部平衡或内稳态，当身体能量储存降低，下丘脑维持兴奋并激发机体寻找食物和进食；当体温降低，下丘脑引起血管收缩并产生非随意的肌肉颤动，这就是通常所说的发抖产热以平衡体温的降低，下丘脑也调节内分泌系统的活动。

边缘系统在大脑内侧最深处的边缘，它组成一个功能系统叫边缘系统，与动机、情绪状态以及记忆过程相关。它也参与体温、血压和血糖水平的调节并执行其他体内环境的调节活动。边缘系统包括丘脑前核、海马、杏仁核、扣带回和部分下丘脑。

海马是边缘系统中最大的脑结构，海马在记忆中起着重要的作用，海马损毁的病人，空间记忆和时间编码记忆被破坏。

杏仁核在情绪控制和情绪记忆过程中具有一定作用。由于它的控制功能，杏仁损伤可能对精神特别活跃的个体产生镇静效应。有表情的面孔或有情绪色彩的图片都会引起杏仁核的显著激活。但杏仁核一些区的损伤也伤害面孔表情识别能力。

大脑由对称的左右两个半球组成。分隔左右两半球的深沟称为纵裂。纵裂底部由胼胝体相连。大脑半球外侧面（图2-4），由顶端起与纵裂垂直的沟称为中央沟。在半球外侧面由前下方向后方斜行的沟称为外侧沟。半球内侧面的后部有顶枕沟。中央沟之前为额叶。中央沟后方，顶枕沟前方，外侧沟上方为顶叶。外侧沟下方为颞叶。顶枕沟下方为枕叶。胼胝体周围为边缘叶。每叶都包含很多回。在中央沟的前方有中央前回，后方有中央后回，大脑半球深部是基底神经节，包括尾状核和豆状核，合称为纹状体，其机能主要是调节肌肉的张力来协调运动。

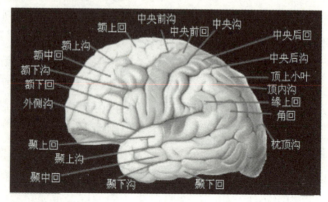

图 2 - 4　大脑半球的外侧面

生活中的心理学 2 - 1 --▶

盖奇再也不是原来的盖奇了①

　　菲里尼斯·盖奇在严重的脑损伤后奇迹般地存活了 13 年，成为世界上最著名的脑损伤患者之一。而更为引人注目的是，盖奇在经历了脑损伤以后，脾气、秉性、为人处世的风格等发生了巨大的转变，与从前判若两人。从他身上，科学家学到了一些有关人格与脑功能之间关系的知识。

　　1848 年 9 月 13 日，盖奇在工作时发生事故，被一根长 1.1 米、重 5.05 千克的铁锹从左颧骨下方穿入脑部（图 2 - 5）。

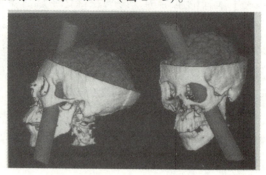

图 2 - 5　盖奇头颅

---

　　① 尼尔·卡尔森. 生理心理学［M］. 苏彦杰，等，译. 北京：中国轻工业出版社，2007：228 - 229.

　　盖奇的幸存是一个奇迹，他仍然可以说话、走路，严重的脑损伤似乎对他没有什么影响。但不久以后，人们发现盖奇的脾气与从前大不相同了。他本是一个非常有能力、有效率的领班，思维机敏、灵活，对人和气、彬彬有礼。但这次事故以后，他变得粗俗无礼，对事情缺乏耐心，既顽固、任性，又反复无常、优柔寡断。他似乎总是无法计划和安排自己将要做的事情。正如他的朋友们所说，"他不再是盖奇了"。出院后的盖奇已无法胜任原来的工作。他后来在一家出租马车行工作，负责赶马车和管理马匹。几年以后，他的健康状况开始恶化，1860 年 2 月癫痫发作，同年 5 月 21 日去世。

　　盖奇事件发生以后，脑与人格的关系引起了科学家密切的关注。通过对脑损伤病人的研究以及大量的动物实验，人们对脑与人格的关系已经有了越来越多的了解。

　　在脑损伤的病例中，与人格关系最为密切的是额叶损伤。严重的外伤（如盖奇在铁路工地遇到的意外事故）、中风以及某些外科手术，如额叶白质切除手术，均可造成额叶的损伤。所谓额叶白质切除手术，即切除连接额叶和其他脑区之间的神经纤维，是由葡萄牙医生埃加斯·莫尼斯发明的，原用来治疗某些情绪方面的疾病。该手术曾经非常盛行，曾有超过 35000 人接受过该手术的治疗。起初，人们认为这项手术几乎没有副作用，但随着时间的推移，人们发现，手术虽然对人的视觉、听觉、触觉等没有什么严重的影响，但却可能使病人的脾气、秉性、待人接物的方式、看待周围事物的态度等发生巨大的变化。额叶损伤以后，病人通常无法集中注意力，行为支离破碎、不连贯，创造力的火花也熄灭了，他们很难对将来做出计划和安排，无法完成有组织、有目的的复杂任务，难以对自己做出恰当的评价，适应新环境对他们来说显得非常困难。他们做事时总是很缓慢，即使对那些只遭受了中度或轻微损伤的病人而言，穿好衣服，或者去商店买些简单的用品可能也要花上他们几个小时的时间。他们可能非常固执，并且伴有明显的强迫性行为，如有的病人在写信时可能会机械地重复同一个段落，一行接一行、一页接一页地写下去，似乎永远也写不完。额叶损伤也可能会导致性欲和食欲的改变，例如有些病人变得非常贪吃，食量可以比原来增大两至三倍，还有些病人可能喜欢吃烟头等毫无营养的东西，或者大量地喝水。

　　额叶损伤的病人通常可能会表现出两类极端的人格：一种是情绪多变、易怒、异常兴奋，难以控制自己的冲动，表现出极强的攻击性。他们可能会变得非常放纵，喜欢滔滔不绝地讲话，但他们的语言通常很不得体，而且丝毫不考虑这些话对别人的影响以及可能给他们自己带来的不良后果。例如，如果病人在街上看到一个很胖的陌生人，他就会兴奋地与人家打招呼："嘿，胖子！"然后大谈特谈人家的饮食习惯，让人非常反感。这类病人似乎总是很容易被周围的环境所影响，他们可能会买一些自己负担不起的东西，可能会在自己缺钱时把钱借给别人。在遭受严重的损伤之后，病人可能在一段时期内非常冲动，大喊大叫、唱歌、长篇大论地演讲。总之，他们说话、做事好像非常缺乏自我控制。

另一类病人的表现恰恰与前者相反，他们通常极度地冷漠，对什么都漠不关心，毫无兴趣，不在乎自己的衣着、举止，做事马马虎虎，生活近乎一片空白。这类病人通常嗜睡，即使天塌下来也很难让他们起床。他们的记忆力、注意力都受到了不同程度的损害，但他们不在乎自己能力上的缺陷，而且经常否认自己有病。曾经有一位病人，原是一个健谈、乐观的人，喜欢参加社交活动，有许多朋友，被公认为魅力无穷。但自从左额叶受损后，他变得非常安静、孤僻，每天只是坐着抽烟，而且不承认自己有病。又如一项动物研究发现，一个非常活跃、富有统治力量的猴王在遭受严重的额叶损伤后变得安静、冷漠，它似乎对周围的一切都失去了兴趣，也不再与其他猴子嬉戏玩闹，昔日的美好时光已是落花流水了。

额叶损伤者（包括动物）的生活可谓是不幸的，但他们却为揭示脑与人格之谜，以及医治某些人格障碍提供了有价值的线索。

第三节 | 脑的机能系统

人脑是一个极其复杂的机能系统。我们的一切心理活动都是脑的机能。那么脑究竟是怎样工作才产生心理活动的呢？在这一节中，我们将讨论脑的两个主要的机能系统，即感觉机能系统、运动机能系统以及大脑两半球之间的分工和协作。

一、脑的感觉机能系统

人脑通过感受器（如眼的视网膜、内耳的柯蒂氏器等）接受内外环境的刺激。感受器接受刺激后，产生神经冲动由感觉神经传入中枢神经系统，再分别经特异性传入系统和非特异性传入系统达到大脑皮质。大脑皮质对这些传入信息进行加工，便产生相应的感觉。

特异性传入系统将来自感受器的冲动传向大脑皮质的特定区域，从而引起特定的感觉。现已探明大脑皮质的感觉代表区有：

（1）体表感觉代表区。体表感觉主要指皮肤的触、冷、温、痛等感觉。其大脑皮质代表区在中央后回（见图2-6第1、2区）。这一区域的感觉投射如下：①感觉传入的皮质投射是交叉的，即一侧的躯体感觉投射到对侧的大脑皮质的对应代表区。②感觉传入的皮质投射是倒置的（图2-7），即下肢的感觉投射于这一区域的顶部，上肢的感觉投射于这一区域的下部，如面部、头颈部的感觉投射于这一区域的下部。③大脑皮质代表区的大小与身体不同部位感觉的灵敏度有关。感觉灵敏的部位，所占的代表区域较大，如手、唇、口腔感觉的代表区域就特别大；感觉不灵敏的部位，如躯体的代表区域就很小（图2-7）。这种结构特点有利于人进行精细的感觉分析，它是人类长期进化的结果。

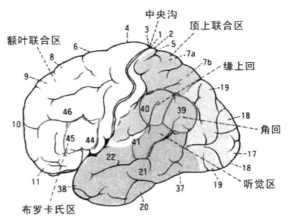

图2-6 大脑皮质

（2）本体感觉代表区。本体感觉指肌肉、关节的运动和位置感觉。中央前回是运动区（图2-6第4区），也是本体感觉的投射区。刺激中央前回也会引发病人企图发动肢体运动的主观感觉。

（3）视觉代表区。在枕叶距状裂两侧（图2-6第17区）。刺激该区域，患者会产生简单的主观光感觉，但不能引起完整的视觉形象，因为起源于鼻侧视网膜的传入纤维在视交叉处交叉到对侧，投射到对侧枕叶；而起源于颞侧的传入纤维并不交叉，投射到同侧枕叶。

（4）听觉代表区。在颞叶的颞横回（图2-6第41区）。电刺激该区可以使患者产生铃声样或风吹样的主观音觉。听觉冲动的投射是双侧性的，即一侧皮质代表区与两侧耳的感受器都有关。因此，一侧颞叶皮质受损害并不影响听觉，只有左右两侧听觉代表区同时受损害，才导致完全的耳聋。

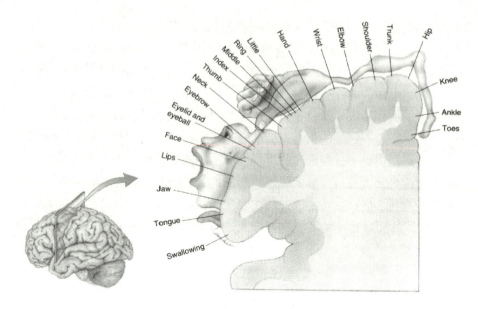

图2-7 人类大脑皮层的功能分区

（5）嗅觉和味觉代表区。尚未取得一致意见，一般认为嗅觉冲动主要投射于海马回的沟和海马回前部一带，味觉冲动投射于中央后回的头面部感觉投射区的下侧（图2-6第50区）。

（6）内脏感觉代表区。一般认为在边缘叶。大脑半球内侧皮质与间脑交接处的边缘及胼胝体旁的环周结构，称为边缘叶。它与附近的皮质（额叶眶部、岛叶、颞极、海马及齿状回等）以及有关的皮质下结构（包括隔区、杏仁核、丘脑及中脑被盖等），在结构与功能相互间有密切的联系，构成一个统一的功能系统，称为边缘系统。边缘系统不仅与内脏有关，还与嗅觉、情绪、记忆等心理活动有关。

二、脑的运动机能系统

人的一切随意活动，都是由大脑皮质调节的。中央前回是躯体运动的皮质代表区（图2-6第4区）。大脑皮质运动区的机能特征是：①对侧支配，即一侧运动区主要支配对侧躯体肌肉，但对少数肌肉（如额肌等）是双侧支配的。②具有精细的定位，一定的区域支配身体一定部位的肌肉。支配下肢的区域位于中央前回的顶部，支配头面部的区域分布于外侧裂部分，支配上肢的区域则位于以上两部位之间。总的说来，近似倒立分布。③身体不同部位在大脑皮质的分区的大小和运动的复杂程度有关。运动精细复杂的部位，相应的皮质代表区大。例如手所占的区域相当于整个下肢所占的区域。

三、大脑两半球机能的分工和协作

大脑两半球之间的神经纤维叫联合，其中最主要的联合是胼胝体。胼胝体内的神经纤维联系大脑两半球，频繁地往返传递极为大量的信息。因而，在正常情况下，一侧大脑半球任何皮质区进行的活动都能非常迅速而有效地传至同侧半球皮质区和对侧大脑半球。整个大脑是作为统一的整体十分有效地进行活动。为了治疗顽固性癫痫，医生用外科手术完全切断两半球之间的联合纤维（主要是胼胝体）。手术后，病人对两个半球各自关于对侧半球所进行的活动全无所知，因而称为分裂脑（split brain）。对"分裂脑"的研究发现，左侧视野的传入、左侧肢体的体表感觉的传入和运动支配以及右鼻嗅觉均与右侧大脑半球有关，左耳的听觉刺激也主要传至右侧半球。右侧视野，右侧肢体的感觉、运动，右耳听觉以及左鼻嗅觉则与左侧大脑半球有关。说话、阅读、书写和计算等活动，在左侧半球内进行而不传至右侧半球。右侧半球与空间概念、言语的简单理解以及非词语性思维活动有关，这些活动的信息也不能传至左侧半球。

五、大脑两半球功能一侧化

什么信息使研究者们怀疑大脑两半球的功能不同呢？法国脑外科医生布洛卡对病人进行尸检时，发现左侧半球的损伤。当他追踪这一发现时，发现具有被称为布洛卡失语症（Broca aphasia）的相似性语言障碍的病人，脑左半球都有损伤。右半球相应脑区的损伤没有这种语言障碍。研究半球差异的机遇最初出现在治疗严重癫痫病人的过程中。外科医生切断了病人脑的胼胝体。这是个具有两亿条神经纤维的脑结构，它使大脑两半球彼此连接在一起，相互传递信息。这项脑手术的目标在于防止疼痛发作时过度电活动跨两半球迅速扩展。这种手术一般是成功的，术后病人的行为在多数环境下是正常的。通常将实行这类手术的病人称为裂脑病人。为了测试癫痫病人的裂脑半球的功能，斯佩里和加扎尼加设计了一种实验情境，使视觉信息分别被呈现给每个半球。斯佩里和加扎尼加的方法主要根据来源于视觉系统的解剖学结构，对于每只眼来说，右侧视野的信息到达左半球，左侧视野的信息到达右半球，在正常情况下，到达两侧半球的信息很快通过胼胝体由两半球共享。但在裂脑病人中，由于这些通路已被切断，使得出现在左或右侧视野的信息仅仅停留在右或左半球。因为大多数人的言语由左半球控制，所以左半球可以把看到的信息告诉研究者，而右半球则不能。研究者与病人右半球的交流可通过病人手上的动作，包括确认、匹配或组装物体等，这些任务不需要通过语词完成。请看下面一个关于裂脑人利用他的左脑解释由右脑支配的左手的活动的例子。我们将两幅不同的图画分别呈现给裂脑人的左脑（右视野）和右脑（左视野），呈现给左脑的图画上面是一只鸡爪，而呈现给右脑的则是覆盖着皑皑白雪的牧场。这之后，让他从一堆图片中寻找能跟他看到的图片相匹配的图片。结果非常耐人寻味：裂脑人的左手（右脑控制）会去选择一把铁锹（铁锹铲除牧场上的白雪），而其右手（左脑控制）则会去选择一只小鸡（小鸡和鸡爪配对）。两个脑半球分别根据自己所掌握的信息选择了最匹配的图片。然而，最有趣的地方在于当实验者询问被试为什么选择这两幅图片的时候，裂脑人会说："哦，很简单啊，小鸡有鸡爪，而铁锹用来铲鸡屎。"

在正常情况下，大脑两半球是协同活动的，进入大脑任何一侧的信息会迅速地经过胼胝体传达到另一侧，做出统一的反应。尽管整个大脑皮层对心理活动具有整体整合的功能，但左右两个半球在功能上有着比较明显的分工。科学家通过解剖脑病变的患者，追踪研究"裂脑人"、"半脑人"，以及测量正常人脑的血流量、监视大脑葡萄糖消耗情况等，对大脑两半球机能分工的研究得出了如下结论：对于绝大多数人来说，大脑左半球主要控制与语言有关的活动，包括控制与调节言语的功能、阅读理解书面语言的功能、书写文字的功能等；控制数学运算的功能（右半球有低级的运算功能，只能做20以内的加法）。大脑右半球主要有控制空间知觉的功能，包括空间定向、平面与立体图形的感知、深度知觉、辨别各种颜色、音乐感知等。大脑两半球机能虽然存在差异，各有分工，但是这种分工不是绝对的，人要完成一个整体性活动，需要两者之间协同配合，密切合作。而且，在机能上每一半球都有一定的代偿另一半球的能力，脑的局部遭到损伤后，脑的其他部分能补偿它的部分或全部机能。

第四节 | 条件反射

20 世纪初，俄国生理学家巴甫洛夫（1849—1936）用条件反射实验法研究大脑皮质的机能，创立了以条件反射形成规律为基础的高级神经活动学说。本节讨论巴甫洛夫的经典条件反射学说。

一、经典条件反射的建立

巴甫洛夫把有机体的反射分为在种族发生中遗传下来的无条件反射和个体发生中所获得的条件反射两种。

无条件反射是与生俱来的反射。动物的这种反射为数有限，如新生儿只有三种无条件反射：①食物反射：如奶头放在他的嘴唇边他就会自动吮吸，食物放在他的嘴里，他就会分泌唾液；②防御反射：如东西刺激眼睛就眨眼，火烫到手，手就缩回；③朝向反射：如把眼球和头转向刺激的光源。这些都是动物和人所共有的，是从遗传得来的。引起无条件反射的刺激叫无条件刺激。

无条件反射只是有机体出生以后生长和发展的先天基础，无法适应异常复杂和经常变化着的生活条件。因而，机体在生活过程中就形成了另一种反射——条件反射。建立条件反射时，先使用一个与食物无关的中性刺激（如铃声）作用几秒钟后给动物一个无条件刺激（喂食物），并使共同作用一定时间如 11～12 秒，即用无条件刺激进行强化。这样多次结合后，中性刺激"铃声"单独作用，动物也分泌唾液。这时，条件反射就形成了。本来与唾液分泌无关的中性刺激——铃声，现在成了喂食的"信号"，即成为信号刺激或条件刺激（图 2-8）。条件反射的建立需要一定的条件，其中最主要的条件是中性刺激（无关刺激）必须与无条件刺激在时间上结合起来。中性刺激与无条件刺激在时间上的结合称为强化。强化的次数越多，条件反射越巩固，凡能有效地作用于体内外的各种刺激，包括时间因素以及事物间的关系等，只要得到强化，都可以成为条件刺激，形成条件反射。条件反射的类型主要是由无条件反射决定的，中性刺激与吃食引起唾液分泌反应结合，成为食物分泌条件反射；与损伤引起的防御、逃跑反应相结合便形成防御条件反射、逃避条件反射。如果一种条件反射已经巩固，再用另一个新的中性刺激与这个条件刺激相结合，还可以形成第二级条件反射，例如，铃声同吃食结合形成巩固的食物分泌条件反射，再用灯光和铃声结合，也可以形成食物分泌条件反射。同样，在已巩固的第二级条件反射的基础上还可以建立第三级条件反射。在人身上可以建立很多级数的条件反射。

图2-8 巴甫洛夫条件反射实验

美国心理学家斯金纳在巴甫洛夫的经典条件反射的基础上，提出了操作性条件反射。他设计了一个箱子，称为"斯金纳箱"。箱子的内壁上有一小杠杆，小杠杆与传递食物的机关相连，如果触动小杠杆，食物就会滚落在箱内。斯金纳把白鼠放入箱内，使其自由活动，当它偶尔踩到箱内的杠杆装置时，食物就会掉下来，白鼠便吃到了食物。经过多次的重复后，白鼠减少了盲目乱撞杠杆装置的次数，直到最后，可以直接去踩杠杆装置获得食物。这就使白鼠在杠杆装置与食物之间建立了条件反射。这就是操作性条件反射。

操作性条件反射与经典条件反射的基本原理是相同的，都是大脑皮层上暂时神经联系形成的结果。不同的是，操作性条件反射是动物通过自己的主动活动或操作形成的，经典条件反射是动物被动地接受刺激而形成的；在操作性条件反射中强化只同反应（操作）有关，出现在操作之后，而经典条件反射中，强化与刺激有关，而且出现在反应之前。因此，同经典条件反射相比，操作性条件反射最明显的优点便是它的主动性。

二、暂时联系和巩固

巴甫洛夫认为条件反射的建立是大脑皮质里中性刺激的兴奋灶（条件反

射发生时所产生的兴奋点）和无条件刺激的兴奋灶之间暂时联系的接通。如图（图2-9）所示，当无条件刺激（如食物）作用于味觉感受器，经传入神经将冲动传入延髓的唾液分泌中枢，一方面经传出纤维引起唾液腺的分泌，同时也向大脑皮质传递冲动，引起一定部位的兴奋，即产生无条件反射皮质兴奋灶。单独使用中性刺激，如铃声作用于耳的听感受器所引起的神经冲动传至大脑皮质，产生中性刺激的兴奋灶。当中性刺激和无条件刺激相结合时，由于中性刺激在大脑皮质引起兴奋灶的兴奋向周围扩散，并被无条件刺激引起的较强兴奋灶所吸引，这样两个兴奋灶之间就产生暂时联系的接通。因而，铃声引起的听觉冲动，经过这个暂时联系，传到食物刺激的兴奋灶和唾液分泌中枢，就引起了唾液分泌活动。如果中性刺激和无条件刺激多次结合使用，两个兴奋灶之间的暂时神经联系也就更巩固。这是巴甫洛夫学派的传统观点。

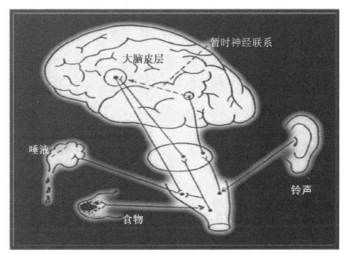

图2-9 大脑皮层的暂时联系

巴甫洛夫学派最初认为，暂时联系的接通只发生在皮质点之间。但之后的研究表明，完全去皮质的狗和猫还保留一些非常粗糙的简单条件反射活动，如去皮质的狗可以对声音发生运动防御条件反射。很明显，这种条件反射的接通是在皮质下组织进行的。目前一般认为，在人类和高等动物的条件反射活动中，暂时联系的接通主要在大脑皮质点之间，但皮质下部位也起一定的作用，因为皮质和皮质下部位是密切联系的。

三、条件反射的抑制

巴甫洛夫认为，大脑皮质的基本神经过程是兴奋和抑制，以及它们之间的转化。兴奋过程表现为条件反射的建立和出现，即由条件刺激引起机体的积极反应，如分泌反应等。抑制过程则表现为条件反射的抑止，即反应不出现或强度减弱。抑制可分为两类，无条件性抑制和条件性抑制。

（1）无条件性抑制。它与无条件反射一样，是有机体生来就具有的先天性的抑制，包括外抑制和超限抑制。任何额外的新异刺激（如强音、陌生人的出现等），都可以暂时抑制条件反射的正常出现，这种现象称为外抑制。当刺激过于强大、过多或作用时间过长时，导致广泛而长期的抑制，这种现象称为超限抑制。

（2）条件性抑制。这是后天获得的抑制，也称内抑制。内抑制发生的根本原因是条件刺激不被无条件刺激所强化，内抑制的形成，经历不强化的过程，要分为消退抑制和分化抑制。消退抑制是指在条件反射形成之后，如果不再强化或者不再给予无条件刺激，已经形成的条件反射会逐渐减弱，直至消失的现象。例如，小孩子养成了叠被子的习惯，如果不再继续给予强化，很可能过一段时间小孩子就没有叠被子的习惯了。而分化抑制是指有机体只对一个刺激进行反应，而抑制其他相似的刺激的现象。

四、人类的条件反射

根据信号刺激的特点，巴甫洛夫把大脑皮质的功能分为第一信号系统活动和第二信号系统活动。凡是以直接作用于各种感觉器官的具体刺激为信号刺激而建立的条件反射系统，称为第一信号系统活动，这是动物和人类共有的。但对于人类，不仅周围环境中的具体事物可以起信号作用，抽象的词也可以作为信号刺激，引起条件反射活动。词语信号的条件刺激作用，在我们日常生活中是十分普遍的。例如，成语故事中的"望梅止渴"就是一个例子。"梅子"一词代表着的具体梅子的形状、颜色、味道等起信号作用，成为第二信号的信号刺激，所以称为第二信号，它是由语词作为信号刺激而建立的条件反射系统。人类由于有语言文字，所以形成了第二信号系统。两种信号系统的活动密不可分地联系在一起。

生活中的心理学 2-2 ----------------------------------- ▶

有损大脑的生活习惯

长期饱食：现代营养学研究发现，进食过饱，大脑中被称为"纤维芽细胞生长因子"的物质会明显增多。这些纤维芽细胞生长因子能使毛细血管内皮细胞和脂肪增多，促使动脉粥样硬化发生。如果长期饱食的话，势必导致脑动脉粥样硬化，出现大脑早衰和智力减退等现象。

轻视早餐：不吃早餐使人的血糖低于正常水平，对大脑营养供应不足，久之对大脑有害。此外，早餐质量与智力发展也有密切联系。据研究，一般吃高蛋白早餐的儿童在课堂上的最佳思维时间相对延长，而食素的儿童情绪和精力下降相对较快。

甜食过量：甜食过量的儿童往往智商较低。这是因为儿童脑部的发育离不开食物中充足的蛋白质和维生素，而甜食会损害胃口，降低食欲，减少人体对高蛋白和多种维生素的摄入，导致肌体营养不良，从而影响大脑发育。

长期吸烟：德国医学家的研究表明，常年吸烟使脑组织呈现不同程度的萎缩，易患老年痴呆。因为长期吸烟可引起脑动脉硬化，日久导致大脑供血不足，神经细胞变性，继而发生脑萎缩。

睡眠不足：大脑消除疲劳的主要方式是睡眠。长期睡眠不足或质量太差，会加速脑细胞的衰退，聪明的人也会变得糊涂起来。

蒙头大睡：随着棉被中二氧化碳浓度升高，氧气浓度不断下降，长时间吸进潮湿空气，对大脑危害很大。

不愿动脑：思考是锻炼大脑的最佳方法。只有多动脑筋，勤于思考，人才会变聪明。反之，不愿动脑的情况只能加速大脑的退化，聪明人也会变得愚笨。

带病用脑：在身体不适或患疾病时，勉强坚持学习或工作，不仅效率低下，而且容易造成大脑损伤。

少言寡语：大脑中有专司语言中枢，经常说话也会促进大脑的发育和锻炼大脑的功能。

空气污染：大脑是全身耗氧量最大的器官，平均每分钟消耗氧 $500 \sim 600$ 升。只有充足的氧气供应才能提高大脑的工作效率。

第五节 | 内分泌系统、遗传与行为

一、内分泌系统与行为

内分泌系统是机体内对行为起重要调节作用的另一个重要系统。它由全身不同部位的多种内分泌腺体和组织细胞组成。内分泌腺分泌的物质称为激素。与唾液腺、胰腺等外分泌腺不同，激素不是通过特殊的分泌通道分泌出来，而是由腺细胞直接释放进入血液或淋巴液，然后再运输到全身各处的器官组织，从而对人体的许多重要生理机能起调节作用。在作用方式上，神经系统一般是通过神经纤维上传导的神经冲动信号来实现其调节功能，而内分泌系统则是通过血液运输使激素作用于某些细胞组织来实现其调节功能的。这两个调节系统在结构和机能上是密切联系的：一方面，几乎所有的内分泌腺都直接或间接地接受神经系统的控制。研究表明，所有内分泌腺的分泌均受脑垂体的影响，而脑垂体是受下丘脑控制的；下丘脑是脑的一部分，它又受其他神经中枢的控制。另一方面，激素也影响着神经系统的功能，因为激素是经过血液传布到全身各处的，脑中也有血管，因而它也能传布到脑中对神经细胞产生兴奋和抑制作用。总之，神经系统控制内分泌系统，而内分泌系统也控制许多生理现象和行为。

现在为学界所公认的内分泌腺有脑垂体、甲状腺、甲状旁腺、胰岛、肾上腺（包括皮质和髓质）和性腺（睾丸和卵巢）。

二、遗传对行为的影响

遗传是指生物前后代特征（包括生理的和行为的）的相似性。像身高、体重、皮肤色和头发的颜色等身体特征都是遗传的。有一门科学叫行为遗传学。它综合遗传学和心理学的方法，研究行为特征的遗传，例如探讨能力、气质和情绪稳定性在多大程度上是遗传的。动物的所有行为都受到遗传和环境的交互影响。

（一）遗传的物质载体——染色体和基因

一个独特的生物体是父方的精子成功地与母方的卵子相结合形成的受精卵发育而来的，即合子之后产生的。父母亲各给受精卵 23 条遗传信息单位，即 23 对染色体。这些染色体中含有基因，它们是决定和影响个体特征的载体。染色体与染色体结合，基因与基因结合，按数学上的或然率计算，总的可能组合数为 16，777，216 种。因此，两个人要具有相同的遗传因素是不大可能的，即使是同父母的兄弟姊妹也只是相似。唯一的例外是同卵孪生儿，他们由同一受精卵发育而来，具有相同的染色体和基因，因而遗传禀赋相同；而异卵孪生儿发育于不同的受精卵，因而遗传特点是不同的。

（二）行为遗传学的方法

个体的发展是遗传和环境交互作用的产物。人有了自我意识之后，像智力、特殊能力、创造力等特性则是遗传、环境和自我意识交互作用的产物。遗传对人的发展的终生影响，可以用基因型和表现型来表述。基因型是指个体的整个遗传基因的组合，表现型则是指在特定的环境中具有一定基因型的个体遗传得以实现的程度。遗传对行为的影响总是离不开环境的。下面介绍两种主要的行为遗传学方法。

1. 选择性繁殖

选择性繁殖是对动物特性遗传的一种研究方法，即让具有某种高水平特性的动物和低水平特性的动物分栏交配，以考察行为特性遗传的情况。例如一位研究者（Thompson，1954）使走迷宫快的老鼠和走迷宫慢的老鼠分栏交配繁殖六代。结果，两组间学习能力随着选择性繁殖代数的增加，差异越来越大；到第六代时，走迷宫慢的品种要比走迷宫快的品种多犯 100% 的错误。但这种研究方法只能用于动物而不能用于人类。尽管动物不能为人类的行为遗传提供可靠的证据，但这些研究毕竟证明了行为遗传的可能性。

2. 孪生儿研究

双生儿可分为同卵双生儿和异卵双生儿。同卵双生儿（以 MZ 表示）是由同一受精卵发育而成，具有相同基因型；异卵双生儿（以 DZ 表示）是由两个卵子和两个精子结合而成的两个受精卵发育而成，其基因型不同。异卵双生儿的相似性与其同胞兄弟姐妹相同。双生儿是研究人类行为遗传的好对象。

行为遗传学还有以下几种方法：

（1）家谱分析法：就是研究者选出具有研究的特征或异常行为的指标，然后调查该个体的家族中包括直系亲属和旁系亲属的情况，以确定其遗传情况的方法。

（2）亲属相关法：就是用亲属之间（如亲子、兄妹）特征的相关程度来分析遗传力的方法。

（3）群体调查分析法：就是调查某种异常现象在一般群体中的出现率和患者亲属的出现率，测验其显著性，以确定这种异常现象是否与遗传有关的方法。

遗传对人的心理和行为发展的影响是不可否认的，但也不能过分夸大遗传的作用。遗传只能提供儿童发展以自然前提和可能性，而环境和教育则是规定着儿童心理发展的现实性。这是心理学的一条基本原理。

第六节 | 脑和行为的心理学实验

一、反射弧的分析

【实验目的】了解反射弧的组成。

【实验原理】完整的反射弧是反射的结构基础。反射弧的任何一部分缺损，原有的反射都将不再出现。由于脊髓的机能比较简单，所以常选用一只毁脑的动物（如脊蛙或脊蟾蜍）为实验材料，以利于观察和分析。

【动物与器材】蟾蜍或蛙、常用手术器械、支架、蛙嘴夹、蛙板、蛙腿夹、小烧杯、小玻璃皿（2个）、小滤纸片、棉花、秒表、纱布、0.5%及1%硫酸溶液、2%普鲁卡因。

【方法与步骤】

1. 取一只蟾蜍（或蛙），制备脊蟾蜍（或脊蛙），腹位固定于蛙板上。剪开右侧股部皮肤，分离出坐骨神经穿线备用。

2. 取下蛙腿夹，用蛙嘴夹夹住脊蟾蜍下颌，悬挂于支架上。

3. 分别将左右后肢趾浸入剩有浓度为1%的硫酸的玻璃皿内。

结果：产生屈腿反射。

分析：因反射弧完整。

4. 在左脚趾关节上做个环形皮肤切口，将切口以下的皮肤全部剥除，用浓度为1%的硫酸浸泡趾尖。

结果：没有屈腿反射活动出现。

分析：破坏了脚掌和脚趾皮肤中的感受器，反射弧不完整，不能引起屈腿反射。

5. 将浸有浓度为1%的硫酸溶液的小纸片贴在蛙的左后肢的皮肤上。

结果：有屈腿反射。

分析：因切口上方的感受器完好，有一个完整的反射弧，可引起屈腿反射。

6. 剪断右侧坐骨神经，用连续阈上刺激刺激右后肢趾的皮肤。

结果：无屈腿反射。

分析：反射弧的传入神经被破坏，反射弧不完整。

7. 分别连续刺激右侧坐骨神经的外周端和中枢端。

结果：刺激外周端，有屈腿反射活动，刺激中枢端无屈腿反射。

分析：刺激外周端，是以电刺激模拟中枢传出的电信号，可认为反射弧是完整的；刺激中枢端因为传出神经被剪断反射弧不完整，所以无屈腿反射活动出现。但如果刺激强度过强，兴奋在中枢发生扩散，它的结构基础是反射中枢内神经元的辐散式连接，有一个引起大腿屈曲的反射弧完整，大腿的运动带动了外周端的小腿运动。

8. 以探针捣毁蟾蜍的脊髓。

结果：刺激躯体任何部位都无反射活动出现。

分析：神经中枢被破坏，反射弧不完整。

【注意事项】

1. 每次实验时，要使皮肤接触硫酸的面积不变，以保持相同的刺激强度。

2. 刺激后要立即洗去硫酸，以免损伤皮肤。

【思考题】

以实验结果为根据，以严密的逻辑推理方式说明反射弧的几个组成部分。

二、大脑模型的观察

【实验目的】观察大脑半球的外形、分叶、主要的沟、回和内部结构，大脑用人的大脑标本和模型观察，大脑由左、右两半球组成，两半球之间以大脑纵裂分隔。在大脑纵裂底连接两侧半球的横行纤维，称胼胝体。

【实验仪器】心理学实验室大脑模型和挂图

【方法和内容】

大脑半球表面有许多深浅不同的裂和沟，沟、裂之间的隆起称回。

1. 大脑半球的分叶：每个大脑半球共三条沟裂，分为五叶。

（1）三条主要沟裂

大脑外侧裂：位于大脑半球背外侧面，由前下斜向后上方。

中央沟：位于大脑半球背外侧面，自半球上缘中点稍后方，斜向前下方。

顶枕裂：位于半球内侧面的后部，由胼胝体后端斜向后上方，略转至背外侧面。

（2）五叶

额叶：位于中央沟之前，大脑外侧裂上方。

顶叶：位于中央沟与顶枕裂之间。

枕叶：位于顶枕裂的后方。

颞叶：位于大脑外侧裂的下方。

岛叶：位于大脑外侧裂的深部。

2. 大脑半球的主要沟回

（3）背外侧面的沟回

①额叶

中央前沟：在中央沟前方，并是与其平行的沟。

中央前回：位于中央沟与中央前沟之间的回，是运动中枢。

额上、下沟：自中央前沟水平向前走出的上、下两条沟。

额上回：位于额上沟上方的回。

额中回：位于额上、下沟之间的回，后1/3 是运动性语言中枢（书写中枢）。

额下回：位于额下沟下方的回，后1/3 为运动性语言中枢。

②顶叶

中央后沟：位于中央的后方，并与其平行。

中央后回：位于中央沟与中央后沟之间的回，为感觉中枢。

顶间沟：在中央后沟的后方，为一条由前向后走的沟。

顶上小叶：位于顶间沟的上方。

顶下小叶：位于顶间沟的下方，它又分为前部的环曲回和后部的角回。角回为视觉性语言中枢（阅读中枢）。

③颞叶

颞上、下沟：在外侧裂的下方，有两条与外侧裂大致平行的沟。

颞上回：是外侧裂与颞上沟之间的回，后部为听觉性语言中枢（听话中枢）。

颞上、下回：分别是颞下沟上方、下方的回。

颞横回：位于外侧裂内，是颞上回上面的几条短的横回，为听觉中枢。

④枕叶：沟回不规则，且不恒定。

（4）内侧面用脑正中矢状切标本和模型观察。

①旁中央小叶：是中央前、后回在大脑内侧面的移行部分。

②胼胝体沟：环行于胼胝体的背面。

③扣带沟：位于胼胝体沟的上方，并与其平行。

④扣带回：是胼胝体沟与扣带沟之间的回，环抱胼胝体。

⑤距状裂：位于胼胝体的后缘，呈弓形向后走向枕叶的后端，其两侧皮质为视觉中枢。

⑥海马回：在舌回的前方，自胼胝体尾端折转向前，延续到脑底面。

⑦海马回钩：是海马回前端弯成钩形的部分，其附近的皮质是嗅觉中枢。

（5）底面用大脑标本和模型观察。

①嗅束：位于额叶底面，是一条纵行的纤维束。

②嗅球：是嗅束前端膨大的部分。

③嗅三角：是嗅束向后扩大的部分。

第三章　成长与个体发展心理学

每一个人的生命都是与众不同的，我们从何而来，又向何处去？生命的过程中，我们如何在生活中成长？这些是每个人都无法回避的人生课题。

1962 年，埃尔德参加了美国加州大学伯克利分校的奥克兰成长研究。这是一项有关社会和情绪发展的纵向研究，参加实验研究的全部是 1920 年前后出生的城市青年。该研究使我们看到，在不同的年龄阶段和不同的家庭环境中，个体先前所经历的生活对其成长将造成长期的影响。

你能回想一下发生在你所生活的时代改变你家庭和童年生活的一件重大事件吗？这件事对你造成的影响又是怎样的？

第一节 ｜ 胎儿心理发展

一、生命的开始

生命从何而来？这是一个人们经常思考和探索的宇宙之谜。从盘古开天、女娲造人、上帝造人等神创论到达尔文的进化论，人们始终没有停止对生命奥秘的探索。17 ~ 18 世纪期间，生物学的两个派别之间发生了一场激烈的论战。精原论（男性的精子被认为是一种微生物而得名）声称，精子的头部含有完全成型的"小人"，他们时刻准备进入子宫，然后开始成长。然而，卵原论受英国医学家威廉·哈维的启发，持一种截然相反但同样荒谬的观点：

女性的卵巢里有极小并已经成型的"小人"，当遇到男性精子时，这些小人被激活然后开始成长。直到18世纪末，德国解剖学家沃尔夫证明了胚胎并不是在父母某一方的体内预先形成的，父母双方对新生命的形成有同等贡献。19世纪60年代奥地利修道士孟德尔用豌豆做实验，证明细胞中存在决定发育的遗传因子，自此，人们开始了对生命现象的本质的科学研究。1990年，一项规模宏大的科学计划——人类基因组计划启动，旨在测定人类染色体中所包含的30亿个碱基组成，从而绘制出人类基因组图谱，进而破译人类遗传信息。人类基因组计划被誉为生命科学的"登月"计划，它由美、英、日、法、德、中六国一千多名科学家联合攻关，耗资十多亿美元。2000年6月人类基因组"工作架构图"完成。2003年4月，人类基因组研究项目负责人弗朗西斯·柯林斯博士隆重宣布，人类基因组序列图绘制成功，人类基因组计划的所有目标全部实现。从此人类对生命的探索进入了后基因时代，科学家将致力于研究人类基因组里三万多个基因的功能，进而揭示基因是怎样控制生命现象的。

二、胎儿的心理特点

在受精8周后，胚胎就被称为胎儿了。此时，胎儿的四肢已经长出来，脸也长成和出生时看起来相同的结构。独立的神经冲动也开始了，胎儿已经开始控制其行动——头和腹部会做出轻微的运动。当母亲感受到压力时，胎儿的心率会加快，这表明胎儿对环境做出了反应。

虽然胎儿长到6个月就已经能在子宫以外生活了，但胎儿的认知能力仍然需要在这个时期发育。胎儿的发育也有关键期，关键期与大脑发育和突触连接的变化有关，在突触连接期间，当神经路线被提炼，关键时刻就发生了，当末梢被剪除，大脑区域的关键时期就结束了。

很多认知技能都有自己的关键期，例如，复杂的认知技能，如语法必须在4岁前被掌握。在子宫的发育是一个关键期，因为它发育了大脑早期的功能。

婴儿在出生前已经具备了辨别不同触觉、彻底地了解他所处的环境的能力。当胎儿踢母亲肚子的时候，已经具备了最初的感觉，有了新鲜感。胎儿早在12周时就开始吮吸拇指，这是触觉系统负责的，不是出生才发育起来的。一些研究者认为，触觉是新生儿所有感觉中发育最多的感觉。人们经常会问胎儿是否会感觉到痛，关于这个问题的研究一直在持续着。我们现在知道胎儿是会对其他感觉有反应的，诸如嗅觉和味觉。痛觉会在 14 周结束前出现，不满 3 个月的胎儿会从一个外科医生的针那儿移开，除非他们是在麻醉状态下。因此，胎儿在子宫内就会感觉到痛了。

胎儿在子宫内就能学习了。学习的一种类型就是适应。当一个刺激反复发生时，胎儿变得很少有兴趣。但当一个新的刺激出现的时候，胎儿的兴趣就会增加。给胎儿以声音刺激的研究表明：一个音调第一次出现的时候，胎儿会震惊。随后发生的每一次，胎儿震惊的程度会越来越小，直到根本不起作用。这种情况早在胎儿 5 个月的时候就已经能表现出来了，并且所有的胎儿到第 6 个月的时候对这种方式都会有反应。

第二节 | 婴幼儿心理发展

一项调查表明，有超过一半的父母赞同教育节目是儿童智力发展非常重要的促进因素。而且有相当广泛的产品可以让你尝试，他们以教育意义为由占据市场。但父母们存在一个疑问，他们的孩子真能从这些产品中获益吗？如果不能的话，这些产品是否真的无害？

来自恺撒家族基金会的一项报告表明，婴儿教育媒体的营销已经远远超过对其有效性的研究。其中部分原因是这类实验室研究很难进行，大多数有限的证据也只是基于相关研究，难以排除诸如先天智力或者父母教育等因素，甚至很难将媒体所带来的好处与年龄增长所带来的认知发展区分开来。

一、婴幼儿的感知觉发展

婴儿是在充满愉快感觉的环境中苗壮成长起来的。婴儿期就已具备了深度知觉的能力，它能帮助婴儿获得有关高度的认识，以避免跌落。在吉布森和沃尔克所做的经典研究中，婴儿被放置在一块很厚的玻璃上（图 3 - 1），玻璃下方有一半铺有方格图案，让人感觉婴儿趴在一块稳当的地板上；然而，另一半的玻璃下方，方格图案与玻璃之间有几十厘米的落差，形成了明显的"视崖"。吉布森和沃尔克提出的问题是，当母亲召唤婴儿时，他们是否愿意爬过这个"视崖"？

结果很明显，研究中大部分 6 ~ 14 个月大的婴儿不会通过"视崖"。显然，在这个年龄阶段，大多数婴儿的深度知觉能力已经发展成熟。另一方面，该实验没有明确指出深度视觉何时出现，因为只有在婴儿学会爬行后才能施测。

图 3 - 1 视觉悬崖

二、婴幼儿的认知发展

一个 14 个月大的婴儿很享受从高脚椅上往下扔东西。他会将玩具、勺子等任何东西扔下去，只是想看看这些东西掉到地面会怎么样。他很像在做实验，看看所丢的东西会制造出什么样的噪音。

瑞士心理学家让·皮亚杰（Jean Piaget，1896—1980）认为婴儿并不是从别人传达的事实中获得知识，也不是通过感知觉，而是通过直接运动行为获得知识。尽管他很多基本的解释和假设都已经受到后续研究的挑战，但婴儿以有意义的方式，通过"做"来学习的观点从未受到质疑。

皮亚杰的理论经历了四个不同的阶段。每一个阶段都代表某种特定的组织形式，每个组织形式都把所有的观念放在一个一元心智结构中，而且每个阶段都可用于所有可能的心智活动——思考、理解等。因此，儿童在任何时间点的作为都能反映他们当时的发展水平。

新生儿开始与周围环境互动是在皮亚杰所谓的感知运动阶段，这一阶段包括从出生到 2 岁这段时间。接下来一个阶段是前运算阶段，大约从 2 岁开始，到 7 岁结束。处在这一阶段的儿童学会了用符号表示物体或事件的本领，但他们还不会逻辑思维。

在感知运动阶段，皮亚杰认为儿童只有一些与生俱来的本能反应，这些本能反应提供了限制发展的基础。感知运动阶段的儿童用这些本能反应感知周围环境（包括自己和别人），并把这些本能反应变成一种体验事物的能力。尽管感知运动阶段是最短的一个阶段，但皮亚杰还是将它划分为六个亚阶段（表3-1）。因为从出生到2岁，人的大脑发生了一生中最大幅度的变化。儿童在感知运动阶段获得了两种最重要的东西：物体恒存性和表征。表征是任何可以用来代表其他事物的东西。如一孩子骑着一根棍子，它把这根棍子当作一匹马，那么这根棍子就表征马的概念，而马这个词以同样的方式象征着马这种真实的动物。

表3-1 皮亚杰感觉运动阶段的六个亚阶段

亚阶段	年龄	描述	举例
亚阶段1：简单反射	出生后的第1个月	婴儿练习天生的反射能力，学会在一定程度上进行控制。他们不会整合自己的感觉信息，不会抓握眼前看到的物品。	当妈妈将乳头放在婴儿嘴边时，婴儿便开始吮吸。
亚阶段2：初级循环反应	1~4个月	婴儿重复那些偶然让他们感到愉悦的动作。活动更集中于婴儿对身体而非行为对环境的影响。	婴儿可以在抓握奶瓶时调整对奶嘴的吮吸方式。
亚阶段3：次级循环反应	4~8个月	婴儿开始对环境更加感兴趣，会重复一些带来有趣结果的动作，并延长有趣行为的时间。	一个婴儿在床上反复地拨弄着拨浪鼓，并且以不同的方式摇晃它，从而来观察声音如何变化。这名婴儿就表现出调整自己有关拨浪鼓的认知图式的能力。
亚阶段4：次级循环反应的协调	8~12个月	婴儿开始使用更具计划性的方式来引发事件，将先前学到的行为协调起来形成单一的行为，能够预期事件的发生，理解客体的存在。	婴儿会推开挡在路中间的玩具，伸手够下面只露出一部分的另一个玩具。

续表 3-1

亚阶段	年龄	描述	举例
亚阶段 5：三级循环反应	12~18 个月	婴儿喜欢探索，有目的地改变行为来观察结果。他积极探索周围的世界，观察物品、事件或情境中的新奇之处。尝试新行为，运用试误法解决问题。	婴儿不断地改变扔玩具的地点，每次都仔细观察它掉在什么地方。
亚阶段 6：心理整合	18~24 个月	获得心理表征能力或象征思维能力。开始表现出洞察力，可以使用符号，如手势或词语，会伪装。	如果一个球滚到家具下面，婴儿能够判断出球会在另一面或出现的可能位置。

前运算阶段，儿童更多地使用象征性的符号思维，心理推理出现，概念的使用也有所增加。儿童开始更善于在内部表征事件，更少依赖直接的感觉运动活动来理解周围的世界。但是他们还不能进行运算，即有组织的、形式的、逻辑性的心理过程。只有在前运算阶段结束的时候，他们才开始具备运算能力。

前运算阶段儿童具有几个特点：①中心化，所见即所想。他们很难理解别人的观点，只注意刺激物的某一方面，而忽视其他方面。他们关注的是表象，而没有对数量进行理解。对这个阶段的儿童来说，表象就是全部。②守恒，认识到表象的欺骗性。守恒就是物体的数量与排列和外在形状无关的知识。因为他们不懂守恒，不理解一个维度的变化（如外形的变化）并不一定意味着另一维度的变化（如数量）。皮亚杰在"田中牛"的问题中阐明了儿童对面积守恒的理解。

所有的父母都希望自己的孩子能够实现全部的认知潜能，但有时它们试图达到这一目标的方式有些让人难以认同。例如，有些父母花费上千元参加提高宝宝智力的培训班，有些父母买一些诸如《如何教宝宝阅读》的书籍。

尽管相信他们会成功，但对于这些项目的有效性并不存在科学支持。例如，虽然婴儿有很多认知技能，但没有婴儿能够真正地进行阅读。而且，所谓提高婴儿的智力是不可能的。另一方面，我们可以做一些事情来促进婴儿的认知发展。正如皮亚杰所说的，婴儿通过做来学习，因此他们需要探索周围环境的机会，确保环境里包括了各种各样的玩具、书籍和其他刺激源。

下列建议是基于发展心理学已有的研究成果，为我们提供支持，为婴儿提供探索世界的机会。在言语和非言语两个水平上都要快速地对婴儿做出反应。试着去和婴儿说话，而不是面对他们不说话。提问题，倾听他们的反应，并提供进一步交流的机会。给婴儿读书，阅读和后来的读写技能相关，使他们开始形成终生的阅读习惯。不要强迫婴儿，也不要对他们的期望过高。你的目标不是创造一个天才，而应该提供一个温暖的养育环境，允许婴儿发挥自己的潜能。

三、婴幼儿的人格和心理社会性发展

某个婴儿经常兴高采烈，另一个却容易焦虑不安；某个婴儿喜欢跟别人一起玩，另一个却喜欢独自一个人玩。这些情感、思维和行为方式的特点反映了先天因素与环境因素的共同影响，同时也能影响儿童与他人交往和适应世界的方式。从婴儿期开始，人格发展与社会关系相互影响，共同构成了心理的社会发展。

微笑，皱眉，生气，婴儿的情绪写满在了脸上。然而婴儿体验情绪的方式和成人是不一样的。哭是婴儿最有力的工具，有时也是唯一的工具，婴儿通过哭表达其需要。父母很快就能学会辨别孩子是因饥饿、生气、受挫折还是痛苦而哭。

与婴儿相处的时候，婴儿的面部表情是他们情绪状态的指示器。在我们预期他们会快乐的情境中，他们似乎会微笑；在我们假定他们可能会受挫折的情境中，他们会表现出愤怒；在我们预期他们会不快乐的情境中，他们看起来很伤心。事实上，这些基本的面部表情即使在截然不同的文化情境也惊人地相似。人类表达基本情绪的能力是与生俱来的。

情感发展是婴幼儿时期人格与社会性发展的一个重要方面。6 个月大的婴幼儿已经显示出我们已知的主要情感迹象——兴奋、快乐、喜悦、惊讶、悲伤、生气、恐惧和厌恶等。随着生活的开始，这些情感就出现了，但是他们不是很容易就被区分的，因为婴幼儿的身体还没有完全发展出普遍的、能够识别这些情感的外在特征。研究者仅仅依靠情感的面部表达，不可能对每一个他们所表达的情感和他们所体验到的情感做出正确的区分。这是很关键的，因为虽然儿童出生时就有基本的能力去体验广泛的情感，但是他们在展示情感、情感反应的程度和他们控制情感的能力上有显著不同。

自我的发展。婴幼儿知道他们自己是谁吗？8 个月大的儿童已经开始注意到自己在镜中的影像。而关于自我的认知，大约在 12 个月大的时候开始发展。我们通过一个有趣的实验来了解这一点：在婴儿的鼻子上偷偷地抹上一

个红点，然后让他坐在镜子面前。如果婴儿触碰他们的鼻子或试着抹掉这个红点，我们就可以说他们至少有一些关于自己身体的认识，他们已经意识到自己的独立性。尽管有些婴儿早在 12 个月大的时候，就似乎对看见红点感到吃惊，但对于大多数婴儿而言，他们直到 17 个月甚至到 24 个月大的时候才会做出反应。

大约也是在此时，儿童开始明白自己的能力。婴幼儿心理活动感逐渐增强的一个证据是，两岁的儿童开始表现出共情的能力。共情是对另一个人感受的一种情绪反应。在 24 个月大的时候，儿童有时会去安慰或关心别人。要做到这一点，他们需要知道别人的情绪状态。

个性气质的发展。虽然儿童显现出典型的发展样式，但是儿童在不同的情况下，感受到的行为和情感变化类型却不尽相同。就像青年人和成年人的人格不同一样，婴幼儿对令人感兴趣或受惊吓的事件、情景以及对环境变化的敏感性也是不同的。例如，两个婴儿都能自己穿衣服，拥有同样的动机，但其中一个可能比另一个做得更快，更愿意穿新衣服，当猫跳到床上时更少分心。

第三节 ｜ 童年和青少年心理发展

‖ 一、童年期 ‖

（一）学前期的认知发展

3 ~ 6 岁通常被称为学龄前期，这一阶段的儿童完成了从学步期向童年期的过渡。

学前期在童年生活中是一个令人兴奋的时期。就某种意义来说，学前期是一个准备阶段：这个时期开始为正式教育做好准备。但是 3 ~ 6 岁并不只是人生轨迹中的一个小站，也不只是为下一个重要时期的开始做准备的间歇时期。相反，学前期是一个发生着巨大变化、发展迅速的时期，此时儿童身体、智力和社会性发展非常迅速。

维果斯基（图 3 - 2）认为儿童认知能力是通过接触那些能足够引发他们兴趣，但又不是很难处理的新信息而不断发展的。在某一水平下儿童几乎能够，又不足以能够独立完成某一任务，但是在更具能力的人的帮助下是可以完成的，维果斯基将这两者之间的差距称为最近发展区。在最近发展区内提供适宜的教导，儿童就能理解并掌握某项新任务。为了促进认知的发展，就必须由父母、老师或者能力更强的同伴在儿童的最近发展区内呈现新的信息。例如，一个学龄前儿童可能不知道如何把一个小把手粘在他做的泥锅上，但是有了幼儿园老师的建议，他就能做到这一点。

图 3-2　维果斯基（Lev Vygotsky，1896—1934）

苏联发展心理学家维果斯基认为认知发展应该关注儿童的社会和文化世界，这与关注个体表现的皮亚杰有所不同。

（二）学前期的社会性和人格发展

在儿童阶段，除了身体和认知发展之外，社会性和人格也有着巨大的发展和变化。

自我的发展。尽管"我是谁"这个问题并没有被学龄前儿童提出来，但是它却构成了学龄前儿童很多心理发展的基础。在这个时期，儿童对自我的本质很好奇，他们如何回答这个问题将会影响生活的其他方面。

艾里克森认为，3~6岁儿童正处于主动对内疚阶段：一方面渴望独立行动，另一方面又由于其行动所导致的不理想后果而感到内疚。学龄前儿童想做的事越来越多。与此同时，他们也开始明白其中一些是社会允许的，一些则是不被允许的。随着学年龄前儿童不断面对这些冲突，他们对自己的看法也发生了改变。这种冲突将人格分为两部分：一部分仍旧是儿童，拥有充沛的精力去尝试新鲜的事物和验证新能力；另一部分正逐渐向成人转变，不断地确认动机和行为的适宜性。那些学会调节这两种相反驱动力的儿童获得了一种"美德"：有勇气去设想和追寻目标，不会因为过于内疚和害怕责罚而止步不前。

性别认同。从出生到学前期以及之后，女孩和男孩生活在不同的世界，女孩通常由于她们令人喜爱的个性得到赞扬，男孩则因为他们的聪明和分析能力获得奖励。

在学前期，游戏的性别差异变得更加显著。此外，男孩和女孩都倾向于和同性玩耍。他们对男孩和女孩适宜性的行为期望甚至比成年人更加刻板。5岁前儿童对性别刻板印象的信念变得越来越强烈，尽管到7岁时这些信念或多或少不再那么刻板，但却不会消失。事实上，学龄前儿童特有的性别刻板印象与社会中传统的成年人很相似。

像成年人一样，学龄前儿童预期男性更倾向于涉及能力、独立性、强有力和竞争性的特征，而女性则被认为应该具有友善、善于表达、抚育以及服从等特征。这样的期望给学前龄儿童提供了观察世界的透镜，并影响着他们的行为以及他们与同伴和成人互动的方式。

（三）学龄前儿童的教养方式

拥有权威型父母的儿童能够更好地适应环境，部分原因是父母提供了支持，并且肯花时间向他们解释事情。如果父母过分放任结果会怎样，过分专制或过分忽视呢？

这四种反应分别代表了由戴安娜·鲍姆林德定义并由埃利诺·麦柯比及其同事修订的重要教养风格中的一种。这四种类型总结如表3-2：

表3-2　教养风格类型

父母对孩子的要求	有要求	没有要求
父母对孩子的回应	权威型	放任型
高回应性	特点：坚定的，制定清晰一致的规则限制 与孩子的关系：尽管他们倾向于严格，但他们深爱着孩子并给予情感支持，他们尝试与孩子讲道理，解释为什么应该按照特定的方式行事，并且与孩子交流他们所施加的惩罚的道理	特点：不严格且不一致的反馈 与孩子的关系：基本上不对孩子做出要求，并且不认为自己对孩子的行为结果负有责任，他们很少限制孩子的行为
	专制型	忽视型
低回应性	特点：控制、惩罚、严格、冷漠 与孩子的关系：他们的话就是法律，崇尚严格、无条件服从，不能容忍孩子的反对意见存在	特点：表现出漠不关心以及拒绝行为 与孩子的关系：他们与孩子疏远，视自己的角色仅仅是喂养、穿衣以及为孩子提供庇护的场所，在最极端的情况下，忽视型父母会虐待儿童

父母所采取的教养方式的不同会导致儿童行为和性格上的差异：

（1）专制型父母的孩子性格更加内向，表现出相对较少的社交性，不是非常友好，在同伴中表现不自在。其中，女孩特别依赖父母，而男孩往往表现出过多的敌意。

（2）放任型父母的孩子倾向于依赖他人和喜怒无常，社会技能和自我控制能力较差。他们与专制型父母的孩子有很多相同的特点。

（3）权威型父母的孩子表现最好。他们多表现为独立、友善、有主见且有合作精神。他们追求成功的动机很强，也常获得成功并受到他人喜爱。无论在与他人关系还是自我情绪调节方面，他们均能有效调控自己的行为。

（4）忽视型父母的孩子表现最差，在情感发展方面较为混乱。他们感到不被爱以及情感上的疏离，并且也阻碍了其生理和认知方面的发展。

当然，没有哪一种分类系统能够完全地预测儿童是否会发展得更好。很多专制型和放任型家庭的父母教育的孩子也发展得很成功。

二、童年中期

童年中期常常被称为学龄期，大约是 6 ~ 11 岁这一年龄阶段。上学是这一时期的主要经历。这一时期，虽然父母的作用依然重要，但同伴团体的影响力增强。通过与其他同伴的接触，儿童认知和社会性等方面都有所发展。

与此同时，在童年中期，孩子们进入学校，渴望学习他们所能学到的关于世界的知识。常规的教室设置通常为儿童提供了良好的条件，并有助于他们的身心发展。但是，有些儿童会有特殊情况或发展缺陷，因而就要对他们进行特殊干预，从而最大限度地发展他们的能力，并使他们具有良好的自尊。

（一）童年中期的认知发展

根据皮亚杰的理论，大约 7 岁时，儿童进入具体运算阶段。此时，他们能通过心理操作来解决具体实际问题，例如，运用推理找到丢失的帽子。这一年龄阶段儿童的思考具有逻辑性是因为他们不像之前那么以自我为中心了，能够多方面地综合思考问题。然而，他们的思维仍局限于当前的具体情境。

两个相同的黏土球，其中一个被揉成细长的香肠形状，处于具体运算阶段的儿童会说球和"香肠"含有的黏土量是相等的。而处于前运算阶段的儿童则根据黏土的外在形状来判断，会认为细长的黏土块包含的黏土更多。

（二）童年中期的社会性与人格发展

在儿童中期，儿童会寻找"我是谁"的答案。尽管这个问题在青春期时更为紧迫，但学龄儿童也试图寻找自己在社会中的位置。

"这学期我的语文得了 100 分，我觉得自己非常聪明，但是算术课让我觉得很不满意，我觉得自己又很笨，特别是看到其他同学都考得很好时……不过我还是很喜欢我自己，因为算术对我来说并不重要。我漂亮和是否欢迎才是最重要的。"

这个儿童的自我描述表明，她能同时关注多个维度的自己。她已脱离了全或无、非黑即白的自我概念。

儿童关于"自己是谁"的观点会变得越来越复杂，当他们长大一些，便会发现自己的强项和弱项。儿童自我概念开始从个人和学业两个领域划分。儿童会在 4 个领域对自己做出评价，而每个领域又可以进一步细分。例如，非学业自我概念包括身体外貌、同伴关系和体能。而对于学业自我概念也可以进行类似的划分。关于学生在英语、数学和非学业领域的自我概念表明，虽然这些不同的自我概念之间有重叠，但它们之间并不总是相关的。比如上面那个儿童的自我描述就是这样。

儿童的很多时间都是在同伴群体中度过的，但只有作为单个个体，他们才能建立友谊。大多数发展心理学家认为，儿童的心理功能和整体发展是多种因素共同作用的结果，其中包括同伴和父母。

三、青少年的认知和心理社会性发展

青春期是儿童期与成人期之间的过渡时期。青少年面临着生活中各方面的挑战。生理上，他们的身体迅速成熟——有时候这是令人痛苦的速度。青少年开始关注性，而且很多青少年对他们的体型过分担心。

男孩青春期的起始时间大约有一个七年的跨度，而女孩则约有八年的跨度。这一典型的发育过程在两性中通常历时六年，女孩比男孩早两年开始。在中国，女孩进入青春期的平均年龄约为 11～12 岁，结束年龄约在 17～18 岁，男孩青春期的开始与结束约比女孩晚两年左右。

男孩女孩在青春期的生理变化包括阴毛出现、声音变得低沉、青春期身体快速发育和肌肉生长，随着生殖器官的成熟，女孩开始出现月经，男孩开始产生精子。尽管存在一些个体差异，但这些变化在发展顺序上比其起始时间更一致。很多初中女生身高超过男生。在 11～13 岁时，女孩一般都会在身高、体重和力量方面超过男孩，因为男孩的青春期发育晚于女孩。

（一）青少年的认知发展

尽管青少年期存在很多危机，但大多数青少年从十几岁开始就表现出健康成熟的体魄和对生活的热爱。他们的认知也在继续发展。青少年不仅在外形上不同于儿童，他们的思维也有差异。虽然青少年的思维在某些方面仍不成熟，但很多青少年已经能进行抽象推理和复杂的道德判断，并能够对未来制订更加现实的计划。

根据皮亚杰的理论，当青少年形成抽象思维能力时，他们就进入了认知发展的最高阶段——形式运算阶段。这一阶段通常发生在 11 岁左右，个体获得一种新的、更加灵活的信息操作方式。他们不再受此时此地的局限，而是能够理解历史时间和外星人的空间。他们能够用符号代表符号，因此可以很好地学习代数和微积分。他们能够更好地理解隐喻和语言，所以可以从文学中获得更加丰富的意义。他们能够思考事情可能是什么样的，而不是简单考虑是什么样的。他们能够想象各种可能性，并形成和检验假设。

青少年使用形式运算进行抽象推理的能力，改变了他们的日常行为。早先，他们可能会毫无疑问地接受规则和解释，而如今不断增加的抽象思维能力可能会导致他们更努力地对父母和其他权威提出质疑。对于父母、教师以及其他与青少年打交道的成年人来说，面对批判能力日益增长的青少年是一个挑战，但这也使得青少年觉得更有趣，因为他们在主动寻找生活中对价值和公正的理解。

青少年新近发展出来的元认知能力使得他们很容易地想象别人正在思考着自己，并且他们还可能想象别人思维中的细节。比如，青春期的孩子都很反感父母对他们的控制，会质疑为什么父母总是要他们打电话报告自己在哪里，还有的孩子对老师很不满意，因为老师出的题对他来说很难，所以他没有考好。这些都是占据青少年思维主导地位的自我中心的来源。青少年自我中心主义是一种自我专注的状态，他们认为全世界都在注意着自己。自我中心主义的青少年对权威充满了批判精神，不愿意接受批评，并且很容易指出别人行为中的错误。

青少年很可能会发展出假想观众，就如青少年他们自己一样，对他们的行为给予很多关注的想象中的观察者。但不幸的是，这仅仅是他们的自我中心主义所产生的虚构场景。例如，一名坐在教室里的学生可能确信教师正在注意他，而一个打篮球的青少年可能确信全场的人都在注意他脸上的青春痘。自我中心还导致了另一种思维的扭曲，即个人经历是独一无二的。青少年发展出了个人神话，他们会觉得自己的经历是独一无二的，别人都不会经历。例如，失恋的青少年可能觉得别人都不会经历这种痛苦，别人都不像自己这样遭遇如此悲惨的经历，没有人能够理解他的痛苦。

（二）青少年的社会性和人格发展

青少年期是一个机会和风险并存的时期。青少年处于爱情、事业和进入成人社会的探索期。但也有一些青少年的行为使自己失去了选择的机会。今天，越来越多的研究开始关注如何帮助青少年挖掘自己的潜能，接受自己的性别，在与父母、同伴的关系中认同自我。

在青春期，诸如"我是谁"和"我属于这个世界的哪个地方"这样的问题开始被放在首要位置。同一性问题在青春期变得如此重要，他们可以通过与其他人比较来认识自己，能够意识到他们是独立于其他人的个体。发育中显著的生理变化使他们敏锐地意识到自己的身体，并意识到他人正在以新的方式对他们做出反应。无论什么原因，在十几岁时，青少年的自我概念常常发生至关重要的变化。

第四节 | 成年期心理发展

一、成年早期

请沉思片刻，问问自己："我是否已经进入成年期了？"大部分人直到30岁左右，才感到自己真的成年了。

成年早期大约在 20～40 岁的时候，是一个继续发展的时期。他们会面临一些最急迫的问题，比如结婚生子，而且当他们解决这些问题时会遇到相当大的压力。

现在的青年人接受成家、立业和经济独立这三项成年标志比上一代人晚很多，他们常常在做决定之前犹豫不决。向成年的过渡已被拖慢到可以产生一个新的过渡发展阶段，我们可以称之为成年初显期。在这一时期，许多人已经结束了青少年期，但是仍不能承担成年人的责任。然而，他们对不同想法加以探索的欲望比十几岁时强烈得多。

（一）成年早期认知发展

发展心理学家吉塞拉·拉博维维夫（Gisela Labouvie-Vief, 2006）认为思维的本质在成年早期发生了变化。她声称，单纯基于形式运算（皮亚杰理论最后一个阶段，实现于青春期）的思维仍不能够满足成年人的需要。要求特异性的社会越来越复杂，人们面对复杂情况寻求出路也会遇到挑战，这都要求人们的思维要超越逻辑，包含实际经验、道德判断和价值观。

她认为，成年早期的思维必须有所发展才能处理像这样的模糊情境。年轻人应当学会运用类比和比喻进行比较，面对社会上的矛盾，能够通过更多的主观理解坦然处之。这要求依据个体的价值观和信仰对情境的所有方面进行权衡。这涉及解释过程，并反映了这样一个事实：真实世界中事件背后的原因是灰色的，而不是非黑即白的。

拉博维维夫将青年人所展现的思维方式称为后形式思维。后形式思维是指超越皮亚杰形式运算之上的思维形式。与单纯基于逻辑过程的，认为问题答案是绝对的正确和错误的观念相比，后形式思维认为成年人的困境有时必须以相对的方式解决。

后形式思维也涵盖辩证思维，即一种喜欢并欣赏论证、驳斥以及辩论的思维方式。根据心理学家简·辛诺特的观点，具有后形式思维的人能够对抽象、理想的解决方案和现实世界中可能阻碍该方案实施的限制进行反复权衡。后形式思维者了解导致某一情况的出现有很多种因素，而解决方式并非只有一种。

许多人回顾自己生活经历时，都认为大学时代的生活能够塑造人，而且比成年期的其他任何阶段都能够塑造人。这是因为，大学是检验发展状况的基地，在这一时期，人们可以全身心地去探索各种价值观、角色和行为。

从大学一年级到大四毕业，大学生的心理将发生巨大变化。大学阶段，学生们开始论证那些没有明确解决方案的问题，辨别复杂问题中对立各方的优势和劣势，反思自己的思维品质。他们的态度和价值观也开阔了。他们对文学、表演艺术及哲学和历史问题的兴趣增强，更能包容民族和文化的多样性。大学期间，学生的自我理解力大大提高，自尊得到增强，自我同一性也更稳定。大学的影响是由个人投入学习和课外活动以及大学环境的丰富性和多样性共同决定的。学生在课内外与同伴交流越多，受益就越大。住在学生宿舍是认知发展最稳定的预测因素之一，因为宿舍使学生最大限度地参与到教育和社会生活中。学生积极努力投入课堂学习，体现在各门课程中的挑战性教学、与教师的频繁接触、课堂学习与实践活动相结合上，这些都给学生心理带来很大益处。

（二）成年早期的社会性和人格发展

成年早期的亲密关系。尽管许多女性可能会被一个发型精美、舞步流畅的男士迷得神魂颠倒，但也会有一些女性喜欢完全相反类型的男士。"他简直是个滑稽的舞伴，他围着我转，我们俩简直太可笑了。"林女士回忆说，"当时我意识到我们在一起是多么开心，而且既荒谬又难以置信，但我知道我爱上他了。"

林女士最终和他所爱的这个人举行了婚礼。并非每个人的爱情之路都像林女士那样平坦。对一些人而言，爱情之路是蜿蜒曲折的，伴随着关系的破裂和美梦的破碎；对一些人而言，这是一条永远不会触及的道路；对一些人而言，爱情是通向婚姻，像童话故事中描述的家庭、孩子和白头偕老的生活；对另一些人，爱情则是通向不愉快的结局，以离婚和抚养权的争斗而告终。亲密关系是在成年早期主要考虑的事项。

友谊。成年期的朋友往往在年龄、性别和社会经济地位方面相似，这些因素促成了共同的兴趣、经历和需求，因此能从这种朋友关系中获得快乐。朋友会在面对压力时相互给予支持。朋友还给予人们学习知识、丰富个人观点的机会，使生活更有趣。我们会被那些与自己有类似态度和价值观的人所吸引，也会基于人们的个性品质选择朋友，哪些是最重要的因素？根据调查结果，人们往往会被那些自信、忠诚、友善和感情深厚的人所吸引。此外，人们还喜欢那些真实的、坦率的并具有幽默感的人。

恋爱。寻找一位伴侣并与之共同生活是成人发展的一个重要里程碑，对一个人的自我概念的发展和心理健康有很大影响。大多数恋爱关系的发展都伴随着一系列令人惊讶的规律性：

（1）两个人之间的交往日趋频繁，且持续时间更长，交往地点增加。

（2）双方逐渐寻求对方的陪伴。

（3）两个人之间越来越坦诚，互相透露自己的隐私。开始表现出身体方面的亲密行为。

（4）双方越来越希望分享对方积极和消极的感受，也可能会在彼此赞美之余提出一些批评。

（5）两个人开始对双方关系的目标达成共识。

（6）双方对一些境遇的反应变得越来越相似。

（7）双方开始感到自己心理上的幸福感与这段关系的成功紧密联系，并把这段关系看成是唯一的、不可替代的、弥足珍贵的。

（8）最后，双方关于自己和自身行为的定义发生改变：他们把双方关系看成是一对情侣，并在行为上表现成为一对情侣，而不再是两个孤立的个体。

孤独。孤独感是一个人现有的社会关系与其期望拥有的社会关系间存在的差距所导致的不快，孤独的人既没有亲密伴侣，也没有好朋友。孤独感在20岁左右时达到顶峰，随后逐渐下降并一直持续到70岁。成年早期孤独感上升是情有可原的。当年轻人升学和就业时，他们必须不断与别人建立新的关系。而且，年轻人比年长者期望从亲密关系中得到更多东西，而年长者已不再对生活抱有过多的奢望。随着年龄的增长，人们逐渐能理解孤独，并利用孤独得到积极的结果，加深自己对恐惧和需求的意识。

婚姻。对亲密关系的追求促成了婚姻。他们遵循家庭生活周期，形成了自己的生活道路，家庭生活周期是世界上大多数家庭发展都具有的一种时间顺序。成年早期，人们一般遵循独立生活、恋爱结婚、生孩子的顺序。但也会面临是否结婚以及何时结婚这样的问题。很多人把婚姻看作爱情关系的巅峰，而另一些人认为到了一定年龄就该结婚了。还有人寻求婚姻是因为配偶可以担当很多角色，包括经济、性和娱乐。婚姻也是普遍认可的生育孩子的唯一途径。最后，婚姻为个体提供支持和保护。

工作。成年早期做出的决定会影响人的一生。其中最为重要的一项便是选择职业道路。这一选择不仅影响薪金的多少，也会影响自己的地位、自我价值感以及个人一生中做出的贡献等。工作的选择是成年早期自我同一性的核心内容。

二、成年中期

（一）成年中期的认知发展

很多40多岁的人都觉得和以前相比，自己要健忘得多，并担心智力也会随着年龄的增长而衰退。智力会在中年时期下降吗？回答是肯定的。智力的顶峰时期是在18岁左右；之后会保持一段时间，直到25岁左右；之后开始渐渐下降，直到生命结束。

有关年龄对智力的作用很难下定论。很多研究者认为有两种不同类型的智力：晶体智力和流体智力。第一种是主要的智力，晶体智力是积累性的知识经验、良好的判断力和深谙社会习俗的能力，这些能力的习得源于个体所在文化对它们的看重。在智力测验中，词汇、常识、言语表达和逻辑推理等项目测量的就是晶体智力。第二种能力，流体智力主要是信息加工能力，如对视觉刺激之间关系的觉察、对信息进行分析的速度，以及工作记忆的容量。流体智力常常与晶体智力一起，保证有效的推理和问题的解决。

晶体智力在中年期上升是情有可原的，因为成年人一直在工作、家庭和休闲活动中增长知识和技能。此外，许多晶体智力方面的技能几乎每天都在练习。

沙伊的西雅图追踪研究表明（图3-3），成年早期和中期获得五种能力——言语能力、演绎推理能力、言语记忆、空间定向与数字能力，其中既包括晶体智力，也包括流体智力。其变化轨迹证实，中年期是一些最复杂的心理能力达到高峰的时期。这些结果显示，中年人在智力上"处于全盛期"，而不是人们认为的"盛极而衰"。

研究结果还显示了第六种能力，即知觉速度——一种流体智力。比如，测量时被试必须在一定时间内辨别出5个图形中哪一个与刚才看过的图形相同，或成对的数字组合是否相同。与过去的很多研究结论相一致，从20多岁到80多岁后期，知觉速度一直下降，也就是说，认知加工速度随着人的衰老而减慢。生命的后期，人的流体智力表现出更大的下降。对较大年龄跨度的个体进行的短期追踪也证实了这些趋势。

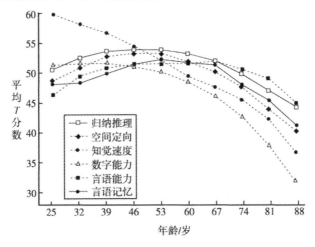

图3-3　沙伊的西雅图追踪研究发现的六种心理能力的发展趋势

（二）成年中期的社会性和人格发展

大多数人40岁之后开始意识到自己的日子并不好过，在多数西方社会，40岁毫无疑问已进入了中年，并且还表示跨入了"中年危机"。

传统的成人人格发展观点认为人们会经历一系列固定的发展阶段，每一个都与年龄有着密切联系。每个阶段都有特定的危机，在这些危机中，个体会经历疑惑和心理混乱的紧张时期。这种观点是人格发展的常规危机模型的一个特点。常规危机模型将人格发展看作是由连续且与年龄相关的危机组成的一系列阶段。例如埃里克森的心理社会发展理论。埃里克森把成年中期的特点称为繁衍对停滞的时期。根据埃里克森的观点，一个人的中年时期或者为家庭、社区、工作和社会做贡献，即他所称的繁衍力，或者是进入停滞状态。具有繁衍力的人们努力引导和鼓励下一代。人们可通过养育孩子来获得繁衍力，但也可以通过其他一些方法来满足这种需要，如可以直接和年轻人一起工作，充当他们的导师，或者通过创造性、艺术性的作品来留下长期的贡献，从而满足对繁衍的需求。因为个体能够通过他人看到自己生命的延续，人们对繁衍力的关注会超出个体本身。

在这一时期心理成长的缺乏会导致停滞。只关注自己行为中的琐碎小事，人们感到自己为社会做的贡献很少，他们存在的价值也很小。有些人仍在挣扎，仍然在寻找新的、可能更充实的职业。还有些人已经感到挫败并开始厌倦了。

三、成年晚期

成年晚期开始于 65 岁左右，各个方面开始出现衰退，这将是他们生命终结前生活的一部分。在认知方面，我们发现老年人可以很好地适应生活中那些看起来对他们造成阻碍的改变，他们会采取一些新的方法来解决问题，弥补自己损失的能力。而社会性方面，大部分老年人越来越善于应对他们生活中的改变，比如丧偶或退休。

（一）成年晚期的认知发展

临近终结时，衰退要超过进步和保持。研究发现，老年期认知功能的个别差异大于人生的任何时期。在遗传和生活方式的影响得以充分表现的同时，寻求行为的自我选择方式的自由度增加。

三名女性正在讨论变老有多么不方便。

"有时候"，她们中的一个说道，"当我走到冰箱前，我都不记得自己是要把东西放进去还是取出来。"

"哦，那没什么"，第二名女性说，"很多次我都发现自己站在楼梯边上，不知道自己是要上楼还是要下楼。"

"哦，我的天啊！"第三名女性大叫道，"我真高兴我从来没有出现过你们这样的问题！"她敲着桌子。"噢"，她说，同时从椅子上站了起来，"有人在敲门。"

这个笑话表明了人们对老年人的刻板印象——糊涂和健忘。如今，这种观点大为不同。研究者们不再认为老年人的认知能力必然会下降，而是认为他们的整体智力和特殊认知能力（如解决问题的能力）更有可能保持良好。

事实上，通过适当的训练和接触一定类别的环境刺激，老年人的认知能力能够切实得到改善。

（二）成年晚期的社会性和人格发展

埃里克森理论的最后一个心理冲突是自我完整对绝望，涉及一个人怎样看待自己的一生。形成完整的、完全的，对自己取得的成就感到满意。他们适应了悲喜交织的生活，把它看作生活中不可避免的一部分，这种悲喜交织来自于爱人关系、养育子女、工作、友谊以及社会参与。他们懂得，自己走过的、放弃的以及从未选择的道路，对塑造其有意义的人生旅途，都是完全必要的。

从全人类大背景的角度来看待自己的生命，把它看作一个人与一段历史的偶然结合，这种能力使人产生一种伴随着完整感的平静和满足。获得完整感的老年人觉得自己是完整的、完全的，对自己取得成就感到满足。埃里克森和夫人琼就是达到这一阶段的理想伴侣。他们晚年时相濡以沫，人们常见夫妇俩牵手散步，可见感情之深。

丹尼尔·莱文森的成年发展理论没有埃里克森的理论那么重视老年人必须面对的挑战。他关注年老所致的人格改变的过程。根据莱文森的观点，人们通过跨越一个转变阶段进入成年晚期，这个阶段主要发生在60～65岁左右。在这一阶段，人们终于认识到自己进入了成年晚期，或者说是"老"了。由于他们清楚地知道社会对老年人的消极刻板印象是什么，这些老年个体将与自己目前所处的这一类别的观念进行抗争。莱文森认为，人们开始意识到自己不再处于生命周期的中心阶段，而是日益变成生命的次要阶段。力量、尊重和权威的丧失对那些习惯了掌控自己生活的个体来说，是很难适应的。

另一方面，处于成年晚期的个体对于年轻人来说是一种资源，他们可能会发现自己被视为"受尊敬的长者"，年轻人会寻求和依赖他们的建议。而且，老年人具有可以单纯为了愉悦感而做某事的自由，而不是因为一些义务而做某件事。

晚年的婚姻：一起，然后孤单。那是一个人的世界——至少65岁以后的婚姻是这样的。与配偶同住的男性比例远高于女性。原因之一是70%的女性寿命长于丈夫，而且至少长好几年。男性数目减少了，而失去丈夫的老年女性又不太可能再婚。

女性通常和比自己年龄大的男性结婚，于是晚年时，女性便只能孤单地生活。同时，老年男性失去配偶后再婚更容易，因为那时适合结婚的对象更多。

在生命晚期仍然是已婚的绝大多数人都报告他们对自己的婚姻很满意，他们的伴侣提供了大量的友谊和情感支持。因为在生命的这个时期，他们已经在一起生活很长时间了，对自己的伴侣有着更深的了解。

第五节 | 死亡与濒临死亡

我们的生命终将走到尽头，死亡是我们必须面临的问题。究竟什么是死亡？什么加速了我们的死亡？个体在濒临死亡时能够做出哪些决定？这些"生与死"的问题可作为死亡和濒临死亡这个主题的引言。

一、生命的终结

今天的社会中关于死亡的判定有着许多不同的看法。过去，我们判断死亡仅以某些生理性功能的终结就可以做死亡的明确标志，如呼吸、血压以及由电子仪器测量的脑电波活动的停止。但死亡除了生物学意义的死亡，还有心理意义上的死亡。一些医学专家建议，将死亡仅仅定义为脑电波的消失未免过于狭隘，他们主张若一个人丧失思考、推理、感觉和体验世界的能力也可以宣布死亡。这种观点有许多心理学的因素，一个遭受了难以修复的脑创伤、昏迷不醒或是无法再对人类世界有任何感知的人，即便他仍有一些原始的脑活动存在，也可以说他其实已经死亡了。

法律和医学上关于死亡定义的困境和争论，也许反映了在整个生命过程中人们对死亡的态度发生的改变，人们开始更多地去了解和关注它。

二、面对死亡

濒临死亡的体验。作为一名精神病专家，屈布勒·罗斯根据对濒死及其看护人员的调查，发展出了一套死亡和濒死体验的理论。

（1）拒绝。"不！我不可能死！这肯定是哪里搞错了！"这是人们在获知自己临近死亡的时候最典型的抗议举动。拒绝是面对死亡的第一反应。拒绝远远不只是丧失现实感的标志，也不是精神健康状况恶化的迹象，拒绝是一种帮助人们以自己的方式接纳不愉快信息的防御机制。然后他们才能继续撑下去，直到最后接受自己即将死亡的事实。

（2）愤怒。经过了"拒绝"阶段以后，人们可能表现出愤怒，他们可能会对任何人发怒，抨击别人，不明白为什么将要死去的人是自己而不是他人，有时甚至会把这种想法大声说出来。

（3）讨价还价。"好人有好报。"如果能继续活下去，他们允诺会成为一个更好的人。在讨价还价过程中，快死的人总是试图去商讨能够摆脱死亡到来的方法。他们还可能承诺，如果可以亲眼见证儿子结婚，他们愿意接受死亡。但是，许下的承诺很少兑现。如果其中一个实现，人们通常又会寻找下一个。此外，他们可能无法履行自己的承诺，因为他们的病情逐渐加重，无法实现他们想要做的事情。

在某些方面，讨价还价也会带来一些正性的结果。尽管死亡不能推迟，但是以参加某一特定活动或活到某一特定时间为目标可以延迟死亡的到来。例如，中国老年妇女在重要节日之前和节日期间死亡率会显著降低，在过节后又大幅回升。

（4）抑郁。当意识到死亡已成定局，无法以任何讨价还价的方式逃脱时，人们会产生一种巨大的失落感。他们知道自己正在失去所爱的人，他们的生命真的正在走向终结。

（5）接受。死亡的最终阶段是接受。伴随着情感淡漠和少言寡语，他们对现在和将来已经没有任何积极或消极的感觉。他们和自己讲和，想要独处。对他们而言，死亡不再引发痛苦。

作为一种普遍经历而言，对于失去亲人所带来的悲痛，我们大部分人都缺乏必要的准备。在深爱的人死去后，我们会有一段痛苦的适应期。悲痛的第一阶段通常伴随着震惊、麻木、质疑和完全否定。尽管痛苦时有发生并相继引发悲痛、恐惧、深度悲伤和忧虑等情绪，但人们经常会回避客观事实，试着按照以往的方式生活。从某些方面来看，这样一种心理状态可能是有益的，因为它使得生者能顺利地安排丧葬事宜并完成其他心理上感觉困难的任务。

下一阶段，人们开始面对亲人的死亡，评估他们丧失的程度。他们完全沉浸在巨大的悲痛之中，开始承认将与死者永久分离的现实。哀悼者会陷入极度悲伤甚至是抑郁中。他们可能会想念死去的亲人，情绪从不耐烦到没精打采。

最后，丧失亲人的生者将进入适应阶段。他们开始重拾生活的信心，重新建立新的同一身份。绝大多数人能从丧亲的悲痛中走出来，开始新的独立生活。他们会与旁人建立关系，而某些人甚至会发现应对死亡的经历有助于他们更好地自我成长。他们变得更加自立，更加懂得感激生活。

第六节 | 发展心理学实验

一、皮亚杰的守恒实验

【实验属性】基础型实验

【实验目的】测查儿童守恒的发展情况

【实验内容与步骤】

1. 数量守恒：先向儿童呈现两排一模一样的纽扣，在儿童同意两排纽扣的数量是一样的之后，将其中的一排纽扣间的距离拉开或压缩，问被试两排的纽扣数是否相同。

2. 长度守恒：在儿童面前并排呈现两根同样的木棒，在儿童承认两根木棒长度相等后，把其中一根向右（或向左）移动一段距离（图3-4），问儿童两根木棒的长度是否相等？

A 并排两根同样的木棒　　　　　B 其中一根向右移

图3-4　皮亚杰守恒实验

3. 液体守恒：向儿童呈现两个一模一样的杯子，把两个杯子装入相同数量的液体。在儿童认为两个杯子装有相同数量的液体后，将一个杯子中的液体倒入一个比较高但比较狭小的杯子里，并问儿童"这个杯子（较高的一个）里的水与这个杯子（比较矮的杯子）的水一样多、较少还是较多？"

4. 重量守恒：先把两个大小、形状、重量相同的泥球给儿童看，在儿童认为两个泥球一样重后，把其中一个做成薄饼状、香肠状或糖果状，问儿童：大小、重量是否相同？（如把它们分别放入盛满水的容器中，还可问它们是否排出同量的水，考察容积守恒）

5. 面积守恒：向儿童呈现两张相同的纸板，分别在这两张纸板完全相同的位置上摆上相同的积木，问儿童两纸板中留出的空间面积是否相同？待儿童回答后，实验者把其中一纸板上的积木断成小块，再问儿童两纸板中留出的空间面积是否相同？

【软硬件资源（材料）】纽扣、木棒、高矮杯子或大小杯子、泥球、纸板、积木

【实验结果测评标准】

1. 数量守恒：在主试将其中的一排纽扣间的距离拉开或压缩后，如儿童回答两排的纽扣数不相同，说明儿童还没有达到数量守恒；如果回答相同，则说明已达到数量守恒。

2. 长度守恒：在主试把其中一根木棒向右（或向左）移动一段距离后，如儿童回答两根木棒的长度不相等，说明儿童还没形成长度守恒；如果回答两根木棒长度相等，则说明长度守恒已形成。

3. 液体守恒：在主试将一个杯子中的液体倒入一个比较高但比较狭小的杯子里后，儿童如果回答两个杯子的液体不一样多，说明儿童还没形成液体守恒；如果回答两个杯子里的液体一样多，则说明儿童已形成液体守恒。

4. 重量守恒：在主试把其中一个泥球做成薄饼状后，如果儿童回答两个泥球不一样大或不一样重，说明儿童还没形成重量守恒；如果回答两个泥球一样大或一样重，则说明儿童形成了重量守恒。

5. 面积守恒：如果儿童第二次回答两纸板中留出的面积不相等，说明儿童没有形成面积守恒；如果回答两块面积相等，则说明儿童已形成面积守恒。

二、情绪化的小艾尔伯特

【实验目的】证明情绪可以通过条件反射而产生。

【实验假设】华生提出假设一种刺激自动地导致你产生某种特定的情绪反应（如恐惧），倘若这种体验每次重复时都伴随着其他事物，如一只白鼠，那么，白鼠就可能在你的大脑中与恐惧建立起联系。换句话说，你最终会条件反射性地害怕白鼠。他认为我们天生并不害怕白鼠，这种害怕是通过条件反射习得的。这就是他最著名的实验的理论基础，该实验的被试名叫"小艾尔伯特·B"。

【实验内容】

被试艾尔伯特·B是一名9个月大的孤儿，从出生起就一直待在医院里。研究人员和医护人员都认为他在心理和生理上很健康。为了了解艾尔伯特是否害怕某种特定刺激，实验者给他呈现白鼠、猴子、狗、有头发和没有头发的面具以及白色羊绒棉。研究者密切观察阿尔伯特对这些刺激的反应。艾尔伯特对许多动物和物体都感兴趣，曾意图接近它们，并不时触摸它们，从来

没有表现出丝毫的恐惧。因为这些东西不引起恐惧，所以可以将它们看作是中性刺激。

实验的下一步是要确定艾尔伯特对巨大的声音是否会产生恐惧反应。所有人，特别是婴儿，都会对突然发出的巨大声音产生恐惧反应。因为这种反应是无须学习就会发生的，所以巨大的声音被看作是"无条件刺激"。在本实验中，实验者在艾尔伯特身后用锤子敲一根 1.2 米长的铁棒。这种声音的突然出现，使他受到惊吓而哭泣。

现在我们就可以检验艾尔伯特的恐惧情绪是不是条件反射的结果了。真正的条件反射检测是在艾尔伯特 11 个月大时进行的。因为研究者曾对通过实验引起儿童恐惧反应的做法感到犹豫，但最后他们决定继续进行。

实验开始时，研究者向艾尔伯特同时呈现白鼠和令人恐惧的声音。一开始，艾尔伯特对白鼠很感兴趣并试图触摸它。在他正要伸手时，突然敲响铁棒，突如其来的"啊"声使艾尔伯特十分惊恐，这一过程重复了 3 次。一周以后，重复同样的过程。在白鼠与声音的配对呈现 7 次后，不出现声音，单独向艾尔伯特呈现白鼠时，你可能已经猜到，艾尔伯特对白鼠产生了极度恐惧。他开始号啕大哭，转身背对白鼠，向远离它的方向移动，他爬得飞快，以致研究者不得不冲过去抓住他，以免他从桌子的边缘掉下来。对于一种物体从没有恐惧到产生恐惧只有短短的一周时间。研究者随后想要探讨这种习得的恐惧是否会迁移到其他物体上。在心理学术语中，这种迁移叫作"泛化"。如果艾尔伯特对其他刺激物产生恐惧，那么这种习得的行为就已经泛化了。一周后，对艾尔伯特的再次测试发现，他仍旧对白鼠产生恐惧。随后研究者欲测试这种恐惧是否泛化，他们呈现给艾尔伯特一种与白鼠相似的动物（白兔）。用研究者的话来说："消极反应立即出现，艾尔伯特尽可能地远离动物，低声抽泣然后大哭起来。我们让他触摸兔子时，他却把脸埋在垫子里，然后用四肢将自己支撑起来．边哭边爬走了。"这里要提醒读者的是，在这种条件反射建立以前，艾尔伯特并不怕兔子，并且没有让他将兔子与恐惧建立特定的条件反射。

同一天，研究者依次给小艾尔伯特呈现狗、白色皮毛大衣、一袋棉花和华生头上的灰白头发。他对所有这些东西都感到恐惧。在这项最著名的泛化测验中最无耻的一件事是，华生把一个圣诞老人的面具呈现给艾尔伯特时，猜猜他的反应会是什么？对圣诞老人的面目也感到害怕！5 天后，再次对艾尔伯特进行测试。

另一方面，华生想知道在条件反射的情绪反应中，习得的情绪是否会从一种情境迁移到另一种情境。如果艾尔伯特对这些动物和物品的恐惧反应只发生在实验室而不发生在别的地方，那么其研究成果的价值将大大降低。为了验证这一点，在进行条件反射测试的同一天，研究者将艾尔伯特带到一个完全不同的房间，那里灯光更明亮，在场的人更多。在这种新环境中，艾尔伯特仍然明显对白鼠和兔子感到恐惧，只是不像以前那么强烈。

华生和雷诺想要做的最后一个实验是观察艾尔伯特新习得的情绪反应是否会持续一段时间。但不久，艾尔伯特被人收养并即将离开医院，因此所有测试终止了31天。31天后，给艾尔伯特呈现圣诞老人的面具、白色皮毛大衣、白鼠、白兔和狗，艾尔伯特仍然对这些东西感到十分恐惧。

华生和他的同事还计划对艾尔伯特建立新的条件反射，以消除他的这些恐惧反应。然而，小艾尔伯特在做完最后一个实验后不久就离开了医院，正如大家所知道的，矫正实验没能进行。

想一想

1. 一个不同于你所经历过的环境将如何影响你从父母那里遗传而来的人格特质的发展？

2. 我们能做些什么来促进婴儿的认知发展？

3. 流体智力和晶体智力哪一个更容易受到基因影响，而哪一个更容易受到环境影响？为什么？

4. 青少年从依赖成人转向依赖同伴的一些后果是什么？有哪些好处？有危险吗？

5. 你能否想出在应对哪些情境时，作为一名成年人和作为一名青少年的不同？这其中的差异是否反映了后形式思维？

6. 你认为即将死去的人应该知道自己要离开这个世界了吗？你的答案会因年龄增长而有所改变吗？

测一测

儿童的依恋类型健康吗？

下面的问卷（表3–3）可以帮助你了解儿童的依恋类型。

每道题都有"是"或"否"，回答"是"计1分，"否"计0分。如果儿童的主要抚养者为其他人，如爷爷奶奶时，问卷中的妈妈应换为爷爷奶奶。

表 3－3 儿童依恋类型测试

表现	是	否
1. 与妈妈分离时，会哭泣或表现不安	1	0
2. 妈妈回家时，仍专注自己的活动，但很少表现出高兴的样子	1	0
3. 喜欢缠着妈妈，不愿意自己一个人玩耍	1	0
4. 哭闹或受惊吓时，在妈妈的安慰下，能很快安静下来	1	0
5. 虽然是陌生人的逗弄，仍会露出笑容	1	0
6. 与妈妈分离时，表现出强烈不安，哭闹不停，很难平静	1	0
7. 妈妈回家时会很高兴，喜欢与妈妈一起玩，愿意和妈妈分享玩具和食品	1	0
8. 对妈妈的离开漠不关心，很少表现出哭泣或不安的情绪	1	0
9. 即使在家中，也很难接受陌生人的接近	1	0
10. 到了新环境，刚开始可能拘谨，但不到 10 分钟就能自在地独自玩耍	1	0
11. 能够很容易地让不熟悉的人带出去玩	1	0
12. 在不熟悉的环境，即使父母在身边，仍表现拘谨，不愿独自玩或与其他小朋友玩	1	0
13. 能在妈妈身边独自玩耍，不时向妈妈微笑或和她说话	1	0
14. 与妈妈在一起时，很少关注妈妈做什么，只顾自己玩	1	0
15. 与妈妈重聚时，紧紧缠在妈妈身边，生怕妈妈再次离开，怎么安慰都没用	1	0
16. 在妈妈的鼓励下，能比较放松地在陌生场合表演节目	1	0
17. 一般不会主动寻求妈妈的拥抱，或与妈妈亲近	1	0
18. 在哭闹时，要花很长时间才能使其平静下来	1	0
19. 在妈妈的鼓励下，能很快和陌生的成人玩耍或说话	1	0
20. 不怕生，第一次去别人家里，就能自在地玩耍	1	0
21. 与妈妈重聚时，有时会表现出生气、反抗、踢打妈妈的行为	1	0

计分和解释：

以上题目分为三组，1、4、7、10、13、16、19 是测试安全型依恋的题目；2、5、8、14、17、20 是测试回避型依恋的题目；3、6、9、12、15、18、21 是测试反抗型依恋的题目。将三组题目的得分各自相加，哪组得分最高代表儿童属于哪种依恋类型。如果三组题目得分几乎相等，则是混乱型依恋。

第四章　人类的感觉和知觉

设想一下在你的面前有一个苹果，你是怎样认识它的呢？首先用眼睛看，知道苹果是红色的，圆圆的；然后拿起苹果掂一掂，知道苹果的重量；再用鼻子嗅一嗅，知道苹果的味道；最后用嘴巴咬一咬，知道苹果是酸甜酸甜的。这是否会引发你对感觉的思考呢？为什么我们可以看到姿态万千的花朵，闻到花朵的芳香，抚摸到花朵轻柔的质感呢？我们不仅知道花朵的颜色和味道，还可以把花朵同小草、果实等其他东西区别开来，这是因为我们有着错综复杂的感觉机制和知觉机制。

第一节 ｜ 感觉

一、什么是感觉

在日常生活中，外界的刺激作用于我们的各种感觉器官，经过神经系统的加工在我们的头脑里就产生了各种各样的感觉：我们看到某种颜色、听到某种声音、闻到某种香味、感受到一定的温度等。同时，感觉也反映机体内部的刺激。我们觉察到自身的姿势和运动，感受到内部器官的工作状况——舒适、疼痛、饥渴等。不论是对外部刺激的反映还是对内部刺激的反映，感觉就是对刺激作用于感觉器官的直接感受，就是对刺激物个别属性的反映。

人的感觉器官主要有 5 种，即眼、耳、鼻、舌、身。与之对应，人的感觉也有 5 种类型，即视觉、听觉、嗅觉、味觉和躯体感觉。在感觉反映客观事物个别属性的基础上，人脑产生了对客观事物整体属性的反映，即知觉。本章所要论述的正是客观事物是如何引起感觉器官和脑的活动，从而产生感觉和知觉的基本过程。

人对刺激物个别属性的反映，对刺激作用于感觉器官的直接感受，通常总是与其过去经验联系在一起的。例如，当我们看到某种颜色时，我们就知道"这是白纸的白色"、"这是红旗的红色"；当我们伸手接触某个物体时，会说："这是又硬又冷的东西"、"这是一块玻璃"等。这些回答都说明，在我们的日常生活中，单纯的感觉是不存在的（除非是新生儿或在特殊的条件下）。我们总会以其属性和以往经验去感受刺激物，不然我们依然无法理解那是什么，依然会觉得世界索然无味。感觉丰富了我们对世界的认识。

刺激作用于感觉器官形成感觉信息，感觉信息通过感觉神经传达到脑，随之产生了感觉。

二、感觉的种类

根据各种不同的标准，可以对感觉进行分类。对感觉进行分类研究，目的是探讨各类感觉的一般规律。

根据感觉刺激是来自有机体外部还是内部，可把各种感觉分为两大类：外部感觉和内部感觉。外部感觉接收机体外的刺激，反映外界事物的个别属性。属于外部感觉的有视觉、听觉、嗅觉、味觉、皮肤感觉。内部感觉接受机体内的刺激，反映身体的位置、运动和内脏器官的不同状态。属于内部感觉的有肌肉运动感觉、平衡感觉、内脏感觉等。

根据感觉刺激能量的性质，可把感觉分为电磁能的、机械能的、化学能的和热能的四大类。视觉是对光波（电磁能）的反映；听觉是对声波（机械能）的反映；味觉和嗅觉是对滋味、气味（化学能）的反映；皮肤感觉是对触压（机械能）和温度（热能）的反映。

三、感受性及其测定

对刺激的感觉能力，叫感受性。感受性的大小是用感觉阈限的大小来度量的。每种感觉都有两种感受性和感觉阈限：绝对感受性与绝对阈限、差别感受性与差别阈限。

（一）绝对感受性与绝对阈限

不是任何强度的刺激都能引起我们的感觉，过弱的刺激如落在皮肤上的尘埃，我们是觉察不到的。刺激只有达到了一定的强度才能被我们觉察到。

那么，我们的感觉器官能够觉察到的最小的刺激量是多少呢？这一问题可用刺激绝对阈限来解释。那种刚刚能被我们觉察到的最小刺激量称为绝对阈限。而绝对感受性是指刚刚能够被我们觉察出的最小刺激量的能力。绝对阈限并不是一个单一的强度值，而是一个统计学上的概念。在测量感觉阈限时，随着刺激强度的逐渐增加，被试对刺激从觉察不到，到有时能觉察到有时不能觉察到，再到完全能觉察到。如图 4－1 所示，随着刺激强度的增加，被试报告觉察到的刺激次数的百分数随之增加。这条曲线称为心理测量函数（psychometric function），它表明了心理量（感觉经验）与物理量（刺激的物理强度）之间的关系。

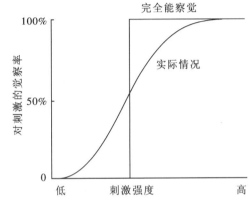

图 4－1　刺激强度与察觉率之间的关系

　　按照惯例，心理学家通常把有 50% 的觉察率的那个刺激值规定为绝对阈限。因为，在我们有感觉和没有觉察之间显然是不存在一个特殊的值起作用的。阈限只是一个逐渐过渡的强度范围。

　　绝对感受性与绝对感受阈限成反比关系。如果 E 代表绝对感受性，R 代表绝对感觉阈限，则它们之间的关系可用下列公式表示：

$$E = \frac{1}{R}$$

　　各种感觉的绝对阈限是不同的。在适当的条件下，人的感觉阈限是很低的。例如，在空气完全透明的条件下，人能看见一公里外的千分之一的烛光。如果用这个能量把一克水加热 10℃，要花六千万年的时间。人能嗅到一公升空气中所散播的一亿分之一毫克的人造麝香。当然，不同个体的绝对阈限有相当大的差异，即使是同一个体也会因机体状况和动机不同而发生变化。

（二）差别感受性与差别阈限

　　在刺激物能引起感觉的基础上，如果改变刺激强度，并不代表强度的任何变化都能被我们觉察出来。例如，在原有 200 支蜡烛基础上再加 1 支，我们是觉察不出光的强度有所改变的；一定要增加 2 支或更多，才能觉察出前后两种光在强度上的差别。为了引起一个差别感觉，刺激必须增加或减少到一定的数量。能觉察出两个刺激的最小差别量称为差别感觉阈限或最小视觉差（Just Noticeable Difference，缩写为 JND）。对这一最小差别量的感觉能力，叫差别感受性。

1834 年，德国物理学家韦伯（E. H. Weber）在研究感觉的差别阈限时发现，如果以 R 表示最初的刺激强度，以 $R + \Delta R$ 表示刚刚觉察出有变化的刺激强度，那么在一定范围内，每种感觉的差别阈限都是一个相对的常数，用数学公式表示即为：

$$\frac{\Delta R}{R} = K$$

这个公式称为韦伯定律（或韦伯分数、韦伯比值、韦伯常数），即当 R 的大小不同时，ΔR（最小觉察的物理量）的大小也不同，但 $\Delta R/R$ 则是一个常数。不同感觉系统的韦伯分数相差很大。表 4 - 1 是在中等强度刺激的条件下不同感觉系统的韦伯分数，韦伯分数越小，则感觉越灵敏。

表 4 - 1　不同感觉系统的韦伯分数（中等强度范围）

感觉系统	韦伯分数（$\Delta R/R$）
视觉（亮度、白光）	1/60
动觉（提重）	1/50
痛觉（皮肤上灼热引起）	1/30
听觉（中等音高和响度的音）	1/10
压觉（皮肤压觉）	1/7
嗅觉（橡胶气味）	1/4
味觉（咸味）	1/3

各种感觉系统的韦伯分数在中等强度刺激范围内是正确的，但在极端刺激（过强或过弱时）的条件下就不正确了。费希纳（C. T. Fechner, 1861—1887）确定了接近绝对阈限时，韦伯分数所发生的变化，进一步假设以一个最小觉察为一个感觉单位，并在韦伯定律的基础上推导出下式：

$$S = K \lg R + C$$

这里的 S 是感觉强度，R 是刺激强度，K 和 C 是常数，即是说，刺激强度按几何级数增加，而感觉强度只按算术级数增加。这就是费希纳定律。后来的研究表明，费希纳定律也不是通用的，只是具有近似的意义，即它也仅适用于中等刺激强度的范围内。虽然这个范围相当大，但差别阈限是相对的，而不是绝对的。按照惯例，差别阈限就是在 50% 的实验次数中被辨别出来的刺激最小差别。差别感受性与差别阈限也成反比关系。

四、基本感觉现象

（一）后像

或许大家都有过这样的经历：发呆的时候盯着某样东西，比如讲台上的老师，之后闭上眼睛，眼前就会浮现老师的一个形象。这就是后像，即刺激物对感觉器官的作用停止之后，感觉现象并没有立即消失，而是逐渐减弱，保留一个短暂的时间的现象。

对后像进行分类可以分为正后像和负后像两种。正后像是指刺激与刺激后像具有相同的品质。例如，我们在注视电灯光之后闭上眼睛，眼前会浮现电灯的光亮形象位于黑色背景之上。电灯与电灯的后像都是白亮的，这就是正后像（图4-2）。而负后像是指刺激后像与刺激的品质相反或互补的现象。例如，如果我们长时间注视黑色的方格（图4-3），再将视线转向白色的圆点，会看到白色的圆点变成黑色的圆点了。

图4-2　视觉后像：注视30秒以后，然后看白色背景，会看到一个发亮的灯泡。

图4-3　数数看，能看到几个黑点？

当刺激的强度越大，注视的时间越长时，后像持续的时间也越长。

（二）感觉适应

我们刚进入一个社会环境的时候，会觉得自己无所适从。一段时间的适应之后，便能融入这个社会环境了。同样的，感觉也有适应的过程。例如，刚从电影院出来的时候会觉得太阳光很耀眼，但是过了一会这种感觉就消失了。这就是感觉适应，是指人的感受性随着同一刺激持续作用于感觉器官而逐渐下降的现象。环境中充满了无限的刺激，我们的感觉也会随之而变化。感觉适应使得我们能够更加快速地对新刺激做出反应，有利于我们的生存。

所有的感觉都存在适应现象。在视觉范围内，可区分为明适应与暗适应。当我们刚从电影院出来的时候，会觉得太阳光很耀眼，但是过一两秒钟就适应了，这就是明适应（bright adaptation）；相反，当我们从阳光照射的室外进入黑漆漆的电影院时，感觉什么也看不见，但经过一段时间之后，眼睛开始能够看清黑暗中的物体，视觉的感受性提高了，这种现象就是暗适应（dark adaptation）。

与视觉适应相比，听觉适应就不那么明显。例如，工地在施工，而我们在其不远处的教室上课，一节课下来还是会觉得工地施工的声音很吵。在听觉适应问题上一般存在两种观点：一种观点认为，一般的声音作用之后，听觉感受性有短暂的降低，并认为听觉适应具有选择性，即在一定频率的声音的持续作用下，只降低对该频率声音（包括邻近频率的声音）的感受性，而不降低对其他频率声音的感受性。另一种观点认为，即使是一个普通强度的声音的持续作用，也不存在听觉适应现象。但是，如果用较强的声音刺激，如工厂机器的噪音持续作用于人的双耳，则确实会引起听觉感受性降低的适应现象，甚至会丧失听觉感受性。

嗅觉适应则因刺激的性质而有所不同。一般的气味 1~2 分钟后即可适应，强烈的气味则要经过十多分钟。而特别强烈的气味，如引起痛觉的气味，则令人厌恶、难以适应甚至完全不能适应。与听觉适应一样，嗅觉适应也具有选择性，即对某种气味适应后，并不影响其他气味的感受性。

味觉适应较慢。长时间接受辣味刺激，导致对辣味的感受性降低，以致后来吃辣的食物时感到不是很辣；厨师由于连续地品尝咸味，到后来做出来的菜愈来愈咸。这些都是味觉的适应现象。

触压觉的适应较明显。平时几乎觉察不到身上衣服对我们皮肤的接触和压力。而温度觉的适应则甚为明显。例如，用冷水洗澡时，开始觉得水是冷的，经过几分钟后，就不再觉得水冷了。相反，用手触摸热水，开始觉得水很热，慢慢地就不觉得热了。但要注意的是，对于特别冷或特别热的刺激，则很难适应甚至完全不能适应。最难发生的是痛觉适应。用针稍微扎一下，你马上就会感到痛。正是痛觉适应的这一特点，它才成为伤害性刺激的信号而具有保护作用。

（三）感觉对比

把两个具有均匀的亮度的灰色方块放在不同的背景下，你会发现把它放在较暗的背景上看起来更明亮些，放在较亮的背景上看起来暗些。这就是感觉对比，是由光刺激在空间上的不同分布引起的视觉经验，可分为明暗对比和颜色对比两种。明暗对比是由于背景的灰度不同，对比的效果也不同的现象（如图 4-4）。

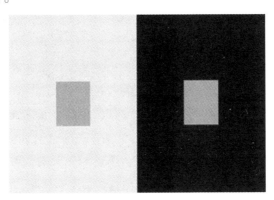

图 4-4　两个小方块的颜色是一样的吗？

生活中的心理学 ----------------------------------- ▶

感觉剥夺实验①

人的感官系统随时随地接受着丰富多样的外界刺激，如果把人与外界刺激隔绝开来，会出现怎样的情况呢？从心理学与外界刺激隔绝角度来说，有机体与外界环境刺激处于高度隔绝的特殊状态，就是感觉的剥夺。感觉剥夺对人究竟有什么影响？

---

① 梁建宁. 心理学导论［M］. 上海：上海教育出版社，2006：120.

1954 年，贝克斯顿（Bexton）、赫伦（Heron）、斯科特（Scott）在加拿大的一所大学实验室进行了第一个以人为对象的感觉剥夺实验。被试者是自愿报名的大学生。为了营造出极端的感觉剥夺状态，贝克斯顿他们把被测学生关在有隔音装置的小房间里，让他们戴上半透明的保护镜以尽量减少视觉刺激。接着，为了限制各种触觉刺激，又让他们戴上木棉手套，并在头部垫了一个气泡胶枕，同时用空气调节器的单调嗡嗡声限制他们的听觉。除了进餐和排泄以外的其他时间，贝克斯顿他们都要求被测学生躺在床上。可以说，这就等于是一个所有感觉都被剥夺的状态。

实验前，大多数被试者以为能利用这个机会好好睡一觉，或者考虑论文、课程计划。但后来他们报告说，对任何事情都不能进行清晰的思考，哪怕是在很短的时间内。他们不能集中注意力，思维活动似乎是"跳来跳去"的。感觉剥夺实验停止后，这种影响仍在持续。

几乎没有人能在这项感觉剥夺实验中忍耐三天以上。最初的 8 个小时好歹还能撑住，之后，被测学生有的吹起了口哨，有的自言自语，显得有点烦躁不安。对于那些 8 小时后结束实验的被测学生，即使实验结束后让他们做一些简单的事情也会频频出错，精神也集中不起来。

实验持续数日后，人会产生一些幻觉，其中大多数是视幻觉，也有被试者有听幻觉或触幻觉。视幻觉大多在感觉剥夺的第三天出现，如光的闪烁，没有形状，常常出现于视野的边缘，又例如看到大队老鼠行进的情景。听幻觉包括狗的狂吠声、警钟声、打字声、警笛声、滴水声等。触幻觉的例子有，感到冰冷的钢块压在前额和面颊，感到有人从身体下面把床垫抽走。当实验进行到第 4 天时，被测学生出现了双手发抖、不能笔直走路、应答速度迟缓以及对疼痛敏感等症状。

被测学生参与完实验后，实验者再继续进行追踪调查，发现被测学生在实验结束后，需要 3 天以上的时间才能回复到原来的正常状态。

通过这个实验，贝克斯顿他们得到这样一个结论：人的身心要想保持在正常的状态下进行工作，就需要不断从外界获得新的刺激。丰富的、多变的环境刺激是有机体生存与发展的必要条件。

第二节 | 视觉

一、视觉的物理刺激

在漆黑的夜晚，我们伸手不见五指。因此要想看见东西，就需要光。物理学告诉我们，光是人类肉眼可以看见的一种电磁波，也可称为可见光谱。宇宙里充满了各种电磁波。从波长小于几个微米的宇宙射线，到波长达上千米的无线电波都属电磁波的范畴。但是，在这些波长的范围内，只有很小一部分能产生视觉。视觉的适宜刺激是波长 380~780nm 之间的电磁振荡，即可见光谱（表4-2）。

表4-2 光谱颜色波长范围

颜色	波长范围
红	622~770nm
橙	597~622nm
黄	577~597nm
绿	492~577nm
蓝	455~492nm
紫	350~455nm

二、可见光谱

可见光谱具有三个维度：波长、强度和纯度。这些特性与我们视觉经验的色调、明度、饱和度有着密切关系。不同波长的光能够引起不同的色调感觉。光的强度可用照在平面的光的总量来测量，这叫照度。而光的物理强度引起的视觉经验是明度。通常一个强烈的光看上去会比一个较弱的光明亮。

但由于某些原因，这种光的物理强度与主观感觉的明度之间的关系并不总是一样的。例如，阴天没有太阳光的时候，望向室外也会觉得室外很亮。纯度是指光的成分的纯杂性，它引起的色觉反应是饱和度。例如，紫红色、粉红色、墨绿色、浅绿色都是饱和度较小的彩色；而正红色和鲜绿色则是饱和度较大的彩色。饱和度取决于光线中优势波长所占的比例。决定色调的优势波长所占比例越大，该色调的饱和度就越大，反之就越小。

也可以把光刺激分为两大类：彩色和非彩色。彩色是指除白色、灰色、黑色以外的一切颜色。非彩色，包括白色、黑色和各种不同程度的灰色。

三、视觉的生理机制

前面说到要想看见物体就需要光，为什么在有光的环境下我们才能看见物体呢？光刺激引起视觉的过程，是光线透过眼睛的折光系统到达视网膜，并在视网膜形成物像，同时兴奋视网膜的感光细胞，然后冲动沿视神经传到大脑皮质的视觉中枢。产生视觉的这一过程的生理机制包括折光机制、感光机制、传导机制和中枢机制。

眼睛是我们的视觉器官，构造颇似照相机，具有较完善的光学系统及各种使眼球转动并调节光学装置的肌肉组织。眼球由眼球壁和折光系统两部分组成。图4－5是人类眼球的剖面图。

眼睛的折光系统由角膜、房水、晶状体和玻璃体组成（图4－6）。它们具有透光和折光作用。当眼睛注视外物时，由物体发出的光线通过上述折光装置使物像聚焦在视网膜的中央凹形成清

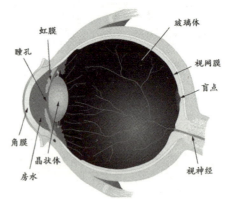

图4－5　人类眼球的剖面图

晰的物像。眼睛的折光系统与凸透镜相似，在视网膜上形成的物像是倒置的、左右换位的。由于大脑皮质的调节和习惯的形成，我们仍把外物感知为正立的。

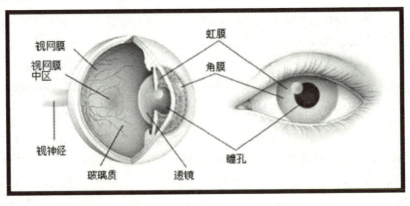

图4－6　人眼结构图

视网膜由感光细胞（视杆细胞和视锥细胞）、双极细胞和神经节细胞形成三层（图4-7）。感光细胞组成视网膜的最外层，离光源最远。光线到达感光细胞前，必须通过视网膜的所有各层。视杆细胞约一亿二千万个，主要分布在视网膜的周围部分；视锥细胞约七百万个，主要分布在视网膜中央部分。特别是中央凹，全是视锥细胞。视神经穿出眼球没有感光细胞的地方叫盲点。

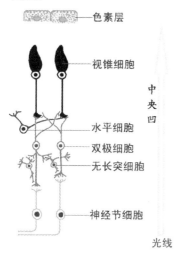
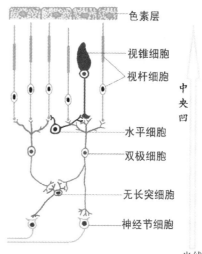

图4-7 视网膜的组织结构

由于视杆细胞和视锥细胞的结构不同，它们的机能也不同。视杆细胞对弱光很敏感，但不能感受颜色和物体的细节；视锥细胞则专门感受强光和颜色刺激，能分辨物体的颜色和细节，但在暗光时不起作用。前者是暗视器官，后者是明视器官。一些夜间活动的动物，如老鼠，感光细胞以视杆细胞为主，很少或没有视锥细胞；一些日间活动的动物，如鸡，感光细胞几乎全是视锥细胞，很少或没有视杆细胞。人眼视网膜的中央凹只有视锥细胞而没有视杆细胞，而边缘部分绝大多数是视杆细胞，很少有视锥细胞。因此，如果将刺激局限于中央或边缘部分，就可以分别研究视锥细胞或视杆细胞了。

四、视觉系统传导机制和中枢机制

视觉传导通路有三级神经元。视网膜的感光细胞接受刺激后，将冲动传至双极细胞（第一级神经元），再传至视网膜的神经节细胞（第二级神经元）。神经节细胞的轴突集合成视神经，入颅腔后延续为视交叉。在视交叉处，来自两眼的视神经纤维，每侧有一半交叉至对侧，余者不交叉。其结构是，凡来自两鼻侧视网膜的纤维，均交叉至对侧，并上行至对侧外侧膝状体。而来自两颞侧视网膜的纤维，则不交叉并上行至同侧外侧膝状体。由外侧膝状体起始为第三级神经元，其细胞的轴突组成视辐射，最后到达大脑皮层视区。

在视觉过程中各级视觉中枢还有传出性的神经支配，对视觉器官进行反馈性调节，如瞳孔的变化、眼朝光源方向转动、水晶体曲度的改变等，以保证视网膜上形成清晰的物像。

五、视觉后像

对感受器的刺激作用停止以后，感觉并不立即消失，还能保留一个短暂时间，这种在刺激作用停止后暂时保留的感觉称为后像。后像在视觉中表现得特别明显。视觉后像有两种：正后像和负后像。

请你在灯前闭上眼睛，两三分钟后，睁开眼睛注视电灯数秒钟，再闭上眼睛，就会看见眼前有一个灯的光亮形象出现在暗的背景上。因为后像和灯一样，都是亮的，即品质相同，所以叫正后像。正后像出现以后，如果继续注视，就会看见一个黑色的形象出现在亮的背景上，因为后像和灯光在品质上是相反的，所以叫负后像。

彩色视觉也有后像，不过正后像很少出现，而负后像却很清楚。例如，注视一个红色的正方形之后，再看一张灰白纸，在这张灰白纸上就可以看到一个蓝绿色的正方形。彩色的负后像是原来视色的补色。

第三节 | 听觉

在我们对世界的体验中，听觉和视觉是相互作用的，往往是在听到声音之前或者同时看到了景象。通过听觉，我们可以欣赏到优美的歌声、潺潺的流水声、轰隆隆的雷声等各种不同的声音，而许多危险的信号也是通过听觉传递给我们的，比如爆炸的声音。因而，听觉和视觉一样重要。视觉有其生理机制和感受性，那么听觉的生理机制是怎样的呢？听觉的感受性又是如何的呢？

一、听觉的生理机制

耳朵由外耳、中耳、内耳三部分组成。外耳包括耳廓和外耳道，主要用于收集声音。中耳主要由鼓膜、鼓室和听小骨组成。当声音从外耳道传到鼓膜时，引起鼓膜的机械振动，鼓膜的振动带动听小骨，把声音传至鼓室，引起内耳淋巴液的振动。内耳由前庭器官（与听觉无关，将在后面讨论）和耳蜗组成（图4-8）。耳蜗形似蜗牛壳，是一个绕耳蜗盘旋两圈半的骨管（图4-9）。骨管内部被骨质螺旋板和基底膜分隔成上、下两半。上半叫前庭阶，下半叫鼓阶。前庭阶通向中耳的小孔叫卵圆窗，鼓阶通向中耳的小孔叫蜗窗。耳蜗内部充满了淋巴液。听觉的感觉细胞（毛细胞）排列在基底膜上，毛细胞上有盖膜声波经外耳道撞压鼓膜，引起三块听小骨（锤骨、砧骨、镫骨）的机械振动，从而增强声波把振动传向卵圆窗，推动耳蜗中的淋巴，振动在液体中传导，最后传向中耳的蜗窗。这是声传导的全部过程。此外，声波还可以通过颅骨直接传入内耳，这叫声波的骨传导。

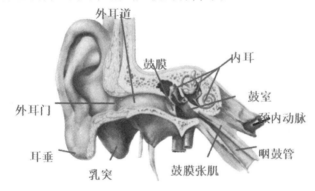

图4-8　人耳的结构图

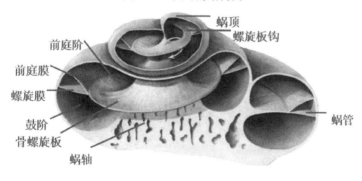

图4-9　耳蜗

当耳蜗的淋巴液振动时，基底膜发生振动。基底膜的振动引起基底膜上的毛细胞同盖膜冲动，引起毛细胞的兴奋，由听觉系统传导通路（有同侧通路也有对侧通路），经四级神经元将冲动传向大脑。

二、听觉信息的编码

听觉系统如何对频率进行编码？对这个问题的解释，有两种主要的理论：地点说和频率说。

（一）地点说理论

地点说的基本假设是基底膜由不同地点感受不同频率的声音刺激，所产生的神经冲动传达到脑，便产生不同的音高感觉。地点说又可以分为共鸣理论和行波理论。共鸣理论是由赫尔姆霍兹（Helmholtz）提出的，该理论认为，由于基底膜的横纤维长短不同，靠近蜗底较窄，靠近蜗顶较宽，因而像一部竖琴的琴弦一样，能够对不同频率的声音产生共鸣。声音频率高，短纤维发生共鸣；声音频率低，长纤维发生共鸣。由于基底膜的振动引起了听觉细胞的兴奋，因此产生高低不同的音调。行波理论是由著名的生理学家冯·贝克西（G. Von Bekesy）提出来的。他认为，声波传到人耳，将引起整个基底膜的振动。振动从耳蜗底部开始，逐渐向蜗顶推进，振动的幅度也随着逐渐加大。随着外来声音频率的不同，基底膜最大振幅所在的部位也不同。声音频率低，最大振幅接近蜗顶；声音频率高，最大振幅接近蜗底（即镫骨处）。

（二）频率说理论

该理论源于拉瑟福德（W. Rutherford），他认为声音的频率由听神经中神经元发放的速率来编码的。例如，听到一个频率为 2000 赫兹的声音，听神经的第一级神经元每秒钟必须发放 2000 个动作电位。但由生理学的研究表明，听觉通路中的单一神经元冲动发放速率根本不能快于 2000 赫兹，也就是说，单一的听觉神经纤维是不能传递人类听觉范围的所有频率的。为此，温弗尔（Wever,1949—1970）提出了齐射说。他认为，声音频率在 400 赫兹以内时，单一神经纤维以符合频率的发放速率发放冲动。但当频率加快时，由于神经纤维之间存在着合作和相互联系，就产生神经齐射现象。这样，神经纤维发放冲动的总形式或总效应就能反映声波的频率。

对声波频率的听觉编码很可能像色觉理论一样，既包括地点说也包括频率说。听觉信息在基底膜上依行波说编码，在神经传导路上依频率说编码。然后神经冲动传到大脑皮质听觉区就产生音高听觉。现已有一些研究结果证明了这种猜想。

三、听觉感受性

（一）对声音频率感受性

多大的声音为高，多大的声音为低呢？音高主要由声音频率而定。人能听到的声音频率最低不能小于 16 赫兹，最高不超过 2000 赫兹。但各人的情况也不完全相同。比如有人敲门，你可能听到了，但是舍友却说没听到。再则，疾病会改变这个范围，年龄也会改变音高听觉。随着年龄的增长，人们对声音频率的感受性逐渐降低。所以很多老年人会耳背，我们需要大喊他们才听得见。

关于音高的差别阈限，不少研究表明，差别阈值依音调的频率和它的强度的函数而变化。一般说来，频率越低，耳对频率的变化越敏感。频率达到 2000 赫兹（强度在 40 分贝），约 3 赫兹的频率变化即能觉察出来。随着频率升高，差别阈值大为提高。例如，约 100000 赫兹时，要觉察出音高的变化，需约 30 赫兹的差异。但有趣的是，频率在 1000 赫兹以上时能觉察出频率变化的差异是相当恒定的，相当于约 0.3% 的频率变化。

（二）对声音强度的感受性

声音有多大才能被我们听到呢？这就涉及音响了。音响主要由声音强度决定。对声音强度的绝对感受性，下阈为 0 分贝，上阈约 130 分贝。为什么平时我们能够凭听觉发现飞行的蜜蜂，却不能发现飞行的蝴蝶呢？因为蜜蜂每秒振动翅膀三四百次，而蝴蝶每秒振动翅膀五六次。说明音响还与声音频率有关。在相同的声压水平上，不同频率的声音响度是不同的。

对声音强度的差别阈限，受声音强度和频率两种因素的影响。一般来说，强度的差别阈值的大小随强度而降低。声音频率对强度辨别的影响较复杂。声音频率约 2500~3000 赫兹时，韦伯分数最小。

第四节 | 其他感觉

视觉和听觉是我们的主要感觉，我们关于外部世界的绝大多数信息都来自视觉和听觉。虽然其他感觉不像视觉和听觉那样丰富多彩，但它们对机体的生存仍然是很重要的。

一、嗅觉和味觉

我们可以闻到各种各样的气味，香的、臭的，这是嗅觉在起作用，嗅觉的适宜刺激是能溶解的、有气味的气体分子。它作用于鼻腔上部的嗅细胞而产生嗅觉。很难对嗅到的气味进行分类。目前常用的分类法是将气味分为芳香味、果酸味和辛酸味。嗅觉阈限受许多因素的影响。作用的气味物质不同，嗅觉的绝对阈限也不同。

味觉的适宜刺激是能溶于水的化学物质。它作用于分布在舌面、咽喉的黏膜和软腭等处的味蕾产生味觉。一般认为有四种基本味觉：苦、酸、咸、甜。味觉感受性受多种因素的影响。舌面的不同部位，味觉感受性是不同的：如舌尖对甜味最敏感，舌根对苦味最敏感，舌的两侧对酸味最敏感，舌的两侧前部对咸味最敏感。味觉对维持有机体内环境的动态平衡起重要的作用。

人们对味道有多种偏爱。例如，四川、湖南人爱辣，山西人爱酸，在我国有所谓"南甜北咸东辣（指蒜葱）西酸"的谚语，但未闻有偏爱苦的人群。

二、皮肤感觉

皮肤，除了保护我们免受表面的伤害，还有保持体液和帮助调整体温的功能。刺激作用于皮肤而产生各种各样的感觉称为肤觉（cutaneous senses）。因皮肤受到刺激能产生多种感觉，所以一般把皮肤感觉分为触压觉、冷觉、温觉、痛觉和振动觉等。触觉、冷觉、温觉和痛觉的感受器在皮肤内呈点状分布，称为触点、冷点、温点和痛点。身体的不同部位，各种点的数目各不相同。皮肤是人类最大的感觉系统，表面面积约为 2 m²。皮肤感觉最重要的机能是，对可能出现的有害刺激发出信号。

物体接触皮肤表面（不引起皮肤变形）产生触觉。当物体接触皮肤表面并引起皮肤变形时便产生压觉。身体不同部位的触压觉感受性有很大差异：活动频繁的部位如指尖、嘴唇、眼睑等特别敏感，而背腹部的感受性却很低。振动物体（如音叉）与身体接触会产生振动觉。人所能接受的振动频率在15~1000周/秒之间，其中振动频率为 200 周/秒左右最为敏感。振动觉可能是触压觉反复刺激的结果。

皮肤表面温度的变化会引起温度觉。皮肤上有些点对温敏感，有些点对冷敏感，也有些对两者都敏感。一种温度刺激会引起什么样的感觉，视刺激温度与皮肤温度之间的关系而定。皮肤表面的温度称为生理零度，所以与皮肤表面温度相同的刺激温度，不能引起冷觉感受器或温觉感受器的兴奋，不会产生温度觉。高于生理零度的温度刺激引起温觉，低于生理零度的温度刺激则引起冷觉。1895 年弗雷发现在某些确定的冷点施加烫刺激也能够引起冷觉，这时的冷觉叫诡冷觉；而用冷刺激刺激温点所引起的温觉叫作诡温觉。

温度觉的感受性因身体部位不同而异。温暖的感觉和热的感觉是不同的：温暖的感觉使人感到舒适，热的感觉使人难受。当刺激温度超过 45℃时，会产生热甚至烫的感觉。这是一种复合的感觉，是温觉、痛觉同时产生的后果。机械的、物理的、化学的、温度的、放射能的以及电的各种刺激对皮肤组织有破坏作用时，都会产生痛觉。痛觉传递了主体受伤害的信息，因而对主体具有保护的作用。痛觉感受性因身体部位不同而异：背部、颊部最敏感，脚掌、手掌最不敏感。影响痛觉阈限的因素很多，其中心理因素，如过去经验的暗示、情绪状态、注意都会对痛觉阈限产生影响。痛觉是有机体内部的警报系统。它对保存有机体的生存有重要的意义。除皮肤外，全身各处包括肌肉、关节、内脏组织的损伤都会产生痛觉。

三、动觉和平衡觉

动觉是一种最基本的感觉。它为我们提供有关身体运动的信息。动觉的感受器位于肌肉、肌腱和关节中。肌肉运动、关节角度的变化等都是这些感受器的适宜刺激。人在感知外界事物的过程中几乎都有动觉的反馈信息参加。例如，在注视物体时，大脑不仅接受来自视网膜感觉细胞的信息，而且还接受来自眼球肌肉的动觉信息。这种信息是我们看清物体的必要条件。言语器官肌肉的动觉信息同音听觉和字形视觉相联系，是言语活动和思维活动的基础。

手不仅是人类改造世界的一种重要器官，而且也是认识世界的一种特殊感觉器官。人类在改造世界的长期斗争中，手的皮肤感觉和动觉紧密结合，产生了一种特殊感觉：触摸觉。它是动觉和皮肤感觉的复合感觉。

平衡觉是反映头部运动速率和方向的感觉。平衡觉的感受器是内耳的前庭器官。内耳中的三个半规管里充满了淋巴液。机体的加速、减速或方向的改变，使淋巴液冲击前庭器官的毛细胞从而产生兴奋。

前庭器官兴奋常使人产生晕眩。平衡觉和视觉、内脏感觉有密切的联系。当前庭器官受到刺激时，仿佛看到视野中的物体在移动，就会头晕。同时也会引起内脏活动的剧烈变化，使人恶心和呕吐（晕船和晕车病）。因此，对从事航空、航海、舞蹈职业的人总是要进行平衡觉的检查。

四、内脏感觉

反映内脏各器官活动状况的感觉叫内脏感觉或机体觉。内脏感觉的感受器分布于各脏器（如食道、胃、肠、膀胱、肺、血管等）壁内。它可以把内脏的活动及其变化的信息，经传入神经传向中枢，从而产生各种内脏感觉，如饥、渴、饱、胀、便意、恶心、疼痛等。

内脏感觉的特点是感觉不精确，分辨力差。许多内脏的感受器根本不能引起主观感觉。在病变时，有些脏器的感受器才产生（放射痛）兴奋。内脏感觉在调节内脏活动中起很重要的作用。没有内脏感觉系统，有机体的生存是难以想象的。

第五节 | 知觉

一、什么是知觉

知觉是人对感觉信息的组织过程。外部世界的刺激冲击我们的感官，我们倾向于有选择地输入信息，把感觉信息整合、组织起来，形成稳定、清晰的完整映像。在日常生活中，我们很少意识到孤立的感觉，我们的头脑总是不断对感觉信息加以组织。例如，听觉刺激是一个复杂的序列，被我们知觉为言语，或流水声，或汽车声，即组织成有意义的组合。对于其他感觉信息，我们也是将其组织成有意义的事物。这种组织功能主要依靠我们过去的经验。

知觉是直接作用于感觉器官的事物的整体在脑中的反映，是人对感觉信息的组织和解释的过程。

知觉是人对感觉的解释过程。在知觉一个客体时我们总是根据自己的经验把它归为某一类，说出它的名称或赋予它某种意义。我们对感觉信息的解释，通常采取假设检验的方式，即提出假设然后检验假设。为了说明这个问题，现在请看图4-10并回答"这是什么"。绝大多数人可能会回答："左半部是一个三齿叉，但又不像，因为右半部是两齿的。那是两齿叉？也不像，因为左边是三齿的。那它到底是什么呢？"最后只好说"是一个不可能图形"。从这个例子中，可以清楚地看到，人们运用"三齿叉"、"两齿叉"的假设（命名）对感觉信息进行检验，但都没有成功，因而困惑不解。不过，平常我们对熟悉对象的知觉，假设检验过程都是压缩的，是一种无意识推论的过程。只是在知觉困难时假设检验的推论过程才显现出来，才被我们觉察到。

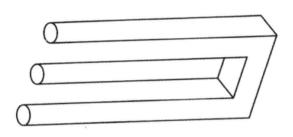

图 4 - 10　不可能的图形

知觉的产生以头脑中的感觉为前提，并且与感觉同时进行。但知觉却不是各种感觉的简单总和。因为在知觉中除了包含感觉之外，还包含记忆、思维和语言活动等。知觉高于感觉的感性认识阶段。

二、知觉的种类

可以根据不同的标准对知觉进行分类。

根据知觉对象是否属于人，可以把知觉区分为社会知觉和物体知觉。社会知觉是对人的知觉；除对人的知觉外，其他各种知觉都可称为物体知觉。

根据事物都有空间、时间和运动的特性，可以把知觉区分为空间知觉，时间知觉和运动知觉。空间知觉就是我们对物体的形状、大小、深度、方位等空间特性的知觉。时间知觉就是我们对客观现象的持续性和顺序性的知觉。运动知觉就是我们对某一物体的静止和运动以及运动速度的知觉。

根据知觉中哪一种感受器的活动占主导地位，可以把知觉分为视知觉、听知觉、嗅知觉、视听知觉和触摸知觉等。

三、知觉的一般特性

（一）知觉的选择性

感觉系统为我们提供的是各种感觉信息：光、色、声、味和触，我们知觉到的却是一个统一或完整体的选择，这种特性称为知觉的选择性。一棵树是一个统一体，尽管它具有各种属性和部分。产生统一体的知觉，首先要把知觉对象从背景中区分出来。

知觉的对象与背景是互相依存、互相转化的。如前所述，在均匀化的知觉域中，不可能有对象知觉，因而也不可能有知觉的背景。知觉对象和背景的互相转换在双关图形中表现得非常清楚。如图4－11可以知觉为黑色背景上的白色花瓶，又可以知觉为白色背景上的两个侧面人像。又如图4－12可以知觉为翘鼻子的少妇，又可以知觉为一位老太婆。

花瓶？侧影？

图4－11　两歧图形

图4－12　你看见了什么？

（二）知觉的整体性

知觉的对象有不同的属性，由不同的部分组成，但我们并不把它感知为个别孤立的部分，而总是把它知觉为一个有组织的整体。知觉的这种特性称为知觉的整体性或知觉的组织性。

格式塔心理学家曾对知觉的整体性做过许多研究，提出知觉是按照一定的规律形成和组织起来的；对象知觉不是对象各部分简单的相加，而是各部分有机组成的。一个图形是作为一个整体被知觉的，其中各部分之间有一定的关系。看图4－13你会把它看成一个立方体，而不会把它看作平面图形。再如图4－14，线段不是连续的，可是你依然能够把图形知觉为鸭子。

图4－13　主观轮廓

图4－14　知觉的连续律

（三）知觉的理解性

人对于知觉的对象总是以自己过去的经验来标志知觉，力求对知觉对象做出解释的这一特性称为知觉的理解性。请看图 4 – 15，你一定在想"这是什么"、"到底是什么东西"，然后试图给它命名，并把它归入到你所熟悉的一类事物之中。你可能会想是画着一只动物吧，如果还看不出来，给提示说："是画着一条狗。"由于唤起了过去的经验，你大概已看出来了。这也是过去经验对知觉对象的理解的结果。

图 4 – 15　隐匿图形

（四）知觉的恒常性

当知觉对象的物理特性在一定范围内发生了变化的时候，知觉形象并不因此发生相应的变化。知觉的这种特性称为知觉的恒常性。例如，同一个花瓶，从不同的距离、角度和明暗条件下去看它，虽然视网膜上的物像各不相同，但仍将其知觉为同一个花瓶。知觉恒常性现象在视知觉中表现得很明显、很普遍，主要表现为下列几种：

🔹 1. 大小恒常性

在一定的范围内不论观看距离如何，我们仍倾向于把物体看成特定的大小。例如，同样的一个人站在离我们 1 米、3 米、5 米的不同距离处，他在我们视网膜的成像因距离不同而改变着；但是我们看到的这个人的大小却是不变的。这是大小恒常性现象。

🔹 2. 形状恒常性

尽管观察物体的角度发生变化，但我们仍倾向于把它感知为一个标准形状。铁饼的形状，只有它的平面与视线垂直的时候，它在网膜上的视像形状才与实际形状完全一样。如果偏离了这个角度，视网膜上的视像形状便或多或少不同于铁饼的实际形状。但是，在后一种情况下，我们看到铁饼的形状仍然存在形状恒常性现象。

3. 明度恒常性

尽管照明的亮度改变，但我们仍倾向于把物体的表面亮度知觉为不变。在强烈的阳光下，煤块反射的光量远大于黄昏时白粉笔所反射的光量，但是即使在这种情况下，我们还是把煤块知觉为黑色的，把粉笔知觉为白色的。这是明度恒常性现象。

4. 颜色恒常性

尽管物体照明的颜色改变了，我们仍把它感知为原先的颜色。例如，不论在黄光照射下还是在蓝光照射下，我们总是把国旗知觉为红色的。这是颜色恒常性现象。

除视知觉外，知觉恒常性还表现在其他知觉领域中。例如，当我们转动头部的时候，虽然声音对听觉器官的作用条件发生了变化，但我们感到声音的方位并没有变化。这是方位知觉恒常性现象。知觉的恒常性在人的生活实践中具有重要意义，它使人能在不同的情况下，按照事物的实际面貌反映事物，从而使人有可能根据对象的实际意义来认识和改造客观世界。如果知觉不具有恒常性，那么，人就难以适应瞬息万变的外界环境。

四、空间知觉

在知觉事物的时候，我们总是要使用一个标准才能进行判断，这个标准叫知觉的参考系。空间知觉的参考系可分为两类：以知觉者自己为中心的参考系和以知觉者以外的事物为中心所建立的参考系。

在一定的时间和空间里，知觉者总占据着空间的一个位置，知觉信息往往以个人为参考系而被接收。对上下、左右、前后的判断通常是以知觉者自身为参考系而做出的。

在视空间知觉的问题上，心理学家一直在探索下面两个问题：我们的视网膜是二维的，同时我们又没有"距离感受器"，那么我们是怎样知觉三维空间，把握客体与客体、客体与主体之间在位置、方向、距离上的各种关系的？如果说视空间知觉的获得是由一双眼协助并用的结果，那么单眼的人为什么还有空间知觉？根据既有的资料，对这两个问题一般用单双眼线索来解释。单眼线索主要强调视觉刺激本身的特点，双眼线索则是双眼的协调活动所产生的反馈信息的作用。空间知觉也离不开人的过去经验。

（一）单眼线索

单眼线索是指用一只眼睛就能感受的深度线索。借助单眼线索，人能够在一定程度上知觉深度和距离。视空间知觉的单眼线索很多，其中主要的有如下几种：

🔘 1. 对象的相对大小

对象的相对大小是距离知觉的线索之一，如图4-16的A所示，小圆点好像离我们远些，大圆点好像离我们近些。对一个熟悉物体的判断则有所不同。如果大小圆点是高矮不同的两个熟人，那么现在看到那个本来矮小的人显得高大些，而那个本来高大的人看起来矮小些，那么，你便会觉察到前者离你近些，后者则离你远些。

🔘 2. 遮挡

如果一个物体被另一个物体遮挡，遮挡物看起来近些，而被遮挡物则觉得远些。物体的遮挡是距离知觉的一个线索。如果没有物体遮挡，远处物体的距离就难以判断（见图4-16的B）。

🔘 3. 结构级差

视野中物体在视网膜上的投影大小及投影密度上的递增和递减，称为结构级差。当你站在一条砖块铺的路上向远处观察时，你就会看到愈远的砖块愈显得小，即远处部分每一单位面积砖块的数量在网膜上的映像较多。在任何表面上，随着距离的增加，都会产生远处密集和近处稀疏的结构密度级差，这种结构级差是距离知觉的一个线索。在图4-16的C中上部结构密度较大，下部结构密度较小，于是产生了向远方伸延的距离知觉。

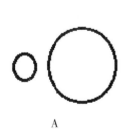

A   B   C

图4-16 视空间知觉的单眼线索

（二）双眼线索——双眼视差

人的两只眼睛相距约65mm。当我们看物体的时候，两眼从不同的角度看这一物体，视线便有点差别，右眼看到右边多些，左眼看到左边多些。这样，两个视线落在两个视网膜的部位上便不完全相同，也不完全重合。这就是双眼视差。这种现象很容易演示：在你面前的正中约 30cm 处立一支铅笔，先闭右眼只用左眼看它，记住其位置；再闭左眼只用右眼看，你会发现铅笔的位置移动了。双眼视差是空间知觉的主要线索。根据双眼视差原理，从不同的角度制作同一物体的两张照片，放在实体镜中观察就可以产生立体知觉。

双眼空间知觉的产生不需要对左眼和右眼的输入分别进行认知加工并与存储的信息进行比较。空间知觉的产生过程，在特征检测的信息加工水平上即可完成，不需要更高级认知活动的参加。

第六节 | 感觉和知觉实验

一、立体镜

通过双眼对随机点立体图观察时所见到的立体形象进行研究，进一步证明双眼视差是产生深度知觉的重要条件。而眼睛的调节、视轴的辐合和单眼对物体轮廓的知觉，对深度的知觉都是无足轻重的。

深度知觉能力的测定，对于从事交通运输行业的各种驾驶员、吊车控制员和精细工种的装配工，以及一些体育项目的运动员来说都具有重要意义。

【实验目的】用透视立体镜证实双眼视差在深度知觉中的作用。

【实验仪器】立体镜

【实验方法】

1. 将图片插入支架的槽里，左手握住立体镜手柄，双眼靠近观察窗口，观看里面呈现的两张图。

2. 实验者用右手缓慢前后移动支架（图片），直到两眼看到的图合成一个单像为止，这时看到的图应该是立体的。

3. 分别闭上左眼和右眼观察立体镜上图的情况。

【结果与讨论】

1. 根据观察的结果，试说明双眼视差在视深度知觉中的作用。

2. 比较单双眼观看的差异，并说明原因。

3. 一个单眼失明的人在生活中分辨远近有困难吗？为什么？

4. 立体电影为什么好看？原理是什么？

二、颜色视觉

【实验目的】了解颜色视觉的基本原理和相关概念。

【使用仪器】心理实验台

【实验方法】

1. 选中左侧实验列表"普通心理学演示实验"中的"颜色视觉",右边呈现实验说明。单击"进入实验"弹出演示内容目录窗口。主试就可依次呈现相关的图片与背景知识。

2. 了解颜色的基本特性、颜色立体、颜色混合、颜色对比、马赫带、颜色后像等理论和概念。

【讨论】

你遇到过颜色视觉原理在日常生活中的实际例子吗?

【复习与思考】

1. 什么是知觉?

2. 为什么说知觉是人对感觉的组织和解释的过程?

3. 概述知觉系统的信息加工原理。

4. 知觉的对象与背景的关系怎样?对象与背景的关系如何影响运动知觉?

5. 什么是知觉的组织性?概述格式塔心理学家关于知觉的组织原则。

6. 双眼视差在空间知觉中起什么作用?

7. 对象和背景的相互关系为我们提供了物体运动的哪些信息?

8. 试分析错觉产生的原因。

第五章 意识体验和心理状态

据估计，航空事故中约有三分之一是由飞行员疲劳造成的。自1990年以来，美国至少有10起飞行事故和260人的死亡与飞行员疲劳驾驶有关。虽然科技的发展使得飞行员能安全驾驶更大的飞机，飞更远的航程，但同时也使飞行员更加疲劳。特别是在飞机进入自动驾驶程序以后，在整个长途航程中飞行员需要做的事情很少，很容易进入厌倦和静止状态，更容易做白日梦，产生睡意。

第一节 | 意识体验

一、什么是意识

心理学先驱们对研究人们的意识和无意识充满兴趣。詹姆斯将人的意识描述为意识流——一种感觉、想象、思考以及感受时刻变化的连续流动过程。弗洛伊德将意识看作露出水面的冰山顶端，它仅占人的心理的很小一部分，人的大部分心理活动或过程处于水面以下，是无意识的。过去几十年中，有关意识和无意识的问题引得了不同领域很多心理学家的广泛关注。

意识是你对外部事件和内部感觉的知觉，包含你对自己的知觉以及你对自己经验的看法，由所有你意识到的感觉、知觉、记忆和情感组成。对外知觉，你可能意识到你的好朋友正在为昨天考试的失败而沮丧；你还可能意识到路边的某个行人，为了追赶公交车而拼命奔跑。对内知觉，你可能意识到此刻你感觉很高兴，因为你刚刚取得了律师资格证；还有，你的肚子正在咕咕叫，而你准备去吃午餐。

二、意识的状态

有时你说你是"有意识的"，这是相对"无意识"而言的（如正在麻醉或睡眠状态）；在另一些时候，你说你是有意识的，是对某些信息或反应的觉知。事实上，在不同的时间与不同空间里，因注意程度的不同而形成不同的意识层面。究竟有哪些不同水平的意识呢？具体可见表5-1。

表5-1　人类不同的意识层面

意识水平	描述	举例
高级意识	涉及受意识控制的加工过程，注意集中，积极努力实现个人目标；意识的最高警醒状态。	学生考试时集中注意力答题；拳击比赛时，运动员注意观察对手的动作。
低级意识	几乎不需要太多意识参与，包括自动加工过程和白日梦。	学生上课时边听讲边做笔记；骑自行车时人们几乎不需要意识参与来控制自行车的平衡。
下意识	人们醒着、睡眠或者是做梦的时候都有可能发生下意识，是不注意或略微注意的情形下所得到的意识。	人处于睡眠时，如果有人叫你的名字，而不是别人的名字，你就比较容易醒。
潜意识	弗洛伊德相信有些伴随着焦虑等负性情绪的想法过于沉重，以至于我们的意识不愿意承认它们的存在。	一个女性走近一个年轻人，而这个年轻人立即出了一身冷汗，他没有意识到，他对这个女人的恐惧缘于他母亲对他的惩罚经历。
无意识	人们对其内在身心状态或周围环境变化没有觉知的状态。	人的神经系统控制着血压变化的生理信息，并且人体血压每时每刻都发生着变化，但人并没有觉知到这些变化。
异常意识状态	由药物、心理创伤、疲劳、感官剥夺等导致，催眠也可能导致意识异常状态。	正在喝酒的人，处于意识异常状态；"感觉剥夺实验"中被试出现意识异常状态。

三、白日梦与幻想

我们每个人都会有精力不集中、思想开小差的时候。例如，当你上课的时候，你根本就没有听到老师在讲什么，而是满脑子都是刚看过的爱情故事中的情景。这种现象通常称为白日梦（daydream），它不同于睡眠，而是在非睡眠状态下产生的高度自我卷入的幻想活动。

研究发现，每个人都做过白日梦。对于大多数人来说，白日梦的内容一般包括成功或失败（如这次的心理学考试得了满分或考研落榜）、攻击或敌意（如打那个侮辱我的人）、性幻想或浪漫相遇（如和自己心仪的女孩相恋）、内疚（如我真不该考试作弊）等。当然，白日梦的内容并不限于这些。在很大程度上，白日梦是根据个体的记忆或想象的内容自发产生的。既然记忆主要依赖于我们过去的经历，所以经历过的事件对白日梦的内容有重要的影响。有研究发现，电视节目对儿童的白日梦有影响，儿童看的节目越多，越容易做白日梦。

习惯上也将白日梦视为幻想（fantasy），并认为幻想是逃避现实的幼稚行为。例如，弗洛伊德就认为，快乐的人从不幻想，幻想只是失意者的行为。但是，后来的心理学家对白日梦的看法已经改变，不但认为白日梦是极为普遍的现象，而且认为白日梦对日常生活利多于弊，甚至对生活适应有着积极的功能。

关于白日梦在生活上的积极功能，一般认为有以下几个方面：

（一）缓解消极情绪

当在生活中遭遇痛苦事件时，人们难免会幻想奇迹出现。虽然是在逃避现实，但对于减少痛苦情绪、维护心理健康仍具有积极意义。

（二）开阔思路

心理学中将人们言谈举止中规中矩的表现称为"人格面具"。在完全清醒时，人们的思路很大程度上受理性和经验的制约。而白日梦中的幻想往往超越现实，让人的思维变得更宽广。

（三）自我改变

幻想能使人们从更广泛的角度审视自己。在清醒意识层面，人们思考问题的方式是抽象的、概括的，观察事物也有选择性。而在幻想中，对内心的体察要细致全面得多。另外，平时由于受自尊、面子的影响，人常常会欺骗自己，但在幻想中却会直面现实。因此幻想可以提供一个全方位看待自己心理、人格的机会。你可以根据幻想的提示，找到更适合自己的行为方法。

第二节 | 睡眠

睡眠（sleep）是人们最熟悉的活动之一。一个人一生中大约 25 年的时间都是在睡眠中度过的。睡眠好像是失去意识，但实际上人们睡眠时并不是完全没有意识的。

一、睡眠需要

睡眠是一种普遍的生理现象。不只人类，所有的鸟类和哺乳动物，在每天 24 小时中的某个时段都会睡觉。不过有些动物睡眠时间集中，每天只睡一次；有些动物的睡眠，每天分为多个时段进行。

人为什么要睡觉？为什么整夜不睡觉，第二天会觉得整个人状态不佳？睡眠有哪些功能呢？

（一）恢复功能

睡眠是保证大脑正常工作的生理条件。白天工作之后，人们会感到疲惫，而经历了晚上的睡眠，早上醒来之后，又会感到精力恢复了。美国国立卫生研究院（HIH）2001 年的一项研究表明，人们在沉睡阶段会生产更多的蛋白质，帮助细胞成长和修复，睡眠时还会产生一些神经元，进行自身修复。因此，睡眠可以使大脑得到充分保养和恢复。

（二）适应功能

睡眠也可能是动物在生存过程中长期演化而来的。动物在晚上觅食比较困难，为了更好地生存，就需要减少能量消耗或躲避其他动物侵袭，所以睡眠成为动物适应的最好选择。人类由于缺少夜视能力，所以也要在晚上选择安全的地方进行睡眠活动，避免受到猛兽的威胁。

（三）发展功能

睡眠对儿童的骨骼生长、身体发育、智力发展有重要意义。在沉睡阶段，大脑分泌大量生长激素，因此长期睡眠不好的孩子长不高。睡眠加深的时候，也是身体内免疫物质释放增多的时候，机体免疫力、抗病及康复疾病的能力增强。做梦睡眠期是婴幼儿神经系统发育和智力发育的重要阶段，痴呆儿童的做梦睡眠时间比同龄的正常儿童要少，而老年性痴呆病人的做梦睡眠也明显少于正常人。

（四）存储功能

一些从事睡眠特性研究的专家认为，夜间睡眠中的大脑活动能聚合和处理白天获得的信息。例如，一些很需要或很重要的知识将得到保留和加强，整合进入长时记忆中去，而一些被认为是多余的知识将被"擦掉"。因此好的睡眠可以帮助个体将白天所学的知识进行记忆存储。通过开夜车来弥补知识的记忆效果，远远比不上每天晚上充足睡眠后的记忆效果，睡眠不足等于损伤记忆。

二、睡眠节律

睡眠和觉醒的交替，是人体内昼夜节律的作用，这种节律往往是十分稳定的，即使在不知道时间和看不到昼夜交替的情况下也能持续多日。在缺乏日夜交替外部线索的条件下，人的生物钟在短时间内依然能够自我维持和连续运行。

正常睡眠时间是多少？有极少数人，他们每晚只睡一两个小时却感觉很好。在世界人口中，大约有 8% 的人，他们平均每晚睡眠不超过 5 小时，称为短睡者；另一个极端的人，他们平均每晚要睡 9 小时或 9 小时以上，称为长睡者。大多数人的睡眠时间为每天 7 ~ 8 小时。然而，对于极少数的人来说，每天短至 5 小时或长达 11 小时的睡眠时间也十分正常。

总的睡眠时间随生命进程前行而逐渐减少。据心理学家观察，新生儿每天睡眠时间长达 20 小时，一般 2 小时或 4 小时为一个睡眠 – 觉醒周期；6 个月后，减为 13 小时；儿童期（2 ~ 12 岁）平均为 10 ~ 12 小时；成年人一般为 7 ~ 8 小时；老年人（60 岁以上）一般每天睡眠时间为 5 ~ 7 小时。

三、睡眠阶段

研究者通过大量的观察，积累了关于人们睡眠中生理变化的资料。有一项研究曾经安排一些被试在一间"睡眠实验室"里度过一个或几个晚上。被试可以舒服地睡觉，同时实验者记录他们的脑电波、眼动、肌肉紧张度以及其他的生理活动。研究数据表明，尽管被试的睡眠行为存在个体差异，但几乎每个人都经历了相同的睡眠阶段，而且每个阶段都有不同的脑电波、肌肉灵活性、血压等特征作为标记（图 5 – 1）。

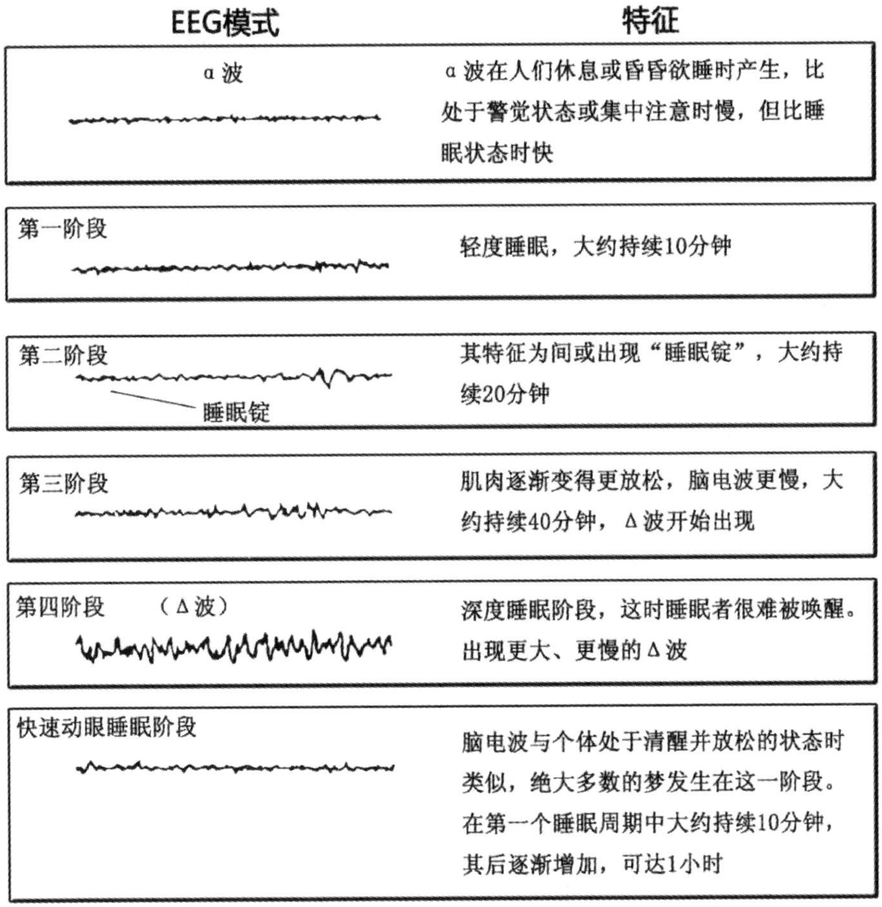

EEG模式	特征
α波	α波在人们休息或昏昏欲睡时产生，比处于警觉状态或集中注意时慢，但比睡眠状态时快
第一阶段	轻度睡眠，大约持续10分钟
第二阶段 睡眠锭	其特征为间或出现"睡眠锭"，大约持续20分钟
第三阶段	肌肉逐渐变得更放松，脑电波更慢，大约持续40分钟，Δ波开始出现
第四阶段 （Δ波）	深度睡眠阶段，这时睡眠者很难被唤醒。出现更大、更慢的Δ波
快速动眼睡眠阶段	脑电波与个体处于清醒并放松的状态时类似，绝大多数的梦发生在这一阶段。在第一个睡眠周期中大约持续10分钟，其后逐渐增加，可达1小时

图 5-1 人类睡眠的阶段①

当人处于觉醒状态时，脑电图仪（EEG）呈现小幅快波，称为β波。在觉醒但是很放松的时候，脑波将会放慢，振幅增加，并且更加有规律，这是α波。即将进入睡眠的瞬间，脑电波就是α波。随后，人闭上眼睛，呼吸逐渐变得慢而有规律，脉搏减慢，体温下降，五个睡眠阶段随即出现。

第一阶段：进入轻度睡眠，心率进一步降低，呼吸更为不规律，全身肌肉放松，伴随小而不规则的波形。在此状态，我们会经历短暂的与梦境类似的景象，这些景象与生动的照片很相似；还可能引发反射性肌肉收缩，发生入睡抽动（hypnic jerk），这是一种正常的现象。这一阶段个体很容易被惊

① 彭聃龄. 普通心理学 [M]. 北京：北京师范大学出版社，2004.

醒，而且一旦惊醒，很可能会觉得根本没有睡着过。第一阶段大约持续 10 分钟。

第二阶段：随着睡眠加深，体温进一步下降。脑电波开始出现睡眠锭，这是睡眠与觉醒真正的分界线。如果在睡眠锭出现 4 分钟后被唤醒，大多数人会说他们睡着了。这一阶段大约持续 20 分钟。

第三阶段：睡眠第三阶段会有一种新的更慢的脑电波出现，即 △ 波。这一阶段肌肉变得更放松，睡眠进一步加深，意识也进一步丧失，大约持续 40 分钟。

第四阶段：大约 1 小时后，大多数睡眠者进入睡眠的第四阶段或深度睡眠阶段。脑电波几乎全部呈更大、更慢的 △ 波，大脑一片空白，此时睡眠者很难被唤醒。如果这时被很大的噪音惊醒，会感到脑子一片混乱，可能根本不记得有噪音。

大约在进入第四个阶段睡眠半个小时后，开始快速地、重新经历前几个阶段，直到最后到达快速眼动睡眠阶段（REM）。快速眼动睡眠阶段大脑产生相对快速、低幅的脑电波，与第一阶段非常相似。在这一阶段观察到的脑电波模式表明有一定程度的觉醒，类似于清醒状态，睡眠者闭合的双眼伴有快速的眼动。然而，很难在 REM 睡眠阶段唤醒一个人。睡眠研究中曾做过实验，在 REM 阶段被唤醒的人当中，有 80% 的人会绘声绘色地说出做梦的细节；而在非快速眼动睡眠阶段被唤醒的人当中，只有 20% 的人报告说他们正在做梦。

第一次快速眼动睡眠期一般持续 10 分钟左右，然后个体会进入非快速眼动睡眠的第二、三、四阶段。这种睡眠阶段序列在整个夜晚会不断重复，每个循环大约需 90 分钟左右，然后如此往复。通常情况下，一个晚上会有 4 ~ 5 次这样的循环，但睡眠模式却会随夜晚的进程而有所改变。最初是睡眠的第三、四阶段占优势；但随着时间的流逝，快速眼动睡眠期会逐渐变得越来越长，而第三、四阶段越来越短，最后同时消失。因此，对于睡眠者来说，整个晚上大约有 45% ~ 50% 的睡眠时间处于第二阶段，20% ~ 25% 处于快速眼动睡眠期。

四、睡眠障碍

睡眠障碍会给人们的生活和事业带来严重的负担。常见的睡眠障碍主要包括梦游、夜惊、失眠、呼吸暂停、嗜眠症等（表5-2）。

表5-2　各种睡眠障碍及其症状

睡眠障碍	主要症状
失眠	入睡困难或根本睡不着，即使经过睡眠也有很疲劳的感觉
睡眠呼吸暂停	周期性地停止呼吸，接近每小时10次，呼吸受阻而忽然坐起来，并且剧烈地喘气，然后重新入睡
发作性睡病	白天突然不可抗拒的睡眠发作，一般持续几分钟至半小时，人可能在走路、说话甚至驾驶时发生睡眠
噩梦	周期性出现活灵活现的噩梦，严重破坏睡眠
夜惊	在睡眠中，随着呼吸和心跳的加剧，突然坐起身来，两眼无神地向前直视，出汗，语无伦次地说话，甚至尖叫
梦游	在睡眠中自行下床行动，而后再回床上继续睡眠
梦话	睡眠中说话
嗜睡	白天睡眠过度。可由抑郁、失眠、发作性睡病、睡眠呼吸暂停、药物滥用等问题引起
睡眠酩酊	从睡眠中醒过来后头脑依然昏沉、迷糊，"睡迷糊了"、"睡醉了"的状态，有时伴有暴躁情绪或攻击性的行为
REM行为障碍	肌肉不能被麻痹，导致REM睡眠期发生剧烈的身体活动
不安腿综合征	不可抗拒地移动腿，以便减轻由于爬行、刺痛或紧张而产生的不适感觉

第三节　梦

心理学家将梦定义为：睡眠过程中，人们的头脑中产生的一种视觉和听觉体验。大多数人每晚做4~5次梦，但并不是所有的人都能记住自己的梦。当那些自称从不做梦的人第一次在REM睡眠中被唤醒时，往往会惊讶地发现原来自己也做梦。梦与梦之间通常间隔90分钟左右，第一个梦只有大约10分钟，最后一个梦平均30分钟，长的可达50分钟。因此，梦会持续一段时间，并不是一闪而过的。

一、梦境的内容

（一）梦境主要与自己有关

心理学家霍尔（Calvin Hall）认为梦境倾向于个体内部的心理冲突。例如，很多人都曾做过关于攻击和不幸事件的梦。人们很少梦到公共事务，可以说以自我为中心是梦境的第一个重要特征。

（二）梦境与当前的生活事件有关

如果你正面临重要的考试，梦中可能会出现与考试有关的内容。而且，梦的内容具有一定的性别差异。例如，男人报告梦中常涉及汽车、武器和攻击行为，而女人报告梦境中更多涉及服装、珠宝等，并经常遭遇被攻击的事件；男人的梦中经常出现陌生人，而女人的梦中经常出现儿童。

（三）梦境内容会受到睡眠中外在或内在刺激的影响

例如，当一个人正处于快速眼动睡眠阶段时，轻轻地给他的手臂上洒一些水，过几分钟将他唤醒，并问他做了什么梦，42%的人会说梦中有水，或下雨，或洗澡，或游泳等。

（四）梦的内容存在年龄差异

对于2~5岁的儿童，他们做的梦通常很简单，多数与动物有关，但这些影像常常互不关联，而且他们的梦很少具有感情色彩，缺乏叙述性和故事线索。直到7~9岁，大多数儿童所做的梦才以一种叙述性的、有顺序的形式呈现出来。9~15岁时，他们的梦变得更加成人化，故事线索能够适当展开，并伴随着一些叙述性语言，其他人在梦中扮演重要角色，而且除了活动外，在梦中会出现许多言语交流。

（五）梦的预示性

例如，你梦见手被烫伤了，过几天手真的生了些疮。你可能以为这是所谓的神灵托梦，预示手要坏了。其实这是由身体内部刺激引起的。手上长疮不是一天就表现出来的，刚开始时刺激相当微弱，身体很难觉察，而且在清醒状态下，人们更关心外界事物，对微弱的内部刺激没有关注。但是进入睡眠后，大部分神经细胞处于抑制状态，这些微弱的刺激显得强烈起来，使人觉察到而又无法控制，于是将它与其他事物联系在一起形成了梦。梦总是由某种刺激引起一些神经细胞活动的结果，只是人们不能清醒地觉察和控制而已。

二、梦的分析

（一）心理动力学的理论

迪斯尼动画片《灰姑娘》中有一句歌词"梦，是你心中出现的一种愿望"。弗洛伊德在其著作《梦的解析》中提出"梦是通向潜意识的最可靠的途径"。他认为，梦代表人们在现实中未完成的愿望，它反映了引导人们行为的潜在动机。因此，一个饥饿的孩子可能梦到食物，一个寂寞的人可能梦到浪漫的爱情。弗洛伊德区分了"显梦"和"隐梦"：显梦是回想时所讲出来的内容，隐梦是显梦中的梦的真正含义。他认为梦以伪装了的象征来表达潜意识的欲望和冲突（表5-3）。例如，旅途代表死亡，小动物代表儿童，骑马或跳舞代表性交。同样，如果一个女人被她最好的朋友的丈夫所吸引，则可能梦见自己偷了朋友的结婚戒指来戴，间接地表达了真实的欲望。西班牙超现实主义画家达利（Salvador Dali）的作品《记忆的永恒》（图5-2），用绘画的形式展示了梦境与潜意识。

表5-3　弗洛伊德提出的梦的常见象征符号

显梦（象征符号）	隐梦（真正含义）
爬楼梯、乘飞机、坐电梯、穿隧道、进房间、登山、骑马、跳舞、游泳等	性交
蛇、枪、刀、伞、棍、烟囱、水管、子弹、长矛、香蕉等	男性生殖器
隧道、洞穴、瓶子、房间、空袋、船、箱子、炉灶等	女性生殖器
苹果、梨、桃、葡萄等	乳房

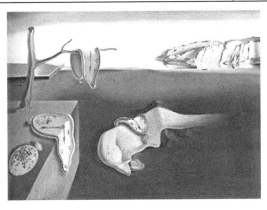

图5-2　记忆的永恒

（二）连续性假说

自从以脑电波的方式研究睡眠开始，心理学家运用了许多类似的方法来研究梦。连续性假说符合"日有所思，夜有所梦"的一般认识。例如，霍尔收集并分析了 1 万多个梦，他发现，大多数梦反映的是日常事件。在梦中最常出现的场所是熟悉的房间，梦中的活动常常发生在做梦者和另外两三个重要的他人之间，如朋友、敌人、父母。梦中的活动也都是跑、跳、骑车、说话等最熟悉的活动。一般梦境并不像弗洛伊德所指全与性有关，而是符合一般所说的"梦如人生"的观念。

（三）激活－整合模型

精神病学家霍布森（Hobson，1988）认为，梦只不过是神经细胞活动的结果而已，它本身并无意义。睡眠时，由于刺激减少，神经系统会产生一些随机活动。梦则是人的认知系统试图对这些随机活动进行解释并赋予一定意义的表现。认知功能说认为，梦担负一定的认知功能，在睡眠中，人的认知系统依然对头脑中的信息进行检索、排序、整合和巩固。这些活动的一部分会进入意识，成为梦境。

三、梦与创造性

理论家格洛巴斯（Gorden Globus）认为，梦对创造性有很大贡献，人类最具创造性的时刻有时是在梦中。即使是那些想象力很差的人，每晚在梦中也能创造出神奇的世界。有关著名的发明家和艺术家在睡梦中做出创造性成就的轶事也支持这种观点。例如，贝多芬和莫扎特曾在睡梦中听到交响乐；作家罗伯特·路易斯·史蒂文森也声称，他创作小说《化身博士》的灵感来源于一个梦。

一般情况下，人在睡着以后，大脑便处于休眠状态。但有些情况下，一些科学家因为白天一直处于高度兴奋状态，即使睡着了，大脑仍然依照思维惯性继续工作，白天苦思冥想解决不了的难题就在梦里得到了解决。

生活中的心理学

日有所思，夜有所梦？[①]

梦，是世界上最古老，也至今没有完全破解的心理现象之一。大约在公

---

① 王耀廷，王月瑞. 心理学史上的 76 个经典故事［M］. 上海：汉语大词典出版社，2005.

元前 2000 年，古埃及人已开始根据梦境的征兆预言未来，在一本莎草纸上写就的"梦书"中，记载了诸如梦见锯木头代表敌人死亡，梦见牙齿脱落代表亲人被杀害等条文，如今这份珍贵的文献收藏在大英博物馆中。

自传或故事里，也有梦中预言成真的真实事件。1864 年，在美国南北战争结束之际，美国总统林肯就曾经做过一个梦。这一天，一直处于被暗杀阴影中的美国总统林肯和夫人坐在白宫，讲到了自己 10 天前的那个梦。

林肯向夫人描述道，在梦中，"周围死一般的寂静，突然，我听见几声微弱的抽泣，但却看不到一个人。抽泣声越来越大，我一间屋一间屋地走去，但还是见不到一个人。奇怪的是，所有的屋子都亮着灯，每一样熟悉的东西都摆在那里，但就是看不到人。人呢？那些抽泣的人呢？我就这样一间屋一间屋地循着哭声找到了白宫的东厅。我走进去，大厅的前面摆放着一个灵柩台，台子上面直挺挺地躺着一具裹着寿衣的尸体。台子四周围满了守灵的军人，以及许多素不相识的人。他们有的悲痛欲绝，有的掩面抽泣。我问一个士兵：'死者是谁？'他回答：'是总统，他被暗杀了！'话音刚落，人群中爆发出一阵更大的悲泣声。"

在林肯跟夫人讲过这个梦境一周后，56 岁的林肯遇刺身亡，成为美国历史上第一个被暗杀的总统。林肯被暗杀后，他的遗体恰恰被停放在白宫的东厅。

梦是否带有预言性，现在还不得而知，关于梦的作用，心理学家们众说纷纭。有的提出梦主要是帮助睡眠，它把外界的各种声音都融到梦里，从而使人不至于轻易醒来；有的主张梦是将记忆归档时至关重要的一个环节，当梦与记忆中的内容互相吻合，大脑就会强化记忆，否则梦境就会显得十分怪异。

另外，梦也可能是对人发出的警讯。如果连续多天晚上做噩梦，可能是疾病的征兆。如果在梦中呼吸困难，有可能预示着肺有毛病；如果在梦中梦见身体的某一器官一再被刺伤，则该器官极有可能已经发生病变或将要发生病变。

对于梦境成真的现象和梦的预示作用，需要辩证地看待，有些是偶然的巧合，有些可能就是"日有所思，夜有所梦"了。总之，我们对梦的预示性应持慎重的态度，既不能不问青红皂白地全盘否定，更不能不加分析地予以肯定，否则，只能在占梦术的老路上徘徊。

第四节 注意

什么是注意？注意的规律又有哪些？如何利用这些规律呢？

威廉·詹姆斯在 20 世纪初写道："每个人都知道注意是什么。它使心理以清晰和鲜明的形式从同时显现的几个客体或一系列思想中拥有一个。"注意是和意识紧密联系的一种心理现象，但它不同于意识，也不同于对事物的感知、思维等心理过程。人从睡眠到觉醒、再到集中注意是不同的意识状态，注意使意识处于一种比较清晰、比较紧张的状态。

一、什么是注意

注意是心理活动对一定对象的指向与集中。某一时刻，人们只能清晰地感知有限的对象，而对周围的其他事物只有模糊的感知，或者不感知；如果人们同时感知所有的刺激，结果会是什么也看不清、听不清。"耳不能两听而聪，目不能两视而明。"讲的就是注意现象。

注意并不是一个独立的心理过程，它是伴随着其他心理过程的一种心理状态。注意听、注意看、注意思考，注意必然伴随着心理过程，不能单独存在。通常所说的"注意路上的车辆"、"注意播音员的发音"，实际上是指"注意看路上的车"、"注意听播音员的发音"，只是由于习惯，把"看"字和"听"字省略了。注意如果离开了"看"、"听"、"想象"、"思考"等心理过程，也就失去了其存在的意义。

既然注意是伴随心理过程的心理状态，那么在注意的时候，也必然会具有关联心理过程的一些外部表现。例如，人们注意某一事物时，一般要调整感官，适应其需要。

注意具有指向性与集中性的特点。注意的指向性是指人的心理活动具有选择性，表现在人们可以选取某种活动和对象，而且人的心理活动对这些活动和对象可以比较长久地保持。注意的集中性是指人们在注意某一对象或活动时，忽略了其他对象或活动，以保证注意的对象能得到比较鲜明和清晰的反映。比如，儿童在看动画片时，妈妈叫他也听不见，说明注意力高度集中在电视上，听觉受到了抑制。

注意和意识关系十分密切，人们常常用注意来描述意识、解释意识，以至于在日常生活中人们经常不对这两个概念加以区分，例如人们说"我没注意到你进来了"和"我没意识到你进来了"是一个意思。

二、注意的种类

（一）无意注意

无意注意（involuntary attention）又称不随意注意，是指事先没有预定的目的，也不需要意志努力的注意。无意注意往往是由强烈的、新颖的、有趣的或出乎意料的事物引起的。在无意注意状态下，对要注意的对象一般没有任何准备，也没有明确的认识任务，是一种初级的、被动的注意。这种注意有利于人们正确地认识周围环境，但也容易分心。

（二）有意注意

有意注意（voluntary attention）又称为随意注意，是指一种有自觉的目的、需要做一定意志上的努力的注意。有意注意是在生活实践中发展起来的。我们在日常生活和工作中经常会遇到一些自己不感兴趣而又必须做的事，这时我们就必须做一定的努力，迫使自己把注意集中到那些活动上去。

（三）有意后注意

有意后注意（post-voluntary attention）又称随意后注意，是指有预定目的但不需要意志努力的注意。有意后注意同时具有无意注意和有意注意的某些特点。有意后注意与自觉的目的和任务相联系，这类似于有意注意；同时，有意后注意不需要意志努力，这类似于无意注意。

无意注意和有意注意常常在一定条件下又可以互相转化。有意后注意就是一种有意注意转化为无意注意的结果。无意注意有时也可以在一定条件下转化为有意注意。

三、注意的品质

（一）注意的广度（attention span）

又称注意范围，指在同一时间所能清楚把握的对象的数量。把握的对象越多，注意广度越大，反之越小。不同的人的注意广度是不同的。以读书为例，有的人逐字逐句地阅读，有的人一行一行地阅读，有的人可以几行几行甚至"一目十行"地扫阅。

注意的广度会受到一些因素的影响。知觉对象的特点会影响注意的广度。如果知觉对象组织得很集中，很有规律，并且彼此之间有相互联系，那么注意的广度就大。相反，如果知觉对象毫无组织，杂乱无章，注意的广度就小。以往知识经验也会影响注意的广度。

（二）注意的稳定性（stability of attention）

又称注意的持久性，是指注意在同一对象或同一活动上所能持续的时间。注意稳定的标志是一段时间内保持注意的高度集中。实际上人的注意是不能长时间地保持固定不变的。据研究证实，不同年龄的人，注意稳定持续的时间有所不同。一般5~7岁的儿童，每次注意稳定的时间约15分钟，7~10岁每次注意稳定约20分钟，10~12岁是25分钟左右，12岁以后是30分钟左右。

观察和实验都表明，经过一定时间之后，人的注意会不随意地离开客体，产生一种周期性起伏的现象，这是与注意的稳定性相反的一种特性，叫做注意的动摇性。如图5-3，既可以知觉为六个立方体（上面一个，中间两个，下面三个），也可以知觉为七个立方体（上面两个，中间三个，下面两个）。

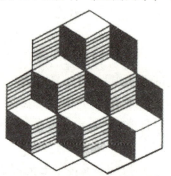

图5-3 立方体的注意起伏①

注意能否长久保持，受到以下因素影响：对象的特点，内容丰富的、特征复杂的、活动变化着的事物，注意就容易稳定和持久；对活动任务的态度，人们对活动的目的、任务认识越明确，活动责任心越强，注意就越能长久与稳定；人自身的特点，比如学习与工作习惯、抗干扰的能力、情绪和健康的状态等，一个人在失眠、疲劳、生病时，注意就不稳定；注意的方式、方法，用实际动作支持注意，可以使活动多样化，不同的活动交替进行，不断出现新内容，可以较长时间地保持注意的稳定性。

---

① 彭聃龄. 普通心理学［M］. 北京：北京师范大学出版社，2004.

（三）注意的分配（distribution of attention）

又称"时间共享"，是指人在进行两种或多种活动时能把注意指向不同对象的现象，即通常所说的"眼观六路，耳听八方"。

注意的分配是可能的。例如，我国唐代画家张璪可以"双管齐下"，一手画青翠葱郁的活松，另一手画萎谢凋零的枯松。但是，同时把注意分配到几种活动上，也不是轻易就能做到的事。我国北齐时期的刘昼，"左手画方，右手画圆，令一时俱成，实难两成"。

使注意顺利地进行分配的条件有：人对活动的熟练程度，同时进行的几项活动中，如果只有一项是不大熟悉的，就可以集中多的注意去对付它，使之成为注意的中心，其余的活动由于比较熟练或者已经达到自动化的程度，只要稍加留意即可，注意的分配就成为可能；活动本身的性质和特点，如果同时进行的几项活动的性质和内容有密切的联系，或者通过训练可以把各项活动的动作组合成为一个整体的操作系统，那么注意的分配也可以顺利进行，例如汽车司机的手和脚的复杂动作，在经过训练形成了一定的动作系统之后，就能很好地分配注意完成驾驶的任务；分配注意的技巧，同时进行的几项活动的动作，如果迅速巧妙地更替进行，那么注意的分配就能顺利实现，如弹奏钢琴时，眼睛在曲谱、音键和手指之间迅速来回移动，经过训练掌握了注意分配的技巧之后，便可以加快弹奏速度，应付自如。

（四）注意的转移（shifting of attention）

根据一定的目的，把注意从一个对象转移到另一个对象上，或从一项活动转移到另一项活动上。注意的转移与注意的分散在根本上是不同的，前者是有意地根据活动任务的需要把注意从一个对象转向另一个对象；而后者则是在需要注意稳定的时候，不随意地改变注意的对象。

注意的转移有一个过程。我们常说的"万事开头难"指的就是注意还没有完全从别的活动转移到新的活动上来的一种表现。注意转移的难易程度和速度受以下几个条件的制约：原来的活动吸引注意的强度，如果原来的活动是引人入胜的，有极大吸引力的，那么注意就难以转移；引起注意转移的新的活动的特点，新活动越符合人的需要和兴趣，比前一个活动更有意义、更重要，或者更具有时间性等，注意的转移就会越迅速；事先是否有转移注意的信号，如果事先发出注意转移的信号，给人的心理有所准备，则注意的转移就会主动而及时；人的神经类型和已有的习惯，神经活动灵活型的人比非灵活型的人注意的转移要容易与迅速，已养成注意转移习惯的人比没有这种习惯的人能更主动地完成注意的转移。

第五节 | 催眠

催眠（hypnosis），来源于希腊词源，是一种转变的意识状态。在这种状态下，人们看起来非常容易受暗示，而且表现得像进入了恍惚状态。直到最近，催眠才成为心理学研究中一个值得重视的主题。催眠术的兴起始于 17 世纪，由奥地利医生梅斯梅尔（Franz Mesmer）始创，"施催眠术"一词正是来源于这位医生的姓氏。梅斯梅尔认为他可以用磁力来治病。他的神秘"治疗"均与催眠有关。现代研究者将之归功于安慰剂效应，而不是什么动物磁性说。

一、催眠的应用

催眠是心理治疗、临床医疗、司法鉴定中的有力工具。催眠过程中，可以诱导被催眠者放松，减轻焦虑及其他不良情绪，可以使用指导性的语言鼓励被催眠者尽自己最大努力去实现自己的理想，提高成功期望，或者改变自我失败的暗示。

有关催眠的研究和实践应用还证明，催眠可以减轻人的疼痛感。可通过各种催眠暗示完成疼痛控制：将身体疼痛的部分想象为非器官的，如木头或塑料，或是将疼痛部位与身体的其他部分分离，将心理离开身体，以各种方式歪曲时间等。牙科医生可以将其作为麻醉剂来使用。对于自然生产的母亲，使用催眠也可以减轻疼痛。在白血病儿童患者的治疗过程中，利用催眠使患者想象自己暂时存在于身体之外的世界中，便可以相当好地忍受骨髓组织检查的极度痛苦。

催眠在犯罪调查领域也有比较广泛的应用。通过催眠可帮助人们准确地回忆那些被遗忘的事情。例如，1976 年美国曾发生的一例绑架案中，汽车司机被催眠后，回忆出了绑匪的大部分车牌号码，其中只有一个数字记不清楚，这一信息为追捕嫌疑犯起到了关键作用。

目前催眠还没有成功阻止药物和酒精的滥用，但可以通过催眠暗示吸烟者"香烟的口味和气味让人感到难受",在某些情况下,这种催眠暗示会让人戒烟。运动员有时也利用催眠来提高成绩。例如,美国的一些棒球运动员用催眠来提高击球时的注意力,而且已经获得很大成功。

二、催眠的状态

美国心理学家希尔加德(Hilgard,1965)提出,人在催眠状态下意识状态会发生改变,表5-4列出了催眠师以及被催眠者所报告的变化情况。

表5-4 催眠导致的意识改变

意识的改变	注 释
被动性	被试一旦进入催眠状态,虽然尚未睡眠,但意识活动的主动性降低,不主动表现任何活动或意向,倾向于遵循催眠师的指示来开展行动。
注意狭窄	进入催眠状态后,虽然被试的知觉和意识仍存在,但注意却趋于狭窄,只关注催眠师的指示,对周围环境中的刺激"视而不见"、"听而不闻"。
易受暗示性	在催眠状态下,人的受暗示性不断提高。例如,暗示被试身体僵直,他的身体就可以像木板般僵硬;暗示被试失去痛觉,不需麻醉药即可接受手术。
角色扮演	没有警觉地扮演各种角色,而且力量越来越大。例如,骑自行车,与平常状态相比,更加轻松。在催眠状态下,人们会将自己当成婴儿或孩子,还会说自己孩提时代就已经遗忘的语言。
错觉或幻觉	在催眠状态下,错觉现象比平时更明显。而且可以产生幻觉,或"无中生有"或"有中变无"。例如,有时会说看见前面站着一个人,其实没有,有时则对面前站着的人视若无睹。如果催眠师告诉他眼睛看不到东西了,被试可能真的"盲目"。
错误记忆和记忆超常	催眠可以增强记忆,但同时也会增加记忆中的错误。由于这一原因,美国许多州禁止那些通过催眠来增强证据记忆的人在法庭上作证。
催眠后遗忘	无法回忆催眠的过程。
催眠后暗示	在"醒来"后,仍会按照催眠过程中的指令做事。例如,当听到"睡觉"的指令后,会很快进入深度睡眠状态;听到戒烟的指令后,会厌恶抽烟。

三、催眠感受性

"你的身体越来越沉重。你的眼皮也变得沉重。你感觉非常疲惫，一点儿也动不了。放松，放松，闭上眼睛，放松。"这是职业催眠师开始催眠时对你说的几句话。但并非所有的人都能被催眠。大约有 5%～20% 的人根本不能被催眠，而有约 15% 的人很容易被催眠，大多数人介于两者之间。一个人被催眠的容易程度与被催眠者的催眠感受性、催眠师的威信和技巧等因素相关。催眠感受性是指一个人被催眠的容易程度，它可以通过一系列暗示以及个人对暗示的反应来测量。表 5 - 5 提到的斯坦福催眠感受性量表（Stanford Hypnotic Susceptibility Scale）是一个经典的催眠测验。

表 5 - 5　斯坦福催眠感受性量表①

暗示的活动（暗示语）	通过标准
1. 姿势改变（你弯下身去!）	不须强迫就自动弯下身去
2. 闭上眼睛（你的眼皮越来越沉重!）	不须强迫就自动闭上眼睛
3. 手向下垂（你的左手垂下去!）	在 10 秒钟内左手垂下至少 15 厘米
4. 手臂定位（你的右臂无法移动!）	在 10 秒钟内右手举不到 3 厘米
5. 手指并拢（你的手指无法分开!）	在 10 秒钟内手指无法张开
6. 手臂僵硬（你的左臂开始僵硬!）	在 10 秒钟内手臂弯曲少于 5 厘米
7. 两手合拢（你的两手相向合拢!）	在 10 秒钟内两手合拢 15 厘米以上
8. 口语抑制（你说不出自己的姓名!）	在 10 秒钟内无法说出自己的姓名
9. 幻觉现象（你眼前有一只苍蝇!）	被试挥手试图将之赶走
10. 眼睛失控（你无法支配你的眼睛!）	在 10 秒钟内睁不开眼睛
11. 醒后暗示（醒后请坐另一把椅子!）	醒后表现出移动的反应
12. 失忆测验（醒后你将忘记一节!）	所能记忆的催眠项目少于三个

① Ernest Ropiequet Hilgard. Hypnotic susceptibility ［M］. New York：Harcalrt，Brace & World，1965.

第六节｜意识实验

一、梦的剥夺实验

【实验目的】睡眠，毫无疑问就会做梦，通过实验，考察梦的剥夺对人的身心的影响。

【实验说明】科学家做了很多剥夺人做梦的实验，即当睡眠者一出现做梦的脑电波时，就立即被唤醒，如此反复进行。结果发现，对梦的剥夺，会导致人体一系列生理异常。如脉搏、血压、体温以及皮肤电压均升高，植物性神经系统机能有所减弱。同时还会引起人心理上一系列不良反应，如紧张、焦虑、易怒、记忆障碍、幻觉、定向障碍等。显然，做梦已成为人体一种正常的必不可少的生理过程。正常的梦境活动，成为保护人体正常生命活动的重要因素之一。日本山梨大学研究人员发现人脑中存在着两类相反的催眠肽，一类催无梦睡眠肽，另一类催有梦睡眠肽，将它施于动物，使其睡眠的有梦期延长，结果实验动物的平均寿命大大延长。我们爱做梦，实在是老天给我们的一种恩赐，即使没有生理上的寿命延长，但我们能同时拥有两个世界，与不做梦的朋友相比，经历了更多。

做梦对人有许多好处，做梦可以锻炼脑的功能。做梦是人脑的一种工作程序，对大脑白天接受的信息进行整理，大脑白天不能处理的信息能在梦境中得到很好的处理，白天苦苦思索而无法解决的难题能在夜晚的梦境中迎刃而解。根据脑电图的测试也发现，人脑在做梦时的活动是相当强烈的，我们能够从做梦时测到快速的、紊乱的脑电波，其强度有时会超过觉醒时的强度。从这一点来看，做梦是锻炼人脑功能的一种自身需要。

二、催眠实验

【实验目的】行动，如同被催眠了一样，通过实验，考察暗示对人的心理与行为的影响。

【实验说明】美国一个心理研究组织曾做过一项实验：安排几个志愿人员，先测量每个人的握力平均是 100 磅，然后将这些人催眠，并暗示他们现在是软弱无力，浑身没劲。

经过这种催眠暗示之后，再重新测量他们的握力，结果发现，他们的平均握力居然只有 60 磅左右了。但是，在同样被催眠的情况下，如果给予他们一种完全相反的暗示，告诉他们每个人都是大力士，强大无比。如此一来，其平均握力竟可达到 140 磅。换句话说，他们的平均握力在瞬间提升了40%。

积极的鼓励或消极的诱导会有如此不同的结果，实在令人震惊。同时，这也说明，一个人对自己的判断和认识，在很大程度上会受他人的左右和影响。我们能否做到：一是排除各种消极信号；二是尽量自己把握自己。

生活中，好为人师却不负责任者比比皆是。听别人的话，能走好路吗？叔本华说：当心！不要让你的脑子变成了他人的跑马场。

想一想 ---▶

1. 人类存在各种不同的意识，请你结合自己的生活实际，谈谈对各种意识的看法。

2. 注意力对人的生活、工作和学习非常重要，请结合注意的品质，分析如何培养注意力。

3. 一些人总是很有兴趣去记住并且解释自己的梦，而其他人则可能对梦很不在意。你对梦是怎么看的？你认为梦和释梦可以促进自我察觉吗？

测一测 ---▶

注意力测验

【指导语】下面的数字每一项中都有一些两两相邻、相加的和等于 10 的成对的数，请集中注意力找出这些数，并在每对的下面画上线。时间为 7 分钟，要尽快做完，不要超时，否则得不到准确成绩。

例：2 9 4 6 1 1 9 3 5 5

A. 24682468369118194455566667777738

B. 19873826455910884234568345679496

C. 98798787682676570198684743289610

D. 32132112312354378239237236324376

E. 76554744466688831345178913141561

F. 64328976375209382457864018258640

G. 20563770895745505533554465505744

H. 83659172375943767766554433221199

I. 91827364558183729108207456789234

J. 27348556472378026775675675645766

K. 63860918764382928765465435432321

L. 97543354682254668574635296645324

M. 40439347368247463647586972837283

N. 90161984632876428487659071151682

O. 83654289661036826754698457342891

P. 48654876983473896474676476473468

Q. 89573869010285378232818171615648

R. 64286497628018365283667788991122

S. 48295163837846752266337744885599

T. 62482746389619848328455918264379

U. 29148756394678831234567898765437

V. 98765432198765431421521621728192

W. 12345678912345671521631746135124

X. 33467382914567349129123198765190

Y. 53982774675370988028382082465934

【评估方法】本测试题共有 143 对和为 10 的邻数。每答漏或答错一对数字记一分。各题得分相加，得到总分。

0~26 分：你集中注意力的能力非常强，在学习中一定以效率高著称。

27~37 分：你善于集中注意力。如果能有意识地经常进行一些这方面的训练，会达到优秀水平的。

38~48 分：你刚刚踏在及格线上，面临两种选择：一是向前走，努力改善自己的注意力；一是向后退，毫不以目前的状况为忧，这样下去，你的注意力将会越来越差，成为制约你学习和工作的严重障碍。

49~143 分：你是个注意力不集中的人，对生活缺乏激情，对周围事物视而不见。

第六章 学习与认知过程

　　约翰到现在还记得多年前与爸爸一同去游泳池学游泳的经历：刚开始下水，约翰很是紧张，把身体绷得紧紧的，生怕被淹到了。爸爸鼓励约翰放松，并教他如何闭气，尽管如此，约翰还是很担心。一个星期后，小约翰有了明显的进步，学会了短暂的闭气，胆子也大了些，套个救生圈能够游出几米远了，约翰心里有点成就感了，这时，爸爸教了小约翰一些游泳的技巧。又过了一个星期，约翰已经不需要救生圈的辅助也能游了，只是动作还是不太规范，换气也不顺，但是约翰知道，离成功已经不远了。再过了一个星期，约翰已经能够像鱼儿一样自由自在地在水中游泳了，约翰很是高兴。

第一节 | 什么是学习

　　以上是约翰学习如何游泳的一段愉快经历。其实，我们生活中充满了学习，我们每一个人都经历过学习。在我们还是几个月大的婴儿的时候，我们便开始学习如何爬行，当我们会爬了，我们便说我们学会了爬。尽管我们无法直接观察学习本身，但我们从自身操作的进步中已经觉察到了。例如当约翰能够像鱼儿一样游泳的时候，应该说他已经进步了很多。而学习甚至在我们实际操作前的观察中就已经开始进行。

　　学习（learning）是由经验产生的相对持久的行为或行为潜能变化。从概念当中，我们知道学习包含以下三个方面。

一、行为或行为潜能的变化

学习是有机体获得新的个体行为经验的过程，通过学习，有机体将出现某些可观察的行为变化，可以完成一些以前无法完成的事情。例如，约翰之前不会游泳，学过之后约翰会游了，说明他的行为发生了变化。如果仅仅是观察而不去做还不是真正意义的"学习"。例如，国标舞在大学生中非常流行，不少大学生都希望能够学会跳国标。假设你也是爱好者之一，但是你仅仅花时间看别人如何跳，而实际上自己看了之后什么都不会，行为没有发生任何改变，我们就不能说你的行为是学习。但是，假设你看了别人怎么跳之后，自己也尝试着模仿别人，尽管你还不会所有动作，但是我们说学习已经发生了，因为你的行为潜能已经发生了变化，当你下次再学时，你会学得更快、更好。

二、相对持久的变化

一旦学会了某种行为，行为或行为潜能的变化就是相对持久的。相对持久不等于永久，例如约翰学会了游泳，但是自从那次学了之后他再也没有去游泳，到现在好多年了也逐渐忘记了游泳的技巧，他的游泳技能已经下滑到了学之前的水平。但是，假设约翰现在再去学，就会轻而易举，因为一些技能由于先前的经验而保存了起来。从这种意义上，我们又可以说变化是永久的。

三、由于经验产生的变化

学习是个体与环境在交互作用过程中产生的，有机体通过经验或体验发生的行为变化才是学习的结果。体验包括吸收信息和做出反应来影响环境。但是，并不是所有个体行为的变化都是学习的结果，有些行为的变化并不是靠经验产生的。例如，疲劳、醉酒引起的某些行为变化，只是一种临时性的变化，因此这些行为的变化不是学习的结果。另外，有些行为需要个体反复地体验才会发生变化，例如国标舞需要反复练习才能学会；而有些行为只要有一次经验就会发生变化，例如一不小心喝了 100℃ 的开水，舌头被烫伤了，以后再也不会去喝 100℃ 的开水了①。

---

① 彭聃龄. 普通心理学［M］. 北京：北京师范大学出版社，2002：456 – 457.

至此，我们已经很好地理解了学习的基本定义。但是，有时候我们心里会有疑问：我们在旁边看着别人如何操作洗衣机之后自己马上学会了如何操作，而有时我们尝试了很多次旋转魔方都失败之后突然在某次成功了，这两种学习有什么不一样吗？心理学家经过不断的研究与总结，认为可以将学习类型划分为以下三种：联结学习（associative learning）、观察学习（observational learning）和认知学习（cognitive learning）。

第二节 ｜ 联结学习

有一次，莉莉去朋友家玩，朋友的宝宝已经有五个月了，很讨人喜欢。看着他的小嘴在吸吮着他自己的大拇指，莉莉就拿了一个小汤匙逗他玩，结果宝宝一见到小嘴就张得大大的，眼睛一直盯着莉莉看，表现出很兴奋的样子。莉莉的朋友告诉她，宝宝以为莉莉要给他吃的，因为那把汤匙是朋友平时用来喂宝宝食物的。可见，宝宝已经把汤匙与食物做了一种联结了。

联结学习（associative learning）是指在两个事件之间建立联结的过程。而条件作用（conditioning）就是学会联结的过程。条件作用包括两种：经典条件作用与操作性条件作用①。

▌一、经典条件作用 ▌

经典条件作用被发现，源于巴甫洛夫的一次意外实验。伊万·巴甫洛夫（Ivan Pavlov，1849—1936）是苏联生理学家、苏联科学院院士。1904 年因消化腺生理学研究的卓越贡献而获得诺贝尔奖。为了研究狗的消化过程，巴甫洛夫设计了一种可以测量和分析分泌液的技术，见图 6 – 1。为了使狗产生分泌液，巴甫洛夫让实验助手把肉末放到狗的嘴巴里。经过多次的重复之后，巴甫洛夫发现了一个意外的现象——当肉末还没有放到狗的嘴巴里时，狗就开始分泌唾液了。后来狗看到助手或者听到助手的脚步声就开始分泌唾液了。进一步的研究发现，任何有规律的先于食物出现的刺激物都能诱发狗分泌唾液。巴甫洛夫由此发现，学习可以来自两个相互联结在一起的刺激。因此，

---

① 彭聃龄. 普通心理学［M］. 北京：北京师范大学出版社，2002：460 – 466.

经典条件作用也被称为巴甫洛夫条件作用。

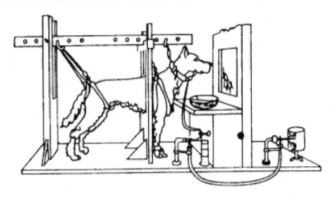

图 6 - 1　巴甫洛夫的实验研究装置

经典条件作用（classical conditioning）的学习过程，就是把一个中性刺激（脚步声）和一个有意义的刺激（肉末）相结合，最终使个体（狗）学会了对原来的中性刺激（脚步声）做出反应（分泌唾液）的过程。经典条件作用的核心是反射性反应。反射是一种无需学习的反应，是由有机体与生物学相关的特定刺激自然诱发的，例如唾液的分泌、瞳孔收缩及眨眼等。任何能够自然诱发反射性行为的刺激，如巴甫洛夫实验中的食物，都叫无条件刺激（unconditioned stimulus，UCS），由无条件刺激诱发的行为，叫无条件反射（unconditioned response，UCR）。与无条件刺激一起呈现的中性刺激，如巴甫洛夫实验中的脚步声，我们称为条件刺激（conditioned stimulus，CS），由条件刺激诱发的行为，称为条件反射（conditioned response，CR）。条件反射与无条件反射往往类似，例如在巴甫洛夫实验中都是分泌唾液①。

（一）习得与消退

经过反复的实验，铃声最终成为条件刺激。而狗在学习铃声与食物之间的联结关系的过程我们就称之为条件反射的习得（acquirement）阶段。在习得阶段，铃声与食物呈现的方式有以下四种：一是延迟条件作用——铃声先出现，并至少持续到食物出现，即条件刺激先出现并持续到无条件刺激出现；二是痕迹条件作用——铃声在食物出现之前就消失了，即条件刺激在无条件刺激出现前就消失了；三是同时性条件作用——铃声与食物同时出现，即条件刺激与无条件刺激同时出现；四是倒摄条件作用——食物先于铃声出现，

---

① 彭聃龄.普通心理学［M］.北京：北京师范大学出版社，2002：460 - 466.

即无条件刺激先于条件刺激出现。那么，以上四种条件作用哪种效果最好呢？心理学家通过研究发现，延迟条件作用效果最明显，痕迹条件作用效果次之，而同时性条件作用及倒摄条件作用效果都比较差。

狗在习得铃声与食物的联结之后，如果当铃声出现后并不出现食物，会发生什么情况呢？研究发现，狗分泌的唾液会越来越少，最终消失。这称之为消退（extinction），即条件反射形成以后，得不到强化，条件反射会逐渐削弱，最终消失①。

（二）泛化与分化

"一朝被蛇咬，十年怕井绳"这个典故，我们中国人几乎都耳熟能详。那么，为什么一个人被蛇咬了之后，连看到井绳都怕了呢？用心理学术语来说就是我们对刺激出现了泛化。一旦对一个特定的条件刺激形成了条件反射后，与条件刺激类似的刺激也能够诱发条件反射，这种现象我们称之为泛化（generalization）。例如，一个小孩不小心被大狗咬了，那么小孩看到小狗也会恐惧，甚至看到有毛的动物例如猫、小兔子等也会恐惧。与泛化相对应的是分化，分化（discrimination）是指有机体只对某些特定的刺激做出反应，例如，通过训练，狗只对三声铃声做出分泌唾液的反应，而对其他一声或二声铃声没有反应。

二、操作性条件作用

小时候，格雷戈里经常去他伯母家玩耍。伯母有个果园，里面种了杨桃、葡萄、柚子及梅子等果树。而每次格雷戈里去了之后，伯母总是会拿出一个漂亮的刻有玫瑰花的玻璃盘洗干净，然后把梅子放在上面端给他吃。久而久之，当格雷戈里看到伯母洗刷玻璃盘时，就会流口水，因为他知道又有梅子吃了。这种现象我们已经明白了是经典条件作用。现在再假设我们都喜欢吃梅子，而刚好山上有一棵野生的梅子树，当我们第一次发现这棵树时肯定会摘一些梅子吃，如果这棵树上的梅子没有水分也没什么味道，估计我们就不会再去摘了，但如果这棵树上的梅子又大又好吃，那么我们采摘梅子的行为就会越来越多，直至把树上的梅子吃光。到这里，我们不应该沉浸在吃梅子的想象中，让我们来思考一个问题：格雷戈里看到玻璃盘时流出了口水与我们吃到好吃的梅子而使采摘梅子的行为变多了，这两种情况一样吗？答案当

---

① 彭聃龄. 普通心理学 [M]. 北京：北京师范大学出版社，2002：460 - 466.

然是否定的。因为前者是我们对环境被动做出的反应，是不随意的；而后者是我们主动做出反应，是随意的、可以控制的。关于后者的研究，我们可以追溯到 19 世纪末 20 世纪初桑代克的饿猫实验。

（一）桑代克的饿猫实验

在巴甫洛夫研究经典条件作用的同时，桑代克（Thorndike）正在研究他设计的迷笼里面饿猫的反应，如图 6 - 2。桑代克把一只饿猫关在迷笼里，迷笼外面放有食物。迷笼里面有个小小的机关，只要碰到这个机关，迷笼的门就会打开，猫就能够获得食物。起初，饥饿的猫为了吃到食物，焦躁地在迷笼里乱转，甚至用爪子拼命地乱抓，但是都没有任何作用。然而，一次偶然的碰撞，触动了机关，门被打开了，猫吃到了食物。当再次把猫放到迷笼里面，猫会重复之前的行为，直至偶然碰到机关再次获得食物。这样的实验重复次数越多，猫触动机关打开门获得食物的时间越少。最后，猫一放到迷笼里面就会触动机关打开门。

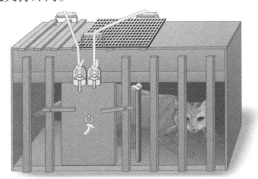

图 6 - 2　桑代克饿猫实验的迷笼

桑代克分析认为，猫是学会了在刺激情境（迷笼的限制）中做出一种能够导向预期结果（取得食物）的适当反应（例如触动机关）。行为的结果是影响学习最关键的因素，如果行为得到了强化，证明尝试是正确的，行为就能保存下来，否则就被放弃，桑代克称之为效果率（law of effect）。简言之，效果率就是指如果结果是积极的，行为就会加强，如果结果是消极的，行为就会减弱。现在你应该明白为什么当我们摘到的梅子又大又好吃时，我们会不断地去摘取了吗？桑代克的理论强调有机体的行为取决于刺激与反应之间的联结，所以也被称为 S - R 理论（Stimulus-Response Theory）。而斯金纳的操作性条件作用理论进一步扩展了桑代克的基本观点①。

---

① 彭聃龄. 普通心理学 [M]. 北京：北京师范大学出版社，2002：460 - 466.

（二）斯金纳的斯金纳箱

20世纪30年代后期，斯金纳（Skinner）改进了桑代克的迷笼，设计了"斯金纳箱"，如图6-3，用来训练及研究各种动物。

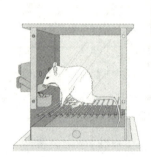

图6-3　斯金纳箱

斯金纳箱是按照所研究动物的大小而制作的箱子。例如，一个典型的用于研究老鼠的斯金纳箱边长大约等于30厘米。墙壁和盖子通常都是由透明的塑料制成，便于观察动物。地板是由一些排列紧密的金属条构成。通常，箱子的一面墙壁是一块装有突出装置的控制板，称为"控制杆"或"控制条"。这个控制板放在合适的高度，以便老鼠能够按下它。同时，装有控制板的墙壁还会设有一个提供食物和水的自动装置，它能够按照既定的程序给所操控的老鼠发放食物或水。例如，只有当老鼠先在箱子里转一圈，然后再按控制板，食物才会从自动装置出来，那么，老鼠为了获取食物就会迅速学会每次按压控制板前先转圈。

老鼠为了获取食物迅速学会每次按压控制板前先转圈，这一行为与经典条件作用是不同的。经典条件作用是由特定的刺激所诱发的，如格雷戈里小时候看到伯母的玻璃盘时不自觉地流口水。而老鼠的行为与之前我们提到的吃到又大又好吃的梅子而使采摘梅子的行为增加的情境是一样的，这种行为不是由刺激诱发的，而是有机体主动发出的。这种类型的学习，斯金纳称之为操作性条件作用（operant conditioning）。

操作性条件作用与经典条件作用的主要差别在于以下两点：第一，在操作性条件作用中，有机体的反应是一种能控制的、随意的行为；而在经典条件作用中，有机体的反应是不随意的。第二，在操作性条件作用中，有机体要通过操作活动，改变环境才能得到强化；而在经典条件作用中，有机体是被动地接受强化。

（三）强化及其方式

在斯金纳箱中，刚开始老鼠当然不会先在箱子里转一圈再按压控制板，它这一行为的习得是人们不断强化的结果。就如格雷戈里小时候头几次看到伯母的玻璃盘时不会流出口水一样。斯金纳认为，对于人类来说，整个世界就像一个巨大的斯金纳箱，人的绝大多数行为都是操作性行为。影响行为巩固或再次出现的关键因素是行为后所得到的结果，即强化。强化（reinforcement）是指通过某一刺激或者事件来增强或增加接下来行为或事件出现的可能性程序。例如，小时候我们考试得了一百分，爸爸就会奖励我们一个玩具，当我们第一次得到玩具后（刺激），我们便更加努力学习（行为），希望下次考试也能够拿一百分。斯金纳将强化分为两种：正强化与负强化。正强化（positive reinforcement）是指当环境中某种刺激增加而行为反应出现的概率也增加，这种刺激就称为正强化。例如，大学生常常会去做兼职（家教或派发宣传单等），做一小时兼职，就能获得50元，那么你的行为就得到了正强化。50元（刺激物）会增加你做同样兼职（行为反应）的频率。负强化（negative reinforcement）是指当环境中某种刺激减少而行为反应出现的概率增加时，这种刺激就称为负强化。例如，旁边工地常常发出一些噪音而使你无法集中精力学习，当施工停止噪音消除后，你专注学习的时间与次数增加了。噪音就是负强化，它的减少增加了你学习的时间与次数。

需要强调的是正强化与负强化中的正负不表示好坏的意思，"正"是表示提供某种刺激的过程，"负"是表示消除某种刺激的过程。表6-1提供了一些例子帮助你进一步区别两者。

表6-1　正强化与负强化

正强化		
行为	所提供的奖励刺激	未来的行为
坚持早读	老师的表扬	参加早读的同学增加
超额完成工作量	老板发奖金	超额完成工作量的次数增加
负强化		
行为	所提供的奖励刺激	未来的行为
坚持早读	老师不再批评班上同学	参加早读的同学增加
超额完成工作量	老板不再扣奖金	超额完成工作量的次数增加

在斯金纳箱中，当老鼠每次在箱子里转一圈再按压控制板都能够获得食物，我们称之为连续强化。在连续强化下，有机体学习得很快，但是一旦停止强化，行为消退得也快。但是假设老鼠在做出正确反应之后并不是每次都能够获得食物，会发生什么情况呢？这种情况称为部分强化。斯金纳研究发现了以下四种不同强化方式。

1. 固定比率强化

固定比率强化是指强化物在有机体做出一定数目的反应后才出现。例如在斯金纳箱中，鸽子只有每啄10次控制板才会出现食物；你在一家手机销售公司工作，每售出50部手机你才会得到一份奖金。固定比率强化在每次强化后会产生一个停顿，反应速率越高，每次强化后的停顿越长。

2. 可变比率强化

可变比率强化是指强化物之间的平均反应次数是预先确定了的。例如，鸽子平均每啄10次控制板会出现一次食物，但是食物的出现可能是鸽子啄第一次后就出现，也可能是在啄20次后才出现。在日常生活中，赌博机赢钱比率也是可变比率。可变比率强化产生的反应速率最高，抗消退能力也最强。

3. 固定间隔强化

固定间隔强化是指强化物在经过一个固定的时间间隔后有机体做出反应后出现。例如，固定时间间隔为10秒钟，就是说鸽子在获得食物后要再过10秒钟，做出反应才会出现食物。同样，假设你有一门课，每周一、周三、周五上课，并在每周五进行一次小测验，这也是固定间隔强化。强化不会依赖你的反应出现，而是在一段时间后才出现。固定间隔强化的反应速率表现为扇形模式。每次强化反应一结束，有机体几乎不再做出反应。随着回报的时间临近，有机体的反应才越来越强。

4. 可变间隔强化

可变间隔强化是指强化物出现的平均时间间隔是确定的。例如，你有一门课，每周一、周三、周五上课，在任何一天内都可能进行测验。老师已经确定了平均每周测两次，但是你不知道进行测验的时间，你可能在一周内有四次测验，而在下一周一次也没有。可变间隔强化产生中等的但却很稳定的反应速率。在一个个案中，强化中止后，鸽子在最初的4个小时里啄食了18000次，反应完全消退经历了168小时①。

---

① 津巴多. 心理学与生活 [M]. 王垒，王甦，等，译. 北京：人民邮电出版社，2003：180－181.

生活中的心理学 ••• ▶

为什么一拿起书就想睡觉①

　　读书本来是人生的一大乐趣，但有些人现在越来越不想读书，认为学习是一件极其令人厌烦的事，还有的虽然想搞好学习，但一拿起书就想睡觉，而只要不看书，干别的事马上就劲头十足，这究竟是为什么呢？

　　从心理学的角度分析，这是一种条件反射所形成的不良习惯。睡眠本来是与看书活动无关的人的本能行为，但由于与无关刺激建立了联系，就形成了相应的条件反射。如人在疲劳情况下，仍然坚持看书学习，当拿起书时，又抵制不住疲劳的侵袭，便想睡觉，但又觉得不学不看不行而勉强支撑，多次反复以后学习与睡觉两种无关的活动就联系起来了，经过不断强化，这种联系逐渐固定下来，以后看书便成了瞌睡的诱发因素，只要拿起书便想睡觉。当然，有些人并不是因疲劳而引起，也可能因对书的内容不感兴趣或对学习的内容反感等形成这种抑制性条件反射。所以，要克服这个毛病，必须消除抑制性条件反射，建立兴奋性条件反射。那么，怎样建立这种反射呢？

　　培养浓厚的学习兴趣是推动前进的原动力。它对于学习主体来说，总是带有快乐和满意的情感体验。人一旦对看书学习产生兴趣，就会自觉积极地投入学习活动，激发学习的动力，从而改变抑制性条件反射。有了兴趣，就会促进兴趣，以此形成良性循环。而良性循环的形成也就是兴奋性条件反射的建立。

　　注意学习方式。为了避免产生抑制性条件反射，学习时要注意方式方法，科学用脑，合理安排学习时间，做到劳逸结合，一般要做到：①疲劳困倦时不要看书。人体机能活动具有一定限度，活动超过限度，大脑皮层就会自动进入抑制状态。这就是所谓的保护性抑制。因此，自己感到疲劳困倦时，就不要勉强支撑看书，尤其是不要"开夜车"看书，以避免形成不良习惯。②饭后不要马上看书。人进食后，消化系统的活动量加大，大脑血液流量相对减少，中枢神经主要控制消化系统，而对其他部位处于抑制状态，如果此时看书，不仅效果差，而且易形成抑制性条件反射。③睡觉前最好不要看书。有些人习惯躺在床上看书，把看书当作催眠，这种习惯最易形成抑制性条件

————————————————

　　①　朱翠英. 现代心理学导论［M］. 长沙：湖南科学技术出版社，2005：89.

反射。④剧烈活动后或情绪过于激动时，不应马上看书。因为大脑皮层神经的兴奋和抑制的相互诱导规律使我们的大脑皮层出现兴奋之后，随之就会产生抑制。如果剧烈活动之后或情绪激动时就看书，就很容易与抑制反应建立联系，并产生抑制性条件反射。

三、观察学习

在斯金纳看来，人类的绝大多数行为都是操作性条件作用下形成的行为。但实际上，在现实生活中，人们的很多行为既不是经典条件作用也不是操作性条件作用下的行为。例如，当你看到班上有同学旷课而被老师扣分时，你便学会了不旷课；当他人考试作弊而受到惩罚时，你便不敢作弊。还记得我们前面举的例子吧：我们在旁边看着别人如何操作洗衣机之后自己马上学会了如何操作。以上行为仅仅是我们在观察了他人的行为被强化后或被惩罚后，才在后来或者做出类似行为，或者抑制该行为。这就是观察学习。观察学习（observational learning）也称作模仿，是个体通过观察或者模仿他人的行为而进行的学习。

观察学习理论是由美国心理学家阿尔波特·班杜拉（Albert Bandura）提出的。他认为，我们的许多复杂行为都是通过观察那些能够有效地处理和解决问题的、有能力的榜样而习得的。通过观察他人，我们获得了知识，掌握了技能、规则、策略，形成了自己的信念和态度。这种观察学习的能力，使我们不必经历反复的尝试直至做出正确反应的冗长过程。我们可以从他人错误的或正确的反应中总结经验。研究已证明，观察学习并非人类所特有。苏鲁门和特纳进行了一项证明动物学习的实验，他们让一只狗（狗 A）听到音乐时给予电击，使狗产生逃避反应，经过 6 次的结合，这条狗形成了音乐与逃避行为的条件反射。而另一只狗（狗 B）仅仅在旁边观察了狗 A 形成条件反射的过程，而没有接受任何的训练，但是狗 B 同样形成了对音乐产生逃避行为的条件反射。

当然，班杜拉并不否认直接经验，即个体直接通过实践获得的经验的作用，但他认为通过观察他人行为的学习才是人类行为的最重要的来源。在某些情况下，个体只需根据观察别人的直接经验的结果，就可以在间接中学到某种行为，这叫替代学习①。例如，在大学校园中有很多学生组织，如文学

---

① 津巴多. 心理学与生活［M］. 王垒，王甦，等，译. 北京：人民邮电出版社，2003：187 - 189.

社、艺术团、羽毛球协会、网球协会等，如果你发现身边有个能力与你差不多的同学通过自己的努力，成功竞选上文学社的社员，你觉得自己也有能力竞选成为该社社员，因此去尝试并成功。

至此，我们已经明白，我们可以通过观察学到很多行为。这其中包括亲社会行为与反社会行为。例如，汶川大地震后，我们通过各处渠道看到来自全国各地的数以万计的志愿者不顾生命安危，夜以继日地坚守在灾区，进行救援工作，使我们的捐赠行为被激发，这就是亲社会行为。同样，人们会从电视、网络上模仿一些不好的行为。例如，自从香港某著名影星被爆出"艳照门"以来，香港不少未成年学生反以此为模仿对象，掀起了一股自拍风气。他们争相模仿，摆出极度不雅的动作，而且洋洋自得地将自拍照片上传到互联网，供人浏览。反社会行为对人们的影响，引起心理学家、社会学家的担忧，政府及有关部门应该加强人们道德观念的教育，加大监管力度，尽力使反社会行为对人们的影响控制在最小范围内。

第三节 | 认知学习

还记得我们小时候玩的魔方吗？在我们尝试了很多次都失败后，我们几乎要放弃了，但思索了一会儿之后突然我们想通了，一下子就成功了。这种行为也是一种学习方式，但它不同于联结学习与观察学习，我们称之为顿悟学习。

一、聪明的猩猩

顿悟学习首先由德国心理学家苛勒（Wolfgang Kohler）提出。他在1913—1917年，在加那利群岛对黑猩猩的行为进行了一系列的观察和研究。为了研究猩猩解决问题的行为，苛勒设计了一个非常有趣的实验：把猩猩放到一个房间里，房间的天花板上挂着一串香蕉，但是它够不着。房间地板上放着几个箱子。刚开始，猩猩企图通过跳跃来取得香蕉，但是没有成功。猩猩开始在房间里来回走动，并观察房间里的情况。一段时间后，猩猩把地上几个箱子搬到香蕉下面堆起来，站在上面，拿到了香蕉，见图6-4。与此类似的实验：猩猩发现了房间外面不能够着的香蕉，为了解决问题，猩猩把小棒子插在大棒子里面，连接起来取得香蕉。苛勒还对猩猩进行了很多实验，并于 1925 年出版了《猩猩的智慧》一书。

苟勒认为，猩猩不是通过行为反应来学习如何拿到香蕉的，而是突然学会了如何解决面临的问题的。他认为用"知觉重组"可以解释这种学习：猩猩突然发现了箱子或棒子与香蕉之间的关系，它在认知结构中将已有的知识经验进行了重组，找到了解决问题的新方法。苟勒把这种学习叫作顿悟学习（insight learning）①。顿悟在艺术创造或研究中，有时显得尤为重要。例如，"数学王子"高斯解决了一个困扰他多年的问题（高斯和符号）之后写信给友人说："最后只是几天以前，成功了（我想说，不是由于我苦苦地探索，而是由于上帝的恩惠），就像是闪电轰击的一刹那，这个谜解开了；我以前的知识，我最后一次尝试的方法以及成功的原因，这三者究竟是如何联系起来的，我自己也未能理出头绪来。"

图 6 - 4　苟勒的黑猩猩实验

二、会认地图的老鼠

如果问你一个问题：从你宿舍到校园门口怎么走？答案肯定不止一个。如果是赶时间，你会选择最近的途径；如果你只是想欣赏校园风光散散步，或许你就会选择较远的却是幽静的小道了。为什么在我们出发之前能够做出正确的选择呢？那是因为我们头脑中存有关于校园环境的认知地图（cognitive map）。认知地图的概念来源于爱德华·托尔曼（Edward C. Tolman）的实

———————————

① 彭聃龄. 普通心理学［M］. 北京：北京师范大学出版社，2002：466 - 467.

验研究。在这项实验中。托尔曼设计了一个简单的迷宫箱，如图6-5，里面有三条通向食物箱的路径。最短的那条（通路1）是从起点处直通食物箱的；第二条（通路2）稍长一些，向左弯了一下然后在中途接入最短的直路；第三条（通路3）最长，向右转了很长的弯，然后才在靠近食物箱的地方接入最短的那条直路。通过训练让老鼠走三条路径，老鼠很快学会了选择最短的那条直路。然后，托尔曼在直路的中途设了一道障碍（同时阻断了通路1和通路2），只有第三条路径才能到达食物箱。按照操作性条件作用，老鼠应该尝试第二条路径受阻后再选择第三条路径，因为第二条路径比第三条路径更能形成强化。但是实际上，老鼠直接就选择了第三条路径。托尔曼因此认为，老鼠学到的并不是一系列的动作，而是迷宫的空间布局，并且能够意识到哪些通道被障碍物挡住了，哪些没有。托尔曼用认知地图来描述老鼠的这种学习行为。

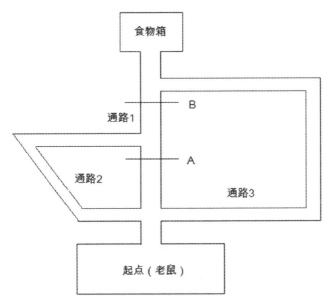

图6-5 托尔曼的迷宫箱

托尔曼还进行了另一项实验研究，来证明强化并不是学习所必需的。托尔曼将老鼠分为三组：甲组不给食物（无食物奖励组），乙组每天给食物（有食物奖励组），甲、乙均为控制组。丙组为实验组，头10天不给食物，第11天才开始给食物奖励。结果显示，甲组逐渐减少错误比乙组要慢，丙组前10天与甲组差不多，但是一旦有了食物，丙组的表现与乙组一样好，甚至比乙组还好。托尔曼把实验组老鼠的行为称为"潜在学习"（latent learning）。

丙组老鼠在没有食物的头 10 天也在学习，只是没有把学习结果表现出来。因此，适当的鼓励或奖励能够激发人们表现学习结果。

不论是苛勒聪明的猩猩还是托尔曼会认地图的老鼠，它们的学习行为其实都有别于经典条件作用和操作性条件作用的学习行为，因为它们的行为涉及更为复杂的认知过程。认知是指知识表征和加工所涉及的心理活动，如思维、记忆、知觉和语言的运用等。因此，我们把这种学习行为称为认知学习（cognitive learning）。

第四节 | 记忆与遗忘

还记得本章开头约翰学游泳的经历吗？如果不记得了，就说明遗忘了；如果还记得，说明它完全或部分地"存储"在你的脑海里。同样，前面刚刚介绍的认知学习中，会认地图的老鼠也是运用了记忆，记住了迷宫箱的线路。记忆（memory）是人脑对外界输入的信息进行编码、存储和提取的过程。对于它的科学研究，始于德国心理学家艾宾浩斯（Hermann Ebbinghaus）1885年的实验研究。

一、艾宾浩斯遗忘曲线

记忆曾被认为是不能用实验研究的高级心理过程，为了客观、可量化地研究记忆，艾宾浩斯首先要找到适合研究记忆的记忆材料。他认为，如果用散文或诗词作为记忆材料，实验过程会受到污染，因为每个人的文化背景和知识经验不同，而且被试容易把意义或联想与词形成联系，影响实验结果。因此，他在实验中使用了无意义音节。无意义音节是由两个辅音加一个元音构成，如 ceg, dax 或 bok 等。无意义音节不代表任何意思，也不容易形成联想。艾宾浩斯以自己为被试，采用死记硬背的学习方法，通过机械复述来识记。例如，他把 13 个无意义音节按照一定顺序排列，通过不断重复的学习来记忆，直到他能按正确的顺序背诵出所有无意义音节。过一段时间（可能是十几分钟、几十分钟、几小时、几天甚至一个月），他再重复学习刚才的无意义音节，直至完全能够背诵。与第一次比较所学的遍数，就能计算记忆的保存量。例如，第一次学习用了 12 遍，而一段时间之后重学用了 9 遍，那么在那段过去的时间里的保存成绩为 25%（12 遍 － 9 遍 ＝ 3 遍，3 遍 ÷ 12 遍 ＝

25%）。相反，同时期的遗忘量为 75%①。

艾宾浩斯通过此种方法，发现了遗忘曲线（the curve of forgetting），揭示出遗忘的规律是先快后慢，在学习后的半小时内就会忘掉近一半，一个星期后保存量仅为百分之三十左右，之后遗忘速度缓慢，一个月的保存量与一个星期的保存量相当，见图 6 - 6。

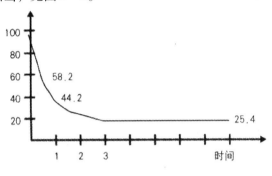

图 6 - 6　艾宾浩斯遗忘曲线

二、记忆的过程

记忆是人脑对外界输入的信息进行编码、存储和提取的过程。从概念中我们可以知道，记忆包含三种心理过程的操作。

编码（encoding）是指信息的最初加工，从而导致记忆中的表征。存储（storage）是指被编码的材料随时间的保持。提取（retrieval）是指被存储的信息在随后某一时间的恢复。

编码要求你对外界的信息形成心理表征。那么，什么是心理表征呢？这里可以举个游戏来说明。还记得"我来比划你来猜"的游戏吧。现在假设你是做比划的那个人，如果所猜的内容为洗衣机，你想想你会怎样比划清楚告诉你的伙伴呢？你可能会描述洗衣机的特征，或者比划它的功能，或者假装正在使用它。在每种情况下，这些都是原始物体的表征。心理表征也类似，它保存了过去经验最重要的特征，使你能够再现出来。如果信息被编码，就能够存储一段时间。还记得你拿到大学录取通知书的情景吧？还记得你收到的第一份生日礼物吧？这些内容都是经过编码之后存储在你的大脑中的。而提取就是在你需要用到的时候，能够从记忆中再现出来。

——————————

① 津巴多. 心理学与生活 [M]. 王垒，王甦，等，译. 北京：人民邮电出版社，2003：195 - 196.

三、记忆的种类

为什么有些事情我们能记住很久，而有的事情却很快就忘记了呢？按照信息被保持时间的不同，我们可以将记忆分为不同的种类。

（一）感觉记忆

感觉记忆（sensory memory）也叫感觉登记，是指当刺激停止之后，信息在感觉中会有一个短暂的停留，大约为 0.25 ~ 2s。由于保持的时间很短，又叫瞬时记忆。电影其实就是一幅幅静止的画面，但是由于感觉记忆的存在，所以人们就感觉看到的是连续不断地运动的图像。斯佩林（Sperling，1960）用实验证实了感觉记忆的存在。他在屏幕上快速呈现 3 行 3 列共 9 个字母的材料，如图 6 - 7 所示，呈现时间约为二十分之一秒。随即要求被试用全部报告法回忆这 9 个字母，结果发现被试只能报告 4 ~ 5 个字母。斯佩林认为，被试并非没有记住当初呈现的 9 个字母，只是保持时间极短，被试在进行报告时很快就忘掉了。斯佩林对实验进行了改进，如表 6 - 2，用相同的时间呈现相同的材料，但在视觉呈现终止后，向被试随机发出三种音调之一：高音回忆上排字母，中音回忆中排字母，低音回忆下排字母。结果被试能够准确回忆任何一行中的字母①。

图 6 - 7　Sperling 感觉记忆实验用卡片

表 6 - 2　Sperling 感觉记忆实验程序

9 个字母材料	字母呈现后呈现 3 种音调中的一种	被试根据音调信号报告字母
C F X	高音调	第一行
P L A	中音调	第二行
N T S	低音调	第三行

---

① 王甦，汪安圣. 认知心理学［M］. 北京：北京大学出版社，2005：113 - 115.

（二）短时记忆

在感觉记忆中登记的材料，如果没有受到注意，很快就消失了，如果受到注意，就会转入短时记忆。短时记忆（short-term memory）是一种容量十分有限的记忆系统，信息往往最多保留 30 秒。例如，我们常常会碰到这种情况：给某个人打电话，拨打了刚刚查询的号码发现电话无人接听，隔段时间再打时还得再查一遍号码。

短时记忆的容量我们称之为记忆广度（memory span），是指某种材料在一次呈现后，被试能正确地复述出多少。米勒（Miller，1956）关于短时记忆容量的研究指出，在个体没有使用外部手段的情况下，人们能保持的信息量是有限的，这个限度在 7±2 个项目范围内。这种 7±2 现象的最大限度被称为记忆广度。例如，让我们记忆下面一排字母 L H V R F Z D T C O B Y X，一般来说，我们只能记住 5～9 个。要提高记忆广度，就要运用组块记忆方法。组块（chunking）是指在编码过程中，将几种水平的代码归并成一个高水平、单一代码的编码过程。以这种方式形成的信息单位叫作组块（chunk）。利用组块记忆方法能够更好地组织管理及记忆更多的信息①。例如，看下面一列单词：cat，memory，computer，book，family 和 school，你只要稍微用心一点就能记住所有单词，同时也就记住了 33 个字母。因为这 33 个字母按照一定的顺序组成了 6 个块。再来看看下面的例子，请你用心记住这一列字母，然后再默写出来：CROU CHIN GTIG ERHI DDEND RAGON。是不是觉得很困难呢？但是，如果你把这些字母组成组块，那就容易多了：CROUCHING TIGER HIDDEN DRAGON（电影名《卧虎藏龙》）。提高短时记忆的另一种方式就是复述（rehearsal）。还记得艾宾浩斯遗忘曲线吧，在我们学习完后，大部分信息马上就会被遗忘，而复述可以有效阻止这种情况，甚至可以转入长时记忆。

（三）长时记忆

长时记忆（long-term memory）是一种保持时间相对持久的记忆类型。它的信息主要来自短时记忆阶段加以复述的内容，也有由于印象深刻一次形成的。长时记忆的容量似乎是无限的，它的信息是以有组织的状态被贮存起来的。有词语和表象两种信息组织方式，即言语编码和表象编码。言语编码是

---

① 叶奕乾，何存道，梁宁建. 普通心理学［M］. 上海：华东师范大学出版社，2000：240－243.

通过词来加工信息，按意义、语法关系、系统分类等方法把言语材料组成组块，以帮助记忆。表象编码是利用视觉形象、声音、味觉和触觉形象组织材料，帮助记忆①。

从信息加工心理学的观点看，感觉记忆、短时记忆和长时记忆是不同的信息贮存系统，有各自的信息加工的特点，但它们又是相互联系的，在时间上是统一过程的三个不同阶段。谢夫林和阿特金森提出的三种记忆系统的信息加工模式揭示了三种记忆的内在联系②，如图6-8。

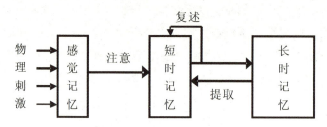

图6-8 记忆三个阶段模式图

记忆类型除了按照记忆的时间长短分为以上三种外，还有以下几种分类：情景记忆和语义记忆，程序性记忆和陈述性记忆，外显记忆和内隐记忆。下面做简要介绍。情景记忆（episodic memory）是指人们根据时空关系对某个事件的记忆。例如，回忆参加军训时的情景。语义记忆（semantic memory）是指人们对一般知识和规律的记忆，与特殊的地点、时间无关③。例如，对"电脑"的词义的记忆。程序性记忆（procedural memory）是指如何做事情的记忆，包括对知觉技能、认知技能和运动技能的记忆。例如，一旦你学会了打羽毛球，你就记住了发球、吊球等技能。陈述性记忆（declarative）是指对有关事实和事件的记忆④。例如，你还不会打羽毛球时先看书籍，记住了某些动作要领。外显记忆（explicit memory）是指在意识的控制下，过去经验对当前作业产生的有意识的影响。内隐记忆（implicit memory）是指在个体无法意识的情况下，过去经验对当前作业产生的无意识的影响⑤。内隐记忆是心理学家对遗忘症患者进行记忆测验时发现的。在实验中，研究者发现遗忘症

① 王甦，汪安圣. 认知心理学 [M]. 北京：北京大学出版社，2005：170-174.
② 王甦，汪安圣. 认知心理学 [M]. 北京：北京大学出版社，2005：170-174.
③ 王甦，汪安圣. 认知心理学 [M]. 北京：北京大学出版社，2005：171-173.
④ 津巴多. 心理学与生活 [M]. 王垒，王甦，等，译. 北京：人民邮电出版社，2003：194-195.
⑤ 彭聃龄. 普通心理学 [M]. 北京：北京师范大学出版社，2002：235-238.

患者在自由回忆和再认任务的成绩明显要差于正常人，但在补笔任务和词干补笔任务（即让遗忘症患者与正常人同时学习单词如 Table、Garden 等，过段时间让他们都完成补笔任务，如 Tab ＿ ＿，Gar＿ ＿ ＿ 等）的成绩与正常人没有差别。于是，心理学家推测有一种新的记忆形式——内隐记忆，遗忘症患者只是在通常的外显记忆上有缺陷，而他们的内隐记忆并没有损伤。

四、遗忘

艾宾浩斯首先发现了遗忘规律，但是什么原因导致我们遗忘呢？

（一）衰退说

艾宾浩斯的遗忘曲线说明了遗忘与时间有关，衰退说认为遗忘是记忆痕迹随着时间的推移而逐渐消退的结果[①]。这非常合乎我们的常识。例如，我们相信 2008 年北京奥运会开幕式给很多人特别是中国人留下了深刻的印象，但是，现在如果让我们再来复述一下奥运会开幕式的具体情形，我相信，绝大多数人已经很难完整叙述了。因为随着时间的流逝，我们的记忆在慢慢地消退。但是，衰退说很难用实验证实，因为在一段时间内保持量的下降，可能受到了干扰，而不仅仅是痕迹衰退的结果。

（二）干扰说

干扰说认为，遗忘是由于在学习和回忆之间受到其他刺激的干扰。一旦排除干扰，记忆就能够恢复。詹金斯和达兰巴赫 1924 年曾经做过一个证明干扰导致遗忘的实验研究：将被试分为两组，甲组在学习完材料后睡眠，乙组在学习完材料后继续做其他工作。结果发现，乙组回忆的成绩要明显差于甲组回忆的成绩，这证明了其他工作干扰了对原先学习材料的回忆[②]。詹金斯和达兰巴赫的实验证明了干扰对遗忘的影响，这种干扰我们称之为后摄干扰。后摄干扰（retroactive interference）是指后学的材料干扰了先学的材料。相反，先学的材料干扰了后学的材料，称之为前摄干扰（proactive interfer-ence）。安德伍德（Underwood，1949）通过实验证实了前摄干扰的存在：将被试分为两组，第一组被试在学习前进行了大量的类似学习和练习，第二组被试没有进行这种练习。结果显示，第一组被试只记住了字表的 25％，而第

---

① 彭聃龄．普通心理学［M］．北京：北京师范大学出版社，2002：233 – 234.
② 彭聃龄．普通心理学［M］．北京：北京师范大学出版社，2002：233 – 234.

二组记住了 70%。这说明前面的学习，干扰了后面材料的学习①。

（三）提取失败说

在日常生活中，你有时会碰到这种尴尬的情景：某一天你在路上碰到了一个你以前认识的人，而且知道他/她叫什么名字，但是当你走过去跟他/她打招呼时，你却怎么也想不起来他/她叫什么名字，但是你确信自己还记得他/她的名字，事后你确实毫不费力地想起了他/她叫什么名字。这种现象我们称之为"舌尖现象"（tip-of-the-tongue phenomenon）。研究者认为，舌尖现象其实就是信息提取失败的结果，想提取信息却无法提取全部信息。可见提取失败也是遗忘的原因。为什么会发生信息提取失败呢？研究者认为，是因为我们没有找到适当的提取线索（retrieval cue），一旦找到了适当的提取线索，所要的信息就能够被提取出来②。打个比方，图书馆里藏有万卷书，你想寻找《心理学与生活》，假设这本书没有索取号，那么你就失去了寻找这本书的线索，也就很难找到这本书；如果这本书有索取号，那么你很快就可以找到这本书。信息提取成功与否与此类似。

（四）目的性遗忘说

对于有些人来说，有些经历是不愿意被记住的。人们故意忘记某件事，我们叫目的性遗忘，也称作压抑说③。这种类型的遗忘往往是情绪性创伤的结果，一般发生在那些遭受过不幸经历的人身上，例如四川汶川大地震后的部分幸存者就不愿再次谈及、甚至不愿再想起地震时的情景。弗洛伊德首先在临床实践中发现此现象，他在给精神病患者进行催眠时发现，许多人能回忆起早年生活中的许多事情，而这些事情在平时是回忆不起来的。弗洛伊德认为，这些经验之所以不能被回忆起来，是因为回忆他们时，会使人产生痛苦、不愉快等情绪，于是人们就把这些不愉快的记忆压抑在无意识中。

第五节 | 思维与问题解决

思维（thinking）是借助语言、表象或动作实现的、对客观事物的概括和

---

① 彭聃龄. 普通心理学 [M]. 北京：北京师范大学出版社，2002：233–234.

② 彭聃龄. 普通心理学 [M]. 北京：北京师范大学出版社，2002：233–234.

③ 彭聃龄. 普通心理学 [M]. 北京：北京师范大学出版社，2002：233–234.

间接的认识。它能揭示事物的本质特征和内部联系，并主要表现在概念形成和问题解决的活动中。当我们选择如何到达校园门口的时候，我们有思维；当我们维修电脑时，我们有思维；甚至在我们陷入遐想时，我们也有思维。思维不同于感觉、知觉和记忆，但又是在感觉、知觉和记忆的基础上发展起来的。思维是一种更复杂、更高级的认知活动。在认知心理学中，人的大脑被比喻成电脑，思维则被理解为程序的运行过程，包括形成概念、推理及解决问题等。

一、概念形成

概念是人脑反映事物本质的一种思维形式，是思维的最基本的单位。我们所从事的任何类型的思维，都是由概念支持的。概念（concepts）是用来对物体、事件和特性进行分组的心理类别。我们知道，麻雀与海鸥在大小及外观上是不一样的，但我们都称之为鸟；小草与树木大小差异悬殊，但它们都是植物。我们是怎样认识它们的呢？因为我们能够认识客观事物的本质特征，我们具备根据它们的共同特征进行分类的能力。例如，麻雀与海鸥都有羽毛，会飞，无齿有喙，因此我们判断它们都属于鸟。

每一个概念都包含内涵与外延两方面。内涵是指概念的质，即概念所反映的事物的本质特征。外延是指概念的量，即概念的范围。例如，"脊椎动物"这个概念的内涵是有生命和有脊椎的动物，它的外延包括一切有脊椎的动物，如鸟、鱼、蛇等。而"鸟"这个概念的内涵除了有生命和脊椎外，还有有羽毛、无齿有喙等特征，它的外延只是一切鸟类①。

概念对于我们认识世界很重要。如果没有概念，那么世界上的每个事物对我们来说都是独特的。概念使我们将经验与物体联系起来。羽毛球、足球、篮球都是运动。概念能够提高记忆效率，例如我们知道什么叫汽车，而不用每隔一段时间再学习它的定义。概念还帮我们提供了如何对待特定物体或经验反应的线索。例如，看到苹果或西瓜，我们依据水果的概念，知道它们是可以吃的。

二、推理

推理（reasoning）是从一个或几个已知的判断出发推出另一个新判断的

---

① 彭聃龄. 普通心理学 [M]. 北京：北京师范大学出版社，2002：255–256.

思维形式。在推理中，我们把由其出发进行推理的已知判断叫作前提，把由已知判断所推出的判断叫作结论。推理主要有演绎推理（deductive reasoning）和归纳推理（inductive reasoning）两种。

演绎推理是从一般性知识的前提到特殊性知识的结论的推理①。例如，前提"所有有发动机的东西都需要汽油"和"汽车都有发动机"我们可以得出以下结论：汽车需要汽油。演绎推理的前提反映的是一般性知识、蕴含着结论的知识，因而其结论所断定的知识范围不会超出前提所断定的知识范围。

归纳推理则与演绎推理相反，是从特殊性知识的前提到一般性知识的结论的推理②。例如，直角三角形内角和是 180 度；锐角三角形内角和是 180 度；钝角三角形内角和是 180 度；直角三角形、锐角三角形和钝角三角形是全部的三角形。所以，一切三角形内角和都是 180 度。归纳推理的前提是其结论的必要条件。首先，归纳推理的前提必须是真实的，否则，归纳就失去了意义。归纳推理的前提是真实的，但结论却未必真实。例如，根据某天有一只兔子撞到树上死了，推出每天都会有兔子撞到树上死掉，这一结论就是假的。

▌三、问题解决▐

我们在日常生活中会经常解决一些问题，尽管我们解决的问题不会像司马光砸缸一样流传千古。例如，你看中了一部山地自行车，但手上却没有足够的钱。那么，你可能跟父母谈谈你的想法，希望他们能够赞助；你也可能直接跟朋友借；或者你会去做兼职，等到挣到了足够的钱之后再买。这种情况就属于问题解决。

问题解决就是当遇到一个不容易达到的目标时，试图寻找合适的方法来达到这个目标。从司马光砸缸的故事我们可以知道，一个问题一般包含以下三个方面：一是问题的初始状态（小孩掉进水缸，很危险）——遇到了困难或者对现实情况不满足；二是问题的目标状态（解救该小孩）——克服困难或者使情况能够满足你的需要；三是中间操作状态（用石头砸碎水缸）——从初始状态到目标状态所采取的措施。在我们解决问题前，一定要明确问题的三个方面，因为现实中存在大量复杂的问题，如果没有确定问题的三个方

① 张积家. 普通心理学 ［M］. 广州：广东高等教育出版社，2004：366－367.
② 张积家. 普通心理学 ［M］. 广州：广东高等教育出版社，2004：366－367.

面，在解决问题时将会困难重重。

四、问题解决的方法

当明确了问题的三个方面后，我们就会根据初始状态和目标状态来寻找解决问题的途径或策略。还记得我们小时候学过的《乌鸦喝水》的课文吧，这个故事跟我们前面讲到的认知学习中聪明的猩猩吃香蕉的实验是一样的。因此，我们把这种解决问题的策略称为顿悟（insight）。在现实生活中，如果我们遇到问题时每次都有灵感，都能顿悟，当然是一件妙不可言的事。但是，很多时候我们得艰辛地付出。例如，假设你有重要文件锁在保险箱，但很不幸的是你遗忘了密码，而且只有你一个人知道密码，不幸中的大幸是你记得密码是由 1 2 5 6 8 9 六个数字组成。那么，你只要有足够的耐心把这六个数字所有的组合顺序都尝试一次，总是能打开保险箱的。这种方法我们叫算法。算法（algorithm）是随机搜索所有可能的解决问题的方法，直至找到一种有效的方法解决问题①。当然，并不是所有问题都能够采用算法解决的，这时候我们就需要采用启发法。启发法（heuristic method）是人们根据一定的经验，在问题空间内进行较少的搜索，以达到问题解决的一种方法。启发法不能完全保证问题一定能解决，但用这种方法解决问题较省时省力。常用的启发法有以下两种：

（一）手段目的分析

手段目的分析（means-end analysis）是人认识到问题解决的目标与自己当前的状态之间存在着差别，于是分析，想出某种活动来缩小这种差异，从而达到目标的方法②。例如一名法学专业的学生，他的理想是要做一名律师。那么，目标状态对他来说还有一段距离，他应该先取得学位顺利毕业，然后再考取律师从业资格证，最后才能做一名律师。河内塔问题的解决也是采用手段目的分析的。如图 6-9，左侧的图形，在一块板上有 3 根柱子，在柱子 1 上有自上而下直径逐渐增大的三个圆盘 A、B、C。现要求被试将圆盘移到柱子 3 下，且保持圆盘原来旋转的顺序（如图 6-9 右侧的图形）。移动的规则是每次只能移动一个圆盘，并且大圆盘不能放在小圆盘上。请思考一下如何解决这个问题。

---

① 张积家. 普通心理学 ［M］. 广州：广东高等教育出版社，2004：375-377.
② 张积家. 普通心理学 ［M］. 广州：广东高等教育出版社，2004：375-377.

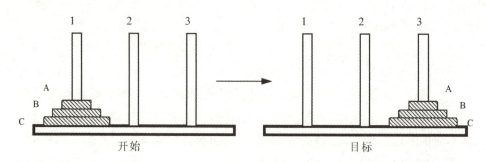

图6-9 河内塔问题

（二）逆向搜索

逆向搜索（backward search）是指从问题的目标状态开始搜索直至找到通往初始状态的方法①。

五、影响问题解决的因素

为什么碰到问题时，有时候自己很快就可以解决，有时很困难？为什么碰到相同问题时，有时别人很快就可以解决，而自己却很困难？心理学家告诉我们，问题的解决既依赖于客观事物本身的特点，也与我们解决问题时的思维方式有关。下面让我们一起来动动脑筋。如图6-10，请你用笔将图中的9个点用不多于四条的直线一笔连在一起。请注意题目的要求：不多于四条、直线及一笔。是不是觉得很难呢？其实，不用担心你的智商问题，绝大多数人都是不能够一下子想到解决方法的，因为实际上是该图的表征方式（characterization）阻碍了我们解决该问题：9个点在知觉上组成了方形，从而限制了我们的笔画出方形的边界。

图6-10 9点连线

① 彭聃龄. 普通心理学［M］. 北京：北京师范大学出版社，2002：268-270.

我们再来解决这个问题，见表 6 - 3，请用三个量筒（量筒 A、量筒 B 与量筒 C），量出 D 的体积，看谁能够又快又准确地完成这 8 道题。这个问题，有人曾多次在课堂上测验过，结果发现绝大多数同学都采用 B - A - 2C 的方法解决所有题目，我们称之为间接法，只有少部分同学在解决 7、8 题时，采用了简便的方法：A - C 或 A + C，称为直接法。这个问题其实是卢钦斯（Luchins）在 1942 年做的一个实验。为什么呢？因为大多数人会受到心理定势的影响。定势（set）是指人们按习惯的、比较固定的思路去考虑问题、分析问题和解决问题的思维方式[1]。例如有些年纪较大的学者，仍然喜欢用纸笔来写文章而不是用电脑，这也是心理定势的一种表现。如果有兴趣的话，再思考下面这个问题，注意要突破思维的定势：在一个荒无人迹的河边停着一只小船，小船只能容纳一个人。两个人同时来到河边，两个人都乘这只船过了河。你知道他们是怎样过河的吗？

表 6 - 3　量筒容量及要求量出的容量

序 列	量 筒 的 容 量			要求量出的容量
	A	B	C	D
1	21	127	3	100
2	14	163	25	99
3	18	43	10	5
4	9	42	6	21
5	20	59	4	31
6	23	49	3	20
7	15	39	3	18
8	28	59	3	25

在日常生活中，我们习惯了认为碗是用来盛饭吃的，鞋子是用来穿的，砖头是用来建房的。但是，其实碗还可以用来做乐器，鞋子可以用来捶打钉子，而砖头磨成粉也可以用来做颜料。心理学家杜克认为，一个人看到物品有一种惯常的用途后，就很难看出它的其他新的用途。如果初次看到的物品的用途越重要，也就越难看出它的其他用途。我们把某种功能赋予某种物体的倾向称为功能固着（functional fixation）[2]。功能固着常常影响我们解决问题。

---

[1]　彭聃龄. 普通心理学 [M]. 北京：北京师范大学出版社，2002：274 - 277.
[2]　张积家. 普通心理学 [M]. 广州：广东高等教育出版社，2004：378 - 384.

图 6 - 10 问题参考答案:

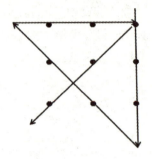

第六节 | 认知实验

一、人工概念的形成

【实验目的】通过人工概念的实验研究,证明假设检验模型。

【实验说明】实验程序是:实验者先规定一人工概念(如红色圆形),但不告诉被试。要求被试通过实验过程来发现这个概念。主试先出示一张肯定事例的牌给被试看,并告之这是肯定事例。被试可根据自己的猜测,从所给的牌中自由地选择属于这个概念的其他牌,一次选一张,或者主试每次出示一张牌,让被试判断。被试做出反应后,主试给予反馈。然后根据反馈继续猜测,直到形成概念。

杰罗姆·布鲁纳(Jerome Seymour Bruner)等人的实验研究中使用的实验材料如图 6 - 11 所示。

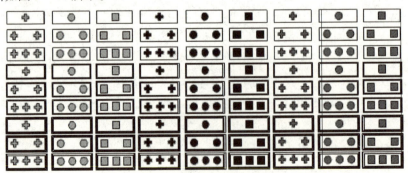

图 6 - 11　人工概念的形成

二、逆向工作法解决问题

【实验目的】使用逆向工作法解决数学问题。

【实验说明】逆向工作法也叫目标递归策略。这种策略是从目标状态出发，按照子目标组成的逻辑顺序逐级向初始状态递归。一般说来比较复杂的问题，运用逆向工作法更为有效。如小学数学四则运算题：工程队原计划 25 天挖 5400 米的沟，实际每天比原计划多挖 54 米，那么，工程队比原计划提前多少天完成？解决过程如图 6 – 12 所示。

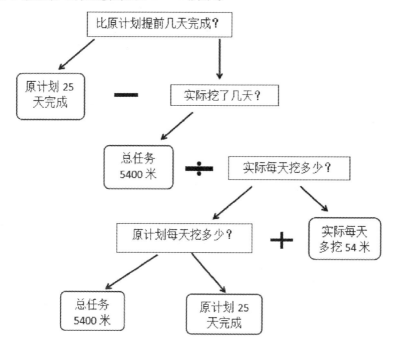

图 6 – 12　逆向工作法解决问题

想一想 --

1. 经典条件作用与操作条件作用有什么不同？

2. 在日常生活中，我们为什么会忘记一些事情？联系自身情况，简述如何提高记忆力。

3. 请举例并说明遇到问题时，你通常是如何解决的？

测一测 ① -- ▶

1. 找出以下两种情境中的无条件刺激、无条件反射、条件刺激和条件反射。

（1）5岁的萨曼塔正在从窗户往外看暴风雨。一道巨大的闪电划过之后，响起一声霹雳。听到这声巨响，萨曼塔一下子就跳了起来。这种情形发生了好几次。短暂的平静之后又划过另一道闪电，萨曼塔的反应是立即惊跳了起来。

（2）格雷戈里每次吃含有柠檬的东西时嘴里都流出酸水。一天，当他看到一则展示一大杯柠檬汽水的广告时，格雷戈里注意到自己的嘴里在流出酸水。

2. 在许多学习理论家看来，中性刺激和无条件刺激相结合并不足以产生学习；中性刺激必须作为＿＿＿＿＿＿无条件刺激。

答案：

1.（1）无条件刺激 = 雷鸣；无条件反射 = 由于声音而跳起；
    条件刺激 = 看到闪电；条件反射 = 由于闪电而跳起。

（2）无条件刺激 = 吃到柠檬；无条件反射 = 由于吃到柠檬而分泌唾液；
    条件刺激 = 一杯柠檬汽水的图片；条件反射 = 由图片而分泌唾液。

2. 信号或预示

---

① ［美］卡萝尔·韦德，卡萝尔·塔佛瑞斯. 心理学的邀请［M］. 白学军，等，译. 北京：北京大学出版社，2006：369.

第七章　行为与心理动力

美国记者斯蒂芬斯在她 1994 年出版的《站在世界之巅》一书中描述了自己深深迷恋珠穆朗玛峰的浪漫传说，怀着不达绝顶不罢休的强大意愿，冒着手指冻伤甚至可能付出生命的威胁，克服重重困难，最终登顶的传奇经历。

如果你是斯蒂芬斯，你能如此执著地追求这样一个目标吗？你会为了登上顶峰而不顾手指冻伤甚至冒着牺牲生命的风险吗？多年以来，为什么世界各国的冒险家们不断去征服珠穆朗玛峰呢？在我们的现实生活中，为什么有的人选择高空跳伞或攀岩登山，而有些人则寻求安全、保险？为什么我们中的一些人不断追求成功，而另一些人则努力避免失败？本章中，我们将用动机因素来解释行为背后的原因，探讨需要与动机、行为、意志行动以及情绪的关系，理解行为的本质及情绪调控的一般观点。

第一节 | 需要

一、什么是需要

需要（need）是有机体内部的一种不平衡状态，表现为有机体对内部环境或外部生活条件的一种稳定的渴求或愿望，并成为有机体活动的源泉。例如，孩子渴望拥有一辆新的自行车，为了实现这个愿望他按照父母的要求努力学习。

需要是由个体对某种客观事物的愿望引起的，因而总是指向能够满足这种愿望的客体或事件。由于人的主观愿望多种多样，因而人的需要也是多种多样的。不同的个体之间可能有相同的需要，也有不同的需要；同一个体在不同的时期需要也不一样。在现实生活中，由于主客观条件的限制，并非所有的需要都能够得到满足。

人的各种需要就是达到某个目标或愿望，在这个目标或愿望的驱使下内心产生动力才会有各种行为（活动），这种行为的内在动力即我们后面要阐述的动机。可见，需要是动机产生的基础，是个体行为动力的源泉。

人和动物都有多种需要，但人的需要和动物的需要有着本质的区别。人的需要往往是自然性和社会性的结合，并由人的社会性决定的，而动物的需要只是出于生物的本能，只具有自然性。例如，狮子在饥饿时进攻猎物是出于本能需要，而人可以忍受饥饿全力以赴地去做其他的事情。

二、需要的种类

人的需要多种多样，按起源可分为生理性需要和社会性需要，按指向对象可分为物质需要和精神需要。

（一）生理性需要与社会性需要

生理性需要主要指维持个体生命机制和生存的各种需要，包括进食、喝水、呼吸空气、睡眠、运动、休息、排泄、性的需要、避开危险等。这些需要主要由机体内部某些生理的不平衡状态引起，对个体生命的维持和物种延续都有重要意义，属于最基本的需要。例如，当极度饥饿或干渴时，如果再长时间不进食或不饮水，人体就会出现生理机能紊乱甚至导致人的死亡。

社会性需要主要指人在一定社会、经济、文化背景中成长和生活发展起来的各种需要。它是人类所特有的、后天发展起来的需要，主要包括劳动的需要、交往的需要、求知的需要、成就的需要、创造的需要、爱和归属的需要、自我实现的需要等。这些需要反映了人类的社会性要求，对维系社会生活、推动社会进步有重要的作用。

人的生理性需要会受到社会性需要的调节。例如，人在饥饿时是否进食，不仅要受到机体发出的饥饿信号的支配，还要考虑各种社会习俗和礼仪是否可行。通常，在宾朋满座的宴会上，一个人即使饥肠辘辘，也不会狼吞虎咽地进食。

（二）物质需要与精神需要

物质需要指社会的物质产品，并以占有这些产品获得满足。如对金钱的需要，对日常生活必需品的需要，对住房和交通条件的需要，对阳光、空气的需要等。物质需要是人类生存和发展的基础，没有了物质需要，人的精神需要就无从谈起，这也就是为什么对于一个极度饥饿的人来说，让他先进食比博览群书对他而言更能让他得到满足。

精神需要指对社会的非物质产品的需要，如人在阅读、欣赏音乐会、绘画过程中获得精神上的愉悦感等。精神需要是人类特有的需要，它的满足对维持一个人良好的精神状态意义深远，而一个人的精神状态的好坏往往会影响他的一生。目前很多励志书籍及电影都鼓励人们要用积极的心态，乐观应对生活，追求自己心中的目标，通过满足人的精神需要来塑造个体良好的精神面貌。

物质需要与精神需要是密切相关的，人们在追求美好的物质产品时，同样表现了某种精神的需要，如人们在追求整洁的房间、漂亮的服饰、高档的音响设备等物质产品时，也表现了人们对整洁、希望给人留下好印象、获得美的享受等精神需要。而精神需要的满足又离不开一定的物质产品，例如人们要满足阅读的精神需要，就不能没有报纸、书籍等物质产品，满足艺术欣赏的精神需要，就不能没有乐器、表演场地和演出服饰等。随着社会的进步和发展，物质需要和精神需要的内容和方式日趋多元化和复杂化，变得更为广泛和丰富。

（三）需要层次理论

当生理上的需求和后天习得的社会需求发生冲突时，你会做何种选择？人的需要结构如何？人本主义心理学家马斯洛（Maslow，1968）的需要层次理论对此进行了解答。他按照需要的重要程度将人的基本需要分为生理的需要、安全的需要、爱和归属的需要、尊重的需要、自我实现的需要五个层次，由低级到高级可以排成梯式的等级（层次），越往上，需要的紧迫性越低，但需要更为高级。

　1. 生理的需要

生理需要是人类的第一层次需要，指能满足个体生存所必需的一切需要，它在人的所有需要中是最重要、最有力量的。生理的需要包括对食物、水、空气、衣服、住房、性等的需要。这类需求的级别最低，人们在转向较高层次的需求之前，总是尽力满足这类需求。一个人在极度饥饿时不会对其他任何事物感兴趣，他的主要动力是寻到食物。即使在今天，在许多贫困国家或地区，还有许多人这些基本的生理需求无法得到满足。

🌓 2. 安全的需要

安全需要是人类的第二层次需要，指能满足个体免于身体与心理危害恐惧的一切需要，如稳定的收入、强大的治安力量、福利条件好、法制健全等。安全的需要表现为人们要求稳定、安全、有秩序，避免危险和伤害、恐惧、焦虑等。例如，经常驾车的人愿意购买车险、人们希望找到一份比较稳定的职业等。安全需要在婴幼儿身上表现得尤为强烈。

🌓 3. 爱和归属的需要

也称社交需要，是人类的第三层次需要，指能满足个体与他人交往的一切需要，如友谊、爱情、归属感等。当生理需求和安全需求得到满足后，社交需求就会表现出来，进而产生激励作用。在马斯洛需求层次中，这一层次是与前两层次截然不同的另一层次。这一层次的需要如果得不到满足，就会影响人的精神，导致情绪低落，兴趣降低，对事物缺乏热情。

🌓 4. 尊重的需要

尊重需要是人类的第四层次需要，指能满足他人对自己的认可及自己对自己认可的一切需要，如名誉、地位、尊严、自信、自尊、自豪等。尊重需求既包括对成就或自我价值的个人感觉，也包括他人对自己的认可与尊重。有尊重需求的人希望别人按照他们的实际形象来接受他们，并认为自己有能力，能胜任工作。他们关心的是成就、名声、地位和晋升机会，当他们获得这些时，不仅赢得了人们的尊重，而且其内心因对自己价值的满足而充满自信。不能满足这类需求，就会使他们感到沮丧。

🌓 5. 自我实现的需要

自我实现需要是人类最高层次的需要，指满足个体把各种潜能都发挥出来的一种需要，如不断地追求事业成功、对技术精益求精等。自我实现需求的目标是自我实现，或是发挥潜能。达到自我实现境界的人，接受自己也接受他人，解决问题能力强，善于独立处事，在社会交往中反应敏捷，积极主动，对新事物充满好奇，喜欢挑战。

马斯洛认为，上述五种需要相互联系，相互影响，共同构成一个完整的需要系统。他认为，当较低层次的需求没有得到满足时，它支配着人们的动机，只有当它得到适当的满足时，较高层次的需要才会引起人们的注意。按照马斯洛的观点，人们只有在饥、渴、睡眠、休息等生理需要得到合理的满足时，下一层次的需要——安全需要才会引起个体注意。当个体不再担心安全问题时，爱和归属的需要激励个体去融入集体中，与他人发生联系，获得认可和被爱。如果衣食无忧并且拥有安全感，又有社会归属感，就会上升到尊重需要，追求自尊和赢得别人的尊重。尊重需要得到基本满足，一个人会寻求潜力的充分发展，善于思考并有创造性，即实现自我。

哪些人能够达到自我实现呢？马洛斯认为具有某些人格特征的人能够达到自我实现。这些人心理上是健康的；他们能够在本质上接受自己，不管是他们的优点还是缺点；他们对自己的工作负责，有很强的自主需求，对人有很好的移情能力；他们极富创造力；不约束而且有很丰富的感情生活。这些人处于某种状态，依靠这种状态他们发挥了完全的、真正的潜能。他还用爱因斯坦、罗斯福和阿尔伯特·施伟泽的成功例子来加以说明。但马斯洛没有回答下面的问题：自我实现者是通过人生履历中的哪些经验达到了自我实现的目的？基本需求的普遍高度满足是否就是人的发展良好的前提及其高度的自我实现？他只是去有意识地寻找具有这些独特特征的人，通过他们的成功来证明自我实现。

此外，需要层次理论无法解释人们为了社会需求而忽视基本的生理需求，难以解释人类废寝忘食、海上冲浪、冒险登山、舍己救人等活动。跨文化研究也表明，马斯洛的理论只适用于自我导向（个人主义）的文化，例如美国、英国等西方国家，而不适用于群体导向（集体主义）的文化，例如韩国、中国。

第二节 | 动机

内在动力是推动个体做出或放弃某种具体行为（活动）的直接因素。行为的内在动力即心理学上所说的动机。那么，什么是动机？动机与需要、行为的关系如何？动机有哪些功能？动机的种类有哪些？心理学家如何用动机来解释人的行为？下面将一一介绍。

一、什么是动机

(一) 动机 (motivation) 的含义

动机是引起并维持人们从事某项活动,以满足有机体的需要、达到一定目标的内在心理过程或内在动力。正如汽车没有发动机就不能开动一样,人没有动机就不会产生行为。动机是用来说明个体为什么要从事某种活动(why),而不是用来说明某种活动本身是什么(what)或怎样进行的(how)。

动机是一种内部心理过程或内驱力,它不是心理活动的结果,我们通常不能直接观察到这种内部心理过程,但可以通过个体的任务选择、努力程度、对活动的坚持性以及言语表达等外部行为来推断个体的动机的对象、方向、目标以及强度大小。

(二) 动机与需要、行为、情绪

动机是在需要的基础上产生的。如前面所述,需要是一切行为动力的源泉。但需要并不直接产生行为,需要必须转化为动机之后才能成为现实的行为动力。而且,并非所有的需要都能转化成为人的动机,只有在需要达到一定强度并有诱因(又称目标)出现时才能产生动机。例如,人口渴时会产生饮水的需要,但只有这种需要达到一定强度且情境中有水或解渴饮料(诱因)时,饮水动机才会产生,个体才会产生饮水行为。可见,需要是动机产生的内在条件,诱因是动机产生的外在条件,对动机而言,两者缺一不可。

动机对人的行为有着直接的影响,但它与行为的关系十分复杂。表现在两个方面:一方面是同样的行为可能有不同的动机;另一方面,同样的动机可以促使人们产生不同的行为。此外,在同一个体身上,往往会表现出多种动机并存,组成个体的动机体系,推动个体的行为。在活动动机与效果的关系上,通常,良好的动机会产生良好的行为效果;反之,不良的动机则会产生不良的行为效果。即动机与行为效果是统一的。但在生活中,有时也会出现动机与效果不一致的情况。例如一个孩子帮妈妈洗碗,但不小心将碗打碎了。孩子的动机是好的,但由于其他因素的影响,却产生了不期望得到的行为效果。因此,只有了解一个人的动机,才能比较准确地解释其行为,做出正确的判断和预测。

情绪和动机有紧密的联系。当感到快乐时,我们希望能够继续保持快乐;当悲伤的时候,我们产生尽快结束悲哀情绪的动机。在积极情绪作用下,人的行为动力增强,行为效果也大大提高;在消极情绪作用下,个体会降低行动的动力，抑制行为降低效率。

二、几种重要的动机类型

人的动机是多种多样的，可以从不同的角度对动机进行分类。

（一）饥饿

饥饿是体内缺乏食物或营养引起的一种生理不平衡状态，在这种状态下，个体会出现紧张、不安，承受生理带来的痛苦、折磨，驱使个体产生进食的活动。这是一种强烈的生理性动机，一个正在挨饿的人通常是不会考虑社会认同、爱和归属、尊重甚至性的需要的。

人为什么会感到饿？多数人曾经认为饥饿的起因在胃，即饿的时候胃会咕咕叫，胃的收缩引起饥饿的感觉。但大量事实证明，胃对饥饿感起的作用很小。一种可能的解释认为血液中葡萄糖的含量降低时，葡萄糖探测器起作用，将信号传递给饥饿中枢，在此产生饥饿的心理体验，中枢神经系统及时将饿的信号传递给胃，胃部开始收缩准备工作。除了来自躯体方面的信号，饥饿动机还受到环境因素、个体活动状态、情绪状态、当时的情境、社会文化等的影响。

（二）性动机

性是一种非常不寻常的内驱力。它的产生以性的需要为基础，在条件具备时，性欲被唤起的个人一般会通过进行性行为（性活动）来减少性驱力唤起所造成的紧张。与饥渴不同，性驱力的唤起通常是令人愉悦的，它并非内稳态驱力，性活动不会让身体回到平衡状态。性不是个体生存和维持生命所必需的，因为如果没有食物和水，生命不会长久，但没有性活动，有些人照样生活得很好。

对于大学生而言，大学生的身体机能已经达到性成熟，因而性动机也是大学生身上比较强有力的驱力。在一定性刺激下产生的性兴奋和性冲动、出现性幻想或梦中遗精、手淫等只要有度，都是正常的性生理和性心理反应。大学生需要对性生理和性心理有科学的了解，增强自己对性的理性认识。尽管性活动在很大程度上是一种生理反应，通常发生在男女个体平等自愿的基础上，但大学生对性的态度，需要遵循一定的社会性道德和性规范。大学生在性动机的驱使下，对该不该有性行为需要非常慎重，是否违背自己的意愿，性行为之后可能带来的各种可能结果和影响有哪些（尤其是负性后果），怎样科学避孕，预防性病、艾滋病，避免身心伤害等，都是大学生事先就应该深思的问题，否则会给自己今后的生活带来很大的影响甚至可能遗憾终生。

生活中的心理学 7 - 1 --- ➤

异性恋、同性恋——性取向的决定因素是什么?[①]

异性恋和同性恋代表着两种性取向。性取向（sexual orientation）是指个体在性方面的兴趣方向。自从阿尔弗雷德·金西的研究发现他的样本里 37% 的男性至少曾经有过某些同性恋经验，而且大约 4% 的男性是纯粹的同性恋者（女性比例稍少）以来，对同性恋的研究就没有停止过，也使我们知道人类的性取向是一个复杂的问题。更复杂的是，跨文化研究现实表明，生活在不同文化中的人们具有许多不同的性取向。例如，在新几内亚和波利尼西亚的文化中，年轻男性的同性恋行为是非常普遍的，也是为社会广泛接受的。但是，在男性结婚后，他们的性取向就转变为异性恋。而在美国，尽管同性恋几乎是被压制的，但同性恋人数估计占到总人口的 1% ~ 10%。

那么，决定性取向的原因是什么呢？从生理上讲，性取向并不取决于成人的睾丸激素水平，但是睾丸激素和雌激素是否会在胎儿期影响性取向，科学家尚未得出定论。从社会视角看，某些教养方式和家庭类型并不影响孩子的性取向。早期性经历也似乎与性取向无关。但社会心理学家达理尔·贝姆（Daryl Bem）提出了一个"奇异变成性吸引力"理论，声称我们还是孩子的时候会被自认为最不像自己的那种性别吸引，但这一理论引起很多研究者的质疑。

科学家尝试在基因和脑机制中来寻找性取向的生理起源，并取得了一定进展。理查德·皮勒德（Richard Pillard）和迈克尔·贝利（Michael Bailey）对男性同卵双胞胎的性取向进行研究发现，当双胞胎中的一个是同性恋的时候，另一个也是同性恋的概率是 50%，这要比人口中有 5% ~ 6% 的人是同性恋的概率高很多。研究还发现，对异卵双胞胎而言，概率下降到 22%，而对被收养的兄弟而言，概率则下降到 11%。后来有人对女性双胞胎进行的研究也得出了基本相同的结果。

神经生物学家西蒙·勒维（Simon Levay）发现，男同性恋者的部分下丘

---

① 津巴多. 普通心理学 [M]. 王佳艺，王甦，等，译. 北京：中国人民大学出版社，2008：352.

脑比男异性恋者的要小。但有人认为该研究可能存在混淆因素。因为该研究的大多数同性恋都是艾滋病患者，而艾滋病可能会对患者的这部分下丘脑产生影响。

就目前而言，虽然一些证据指向生理因素，但是性取向到底受哪些因素的影响还不十分清楚，而关于性取向的研究也经常引得人们争论不休。不同文化中的人对同性恋的态度可能截然不同，但社会对同性恋的敌视态度已经发生一些变化。

（三）成就动机

成就动机是对个体非常重要的一种社会性动机。它指的是人们希望从事对他有重要意义的、有一定困难的、具有挑战性的活动，并在活动中取得完美结果和优异成绩的动机。也就是说，成就动机会推动人去获得自己期望的成功。

成就动机是在生活环境的影响下形成的。家庭的氛围和养育方式对个体的成就动机的形成和发展有重要的作用。成就动机也受到个体归因方式的影响。归因是对事件结果产生的原因进行解释和评价，面对成功或失败，个体的归因方式均有乐观和悲观之分。文化对成就动机的影响也不可忽视。西方文化（包括美国、加拿大、英国和西欧的文化）强调个人主义的价值，在这些文化中长大的人非常看重个人成就（还有自由、平等），因而，西方人的成就动机也往往高一些。与此相反，拉丁美洲、亚洲、非洲和中东的文化非常看重集体主义的价值，强调对集体忠诚，个人利益服从集体利益，通常不鼓励个人成就，这一文化中的人们成就动机通常会低一些。虽然东亚文化（中国、日本、韩国）属于十分看重学业和事业成功的集体主义文化，但其强调的并非取得个人的荣耀而是为家庭带来荣耀。从这里可以看出，对于我们中国的大学生而言，培养较高的成就动机是十分必要的。

成就动机可以测量，心理学家默里（Murray）和麦克利兰（McClelland）创造出一套主题统觉测验（Thematic Apperception Test，TAT）来测量个体成就动机的高低。他们认为成就动机可以投射到人们对含义模糊图片的想象或幻想中，这些想象或幻想反映出人的心理需要。他们要求被试根据一系列含义模棱两可的图片来讲故事，故事的要求包括：该事是怎么演变来的？现在在发生什么？主体的感受如何？结果将会如何？通过对故事的分析、评价来得出被试的成就动机测量值。有高成就需要的人的故事主题与成功或实现目标有关。

（四）学习动机

学习动机是指直接推动学生进行学习的内部动力，是在一定的社会生活条件和教育的影响下逐步形成的，也是一种社会性动机，它不是某种单一的结构，而是由多种因素组成的整体系统，其中包括学习需要、学习自觉性、学习态度和学习兴趣等。

学习是人的一种重要活动，它贯穿于人的生命全程。如何培养和激发学生的学习积极性，使学生从"要我学"到"我要学"过渡，就是要培养和激发学生的学习动机。对教师而言，要从内在动机和外在动机两方面采取一系列科学的策略来培养和激发学生的学习动机。例如，课堂上，可通过创设问题情境，激发学生的求知欲；通过呈现丰富的素材激发学生的学习兴趣，进而产生学习动机；通过及时合理的物质奖励和精神鼓励、适当的批评等来培养和激发学生对知识的学习动机。对广大学生而言，除了教师的指导外，要自觉培养自己的学习动机，发展多方面的兴趣爱好，扩大视野，建立明确的学习目标，及时对自己的学习行为及结果进行反省等，这些都能促进自己学习动机的培养和强化。

三、动机理论

20 世纪以来，动机研究出现了理论纷呈的局面，下面介绍四种主要的动机理论：本能论、成就动机理论、归因理论和自我效能感理论。

（一）本能论

本能指有机体在进化过程中形成、由遗传固定下来的一种不学而能的行为模式，是人类行为的原动力。本能论（instinct theory）是在进化论的基础上建立起来的。19 世纪末到 20 世纪初，在达尔文的进化论的影响下，许多心理学家相信人的大部分行为是由本能控制的。美国心理学家詹姆斯提出，人的行为依赖于本能的指引，人除了具有与动物一样的本能外，还具有社会本能，如爱、社交、同情、诚实等。随后，美国心理学家麦独孤（McDou-gall）系统地提出了动机的本能理论，认为人类的所有行为都是以本能为基础的，本能是人类的一切思想和行为的基本源泉和动力；本能具有能量、行为和目标指向三个成分；个人和民族的性格与意志也是由本能逐渐发展而形成的。他总结出人类有逃避、拒绝、好奇心、自信、生殖等 18 种本能。

本能论能较好地解释动物活动的规律性周期，比如鸟类的迁徙、鲑鱼从数千里之外返回诞生地、蜜蜂把食物所在地的信息传递给同伴、蜘蛛编织复杂的蛛网等。本能论也可以解释人类的一些行为，如母亲对新生儿的看护。然而，本能论对人类行为的解释犯了循环论的错误，如为什么人会有攻击性行为，回答是人有攻击本能。你怎么知道人类有这种本能呢？回答是人有各种各样的本能。另外，本能论列举的许多本能行为（如自信、自卑等），是个体在后天的学习、生活中逐渐形成的。

（二）成就动机理论

成就动机理论是一种对人们追求成就行为的认知解释，这种理论用认知观点对人们的成就动机进行了剖析，它在当今认知动机理论中占据重要地位。

麦克利兰和阿特金森（Atkinson）是成就动机理论的主要代表人物。

麦克利兰的成就动机理论被称为情绪激发理论。该理论认为，成就动机是一个人人格中非常稳定的特质，个体记忆中存在着与成就相联系的愉快的体验，当情境能引起这些愉快的体验时，就能激发人的成就动机欲望。成就动机强的人对工作和学习都非常积极，善于控制自己尽量不受外界环境干扰，充分利用时间学习和工作，取得优异成绩。由于前面已经对成就动机进行了详细的介绍，在此不再重复。

阿特金森的成就动机理论被认为是一种期望价值理论。该理论认为个人的成就动机可以分成两部分：其一是追求成功的动机；其二是避免失败的动机。两者不可分割。当一个人处于竞争情境时，往往同时具备这两种心理。根据这两类动机在个体动机体系所占的强度，可将个体分为力求成功者和避免失败者。追求成功的动机高于避免失败动机，成为高成就动机者；反之成为低成就动机者。他还提出成就动机高的人倾向于做中等难度的工作，因为这类工作既存在成功的可能性，也具有一定的挑战性；而成就动机低的人则避免做中等难度的工作，以免遭到失败。

（三）归因理论

归因是指观察者为了预测和评价被观察者的行为，对环境加以控制和对行为加以激励或控制，而对被观察者的行为过程所进行的因果解释和推论。很多专家对此理论有所贡献，最有影响的是韦纳的归因理论。

1972 年，韦纳（Weiner）系统地提出了动机的归因理论，该理论说明的是归因的维度及归因对成功与失败行为的影响。他认为内因外因、稳定不稳定是人们在进行归因时所考虑的两个维度，这两个维度互相独立，人们如何归因会影响今后的成就行为。韦纳于 1982 年又提出了归因的第三个维度——可控制性，即事件的原因是个人能力控制之内还是之外。在韦纳看来，这三个维度经常并存，可控制性这一维度有时本身也可以发生变化。他认为，当归因对象是自己时，把成功的结果归因于可控制的原因，如努力，会充满自信。归因于不可控的原因，如能力、任务难度、运气等，则产生惊异的感觉。若把失败的结果归因于可控制的原因，会感到内疚。归因于不可控的原因，则会感到无奈。

韦纳的归因理论将动机和归因两大心理学领域有机结合，取得了突破性的进展，并且理论的各个组成部分都经过了逻辑分析和实验验证，具有很强的说服力，对动机研究和教育心理研究做出了极大的贡献。他提出的归因训练有助于提高学生的自我认识水平。

（四）自我效能感理论

自我效能感理论是班杜拉（Bandura）最早提出的，在 20 世纪 80 年代，自我效能感理论得到了丰富和发展，也得到了大量实证研究的支持。

自我效能感指的是人对自己能否进行某种行为的实施能力的推测或判断。班杜拉在他的动机理论中指出，人的行为受行为的结果因素与先行因素的影响。行为的结果因素就是通常所说的强化，强化能激发和维持行为的动机以控制和调节人的行为。但他认为，在学习中没有强化也能获得有关的信息，形成新的行为。他提出，行为的出现不是由于随后的强化，而是由于人认识到了行为与强化之间的依赖关系后对下一步强化的期望。

班杜拉等人经研究指出，个人自身行为自我效能感具有下述功能：①决定人们对活动的选择及对该活动的坚持性；②影响人们在困难面前的态度；③影响新行为的获得和习得行为的表现；④影响活动时的情绪。自我效能感理论克服了传统心理学重行轻欲、重知轻情的倾向，把人的需要、认知、情感结合起来研究人的动机，具有极大的科学价值。但仍然没有形成一个比较完整的、统一的理论框架。

第三节 | 意志行动

一、意志与意志行动

意志（will）是个体自觉确定目的，并根据目的调节、支配行为，克服困难，以达到预定目的的心理过程。意志是人的意识能动性的集中体现，是人类特有的心理现象。

意志在人主动变革现实的行动中表现出来，对心理状态和外在行为有发动、坚持、制止和改变的控制调节作用。因此，意志具有引发行为的动机作用，比一般动机更具有选择性和坚持性。意志可以看作是人类特有的高层次动机。

意志与行动密不可分，意志调节支配行动，但又通过行为表现出来，受意志支配的行为就称为意志行动。

二、意志行动的心理过程

一般把意志行动分成准备和执行两个阶段。在这两个阶段个体会为了实现目标而采取不同的行动。

（一）准备阶段

这一阶段包括在思想上权衡行动的动机、确定行动的目标、选择行动的方法和途径并做出行动的决定。

意志行动是一种有目标的活动。人们首先确定某种目标，并以这种目标来调节行为，这是意志行动的前提。在意志行动中，目标的社会意义和人对目标的自觉程度对意志行动有重要的意义。目标的社会意义有大有小，人的自觉程度有高有低。一般说来，目标越明确、人越自觉，社会的意义、价值越大，他对行为的支配和调节作用也就越大。

（二）执行阶段

意志行动的准备阶段是对行动和手段或者说实施方法、途径作出决定，而执行阶段则是执行决定。在执行阶段，意志主要表现在两个方面：一方面坚持预定的目标和计划好的行为程序，另一方面制止那些不利于达到目标的行动。在这个阶段，个体常常要反复修改行动的方案，包括审定自己的目标，检查行动的方法和手段，坚持正确的，抛弃错误的。这些与人的自我调节能力的提升有密切关系。

三、意志品质的培养

意志品质也称意志力，是指人们为达到既定目的而自觉努力的程度。意志品质是一个人在生活中形成的比较稳定的意志特征，是个性的重要组成部分。良好的意志品质主要有自觉性、果断性、坚韧性和自制力四个方面。自觉性是指学生对学习意义有明确认识、能主动支配自己的行动使之达到目的的意志品质。坚韧性是指在行动中始终如一、坚持不懈的意志品质。果断性是迅速明辨是非、适时采取行动的意志品质。自制力是善于控制感情迎战困难的意志品质。意志品质对学习和事业的成功具有至关重要的作用。

人的意志品质不是天生的，而是在社会实践活动中逐渐培养锻炼出来的。研究表明，青春期正是形成良好意志品质的最佳时期。因此，我们要抓住这一时期，培养大学生良好的意志品质。

那么，如何培养大学生使他们具备良好的意志品质呢？可以从以下几个方面做起。

（一）引导大学生自觉确定目标

上大学之前，很多人的目标是明确的，那就是刻苦努力，考上自己理想的大学。上了大学以后，有的人错误地认为大学就是"任我玩世界"，或目标模糊，或失去目标，或自制力不够，致使学习、工作效率下降，这是缺乏良好意志品质的突出表现。因此，大学生意志力的培养首先是要自觉确定目标，既要规划好自己四年的大学学习计划，也要规划好自己的职业生涯，尽早在考研、就业、出国等方面做出明确抉择。

（二）指导大学生自觉付诸行动

目标确立以后，要引导大学生自觉制定切实可行的行动计划，并按照计划开展行动。在行动过程中要不断调整自己的行为，不断克服内外困难，冲破种种阻力，执行计划，并根据不断变化的各种社会因素调整计划，坚持行动，最终实现计划，达到目标。

（三）增强大学生的挫折承受力

挫折是指个体的意志行动受到无法克服的干扰或阻碍，预定目标不能实现时所产生的一种紧张状态和情绪反应。例如，当我们做了很大的努力去准备一次很重要的考试而最终考试失败时，我们感到沮丧、难过、气馁等。挫折是生活和工作中客观存在的现象，任何人都不可能完全避免挫折。挫折是一把双刃剑，当人们正确面对挫折时，它可以激发更强的意志力，促使人们更加坚定地朝预定的目标前进。但当我们在挫折面前一蹶不起时，我们的意志行动也往往失去动力，或者停步不前或者半途而废。可见，增强挫折承受力是培养良好意志品质的重要途径。

第四节 | 情绪调控

俗话说："笑一笑，十年少。"研究也表明，强迫自己微笑确实能让自己更加快乐。但在现实生活中，能做到常对自己微笑、保持一颗快乐的心，却是很不容易的事情。这就需要科学的情绪管理了。那么，什么是情绪呢？情绪能为我们做些什么呢？如何调控我们的情绪呢？

一、什么是情绪与情感

（一）情绪（emotion）

情绪是人对客观外界事物态度的主观体验，是人脑对客观外界事物与主体需要之间关系的反映。如果客观事物能满足我们的愿望和需要，就能产生积极肯定的情绪体验，比如受人夸奖，吃一顿美餐，取得好成绩等都会让我们感到快乐、兴奋、满意；但是如果我们受到批评，被人拒绝，遭人恐吓等就会感到沮丧、失望和恐惧。

我们通常可以通过面部表情、眼神、肢体动作以及行为举止等外部线索来了解一个人的情绪状态。比如判断一个人是否在撒谎，可以通过他说话和发音模式、身体动作、面部表情、呼吸等外在的表现来做出判断。

（二）情感（emotion）

通常我们所说的感情包含情感，也包含情绪。情绪和情感两个词在心理学上有时候还通用，都是人对客观事物是否满足自己的需要而产生的一种心理反应。但是细分，两者还是有区别的，人们常把短暂而强烈的具有情景性的感情反应看作是情绪，而把稳定持久，同时具有深刻体验的感情反应看作是情感，如爱国主义情怀、责任心、爱。情绪与生活需要相联系，具有情景性、波动性和外显性；情感与人的社会需要相联系，具有深刻性、持久性和稳定性。

情绪还能够产生行为。当碰到恶狗时，你会做出逃跑的反应，会出现恐惧的面部表情，还会哭或大喊大叫等，这些就是情绪的行为表达。通常，情绪引发的行为通过人们的面部表情、身体姿势、手势、语调等表现出来。

生活中的心理学 7–2 ----------------------------- ▶

你幸福吗？①

对绝大多数人来说，如果没有了幸福，其他一切都没有意义。心理学上通常用"主观幸福感"来指幸福，认为它主要包含两方面的内容：（1）认知成分，反映你对生活的满意程度；（2）主观情绪，反映你对生活事件快乐与否的反应。

你有多幸福？心理学家运用大学生幸福问卷、生活目标和生活满足感的问卷等来了解测试对象的主观感受。关于幸福的研究表明，幸福包括积极情绪、消极情绪和总体生活满意度，但积极情绪和消极情绪不是彼此对立的，更多是各自独立的。为了真正达到幸福，你必须要体验许多积极情绪和相对少量的消极情绪。

研究表明，主观幸福感与年龄、性别和智力等没有什么联系，但与人格特征、遗传、社会关系等存在一定的内在联系。稳定的个性特征是人们感到幸福或不幸福的前提。通常，一个人如果对以往的生活感到非常满意和幸福，那么他在以后的生活中也更容易感到幸福和满意，反之亦然。一个在生活领域中感到幸福和满意的人，在其他领域中也会有同样的感受。即使遇到重大事件，也只是会在短时间内改变人们的主观幸福感。遗传条件是感到幸福与满意的决定性因素。一项有2000多对双胞胎参与的实验表明，双胞胎主观幸福感的程度非常一致：要么都非常幸福，要么都非常一般，要么都非常不幸。有些人天生就心情愉快、从不怨天尤人，这为他们感到幸福和满意创造了良好的前提条件，他们与别人也就能够很好地相处，反过来又会使他们更加乐观。同样，良好的社会关系，如夫妻关系稳固、更多的社会支持等促使个体更具幸福感。

金钱能使人幸福吗？大多数人回答"否"。彩票中大奖、收入很大提高、自己是富豪等，这些金钱上的满足很难带给人们长期的幸福感。因为人在基本需求得到满足后，即有了满意的住房、吃喝不愁、安全有了保障等后，其他的物质利益也就不会再提高他们的满意度了，追求幸福的要求也就提高了。这样，金钱并不一定给人带来幸福，有时还适得其反。

---

① 格尔德·米策尔. 心理学入门［M］. 张凤凤，等，译. 北京：中央编译出版社，2011：484－492.

怎样让人更幸福呢？心理学家埃德·迪纳和罗伯特·比斯瓦斯告诉我们：回避贫困的生活条件，移居比较富裕的国家，选择一种不以物质富裕为目标的生活。

二、情绪的种类

由于人类的情绪复杂多变，情绪分类一直是一个令人感兴趣而又很犯难的问题。"七情六欲"，是古已有之的说法。我国早期心理学家林传鼎（1944）从《说文》中，找出 9395 个正篆，发现其中有 354 个字是描述人的情绪的，并按它们的意思分为 18 类，即安静、喜悦、愤怒、哀怜、悲痛、忧愁、忿急、烦闷、恐惧、惊骇、恭敬、抚爱、憎恶、贪欲、嫉妒、傲慢、惭愧、耻辱。

（一）基本情绪和复合情绪

普鲁特奇科根据对大量情绪词语评分的数学分析，提出有悲伤、恐惧、愤怒、快乐、信赖、厌恶、期待、惊讶八种基本情绪。埃克曼提出人类有七种基本情绪，即愤怒、厌恶、恐惧、高兴、悲伤、轻蔑和惊讶，这些情绪基于人们都能辨认出来的面部表情。有些心理学家认为基本情绪包括快乐、愤怒、悲哀和厌恶四种，人的其他情绪都是基本情绪的混合。

美国心理学家伊扎德（Izard，1977）用因素分析的方法，将人的情绪分为基本情绪和复合情绪，复合情绪是由几种基本情绪混合而成的。他提出人类的基本情绪有 11 种，即兴趣、惊奇、痛苦、厌恶、愉快、愤怒、恐惧、悲伤、害羞、轻蔑和自罪感。由此产生的复合情绪有三类：第一类是基本情绪的混合，如兴趣 - 愉快、恐惧 - 害羞、恐惧 - 内疚、痛苦 - 愤怒等；第二类是基本情绪与内驱力的结合，如性驱力 - 兴趣 - 享乐、疼痛 - 恐惧 - 愤怒等；第三类是基本情绪与认知的结合，如活力 - 兴趣 - 愤怒、多疑 - 恐惧 - 内疚等。复合情绪有上百种，而大多数复合情绪是很难命名的。有些复合情绪可以命名，如愤怒 - 厌恶 - 轻蔑的复合情绪可以命名为敌意；恐惧 - 内疚 - 痛苦 - 愤怒的复合情绪可以命名为焦虑等。

（二）积极情绪和消极情绪

人们通常根据情绪对个人的行为和健康起到增力或减力作用，将情绪分为积极情绪和消极情绪。爱、信任、希望、信心、同情、乐观、忠诚是常见的积极情绪，而恐惧、仇恨、愤怒、贪婪、嫉妒、报复、迷信则为消极情绪。我们要善于调控消极情绪，利用积极情绪为自己服务，管理好自己的情绪，做情绪的主人。

三、健康情绪的培养

情绪状态在一个人的生活中有着很大的意义。在一般情况下，人的一切心理活动都带有情绪的色彩，而且以不同的强度、速度、持续时间和外部表现体现出来，消极的情绪会给身心健康带来严重的不良后果。因此，培养健康的情绪尤为重要。

（一）培养幽默感

幽默感常常可以使一个原来比较紧张的气氛变得轻松。研究发现，在问题面前，那些经常运用幽默作为应对机制的人，健康问题较少；而那些经常运用哭喊作为应对机制的人，健康问题就较多。

（二）抓住愉快的生活体验

我们要适当地增加生活情趣，增加愉快生活的体验。而更重要的是，我们要善于捕捉愉快的生活体验，善于发现生活的美。这样，即使偶尔遇到不愉快的体验，也不会有太强烈的消极情绪。研究发现，增加令人愉快的体验，可以减少消极情绪状态，提高免疫反应水平。

（三）要有目标和追求

没有追求的人生是乏味的人生。在学习和生活中没有目标的指引，就会迷失方向，较容易体验到失落和不悦。有了自己的事业和追求，并积极地为之努力，人就会有深刻而持久的积极情绪体验，并且内心获得满足。

（四）积极地参加社会交往

保持健康情绪和心理状态的最佳途径，就是积极参加社会交往活动，为社会贡献力量的同时体现自身的价值。研究证明，社会交往能使人产生积极的情绪体验，积极的情绪体验又会使人们热衷于与人交流，更好地适应环境与应对应激事件，从而形成一个良性循环。

（五）珍惜时光

昨天已经远去，明天还没有到来，我们只好享受今天。很多人生活在追忆中，总是感慨时光流逝；很多人生活在期望中，总是着眼于未来，而忽视了眼前的美好时光。只有善于抓住眼前的宝贵时光，才可能确保充实的生活和饱满的情绪。

四、不良情绪的调控

人是有能力调节和控制自己情绪的，只是这种能力因人而异，学会调控好个人的情绪对正常的工作和生活都非常重要。常用的调控情绪的方法有以下几种。

（一）觉知自己的情绪状态

在处于不良情绪状态时，主动认识到"很气愤"、"很焦急"、"很伤心"等消极情绪，暂不评价也不作反应，冷静下来，为自己提供一个选择和处理消极情绪的空间，或是约束这些不良情绪，或任其宣泄。只有充分认识到自己的情绪处于什么状态时，才能及时调控好自己的情绪和行为。

（二）合理宣泄情绪

合理宣泄就是将自己压抑的情绪通过合理的渠道释放出来，使情绪恢复平静。合理宣泄主要有以下几种方法：

1. 自我解嘲

古代有个石学士，一次骑驴不慎摔在地上，一般人一定会不知所措，可这位石学士不慌不忙地站起来说："亏我是石学士，要是瓦的，还不摔成碎片？"一句妙语，说得在场的人哈哈大笑，自然这石学士也在笑声中免去了难堪。

2. 倾诉

有了烦恼和痛苦，可以向好朋友或信任的人倾诉，也可以通过写日记、上网聊天、写信、打电话等方式来倾吐自己内心的不快。

3. 哭泣

在极度悲伤或委屈时，可尽情痛哭一场，然后再平静下来。

4. 剧烈运动

参加较大运动量的体育运动，有助于释放紧张和压力。

情绪的合理宣泄一定要注意好度，既不伤害别人也不伤害自己，且要注意时间、场合、方式方法，不能危害社会。

（三）心理放松调节

当人感到身心疲惫、紧张焦虑、恐惧、心理压力过大时，可采用自我放松的方式来进行调适，可以有效地缓解压力和紧张，消除不良情绪，达到身心放松的目的。心理放松主要有以下方法：

1. 肌肉放松法

可采用站、躺、坐等让自己舒适的姿势，先充分体验紧张的感觉，然后从头到脚依次进行放松，还可以伴以想象来放松，使全身的肌肉松弛、放松，内心变得宁静。

2. 冥想法

可挑选一个安静的地方，然后闭上眼睛，全身放松，开始进行冥想，想象一些美好的事物或场景、个人愉快的经历，用心品味生活中的美好。

3. 音乐调节法

优美舒缓的音乐可以使人血压正常、肌肉放松、脉搏放慢，同时使人心神宁静、轻松愉快。可以根据自己的情绪状态来选择不同的乐曲使自己走出不良的情绪。

4. 深呼吸法

在紧张状态下，做做深呼吸是一种非常简便而又能立即见效的好方法。

情绪调控的方法还有很多，每个人都可以根据自己的特点选择适合自己的方法，成为自己情绪的主人。

第五节 | 动机实验与情绪实验

一、动机实验

【实验目的】通过实验，考察被试的成就动机水平的高低。

【实验说明】心理学家亨利·默里（Henry Murray）和大卫·麦克利兰（David McClelland）是测量成就动机的先锋，他们发明了一种测量工具叫作主题统觉测验（Thematic Apperception Test，TAT）来测量被试的成就动机。实验是这样进行的：让被试处在一个比较安静的室内，向被试提供一系列含义模糊的图片，要求被试观看，并按照一些提问来讲述故事：图片中的人是谁？她在想什么？将要发生什么？测验者应用编码系统对被试讲述的故事进行解释，评估被试成就动机的高低。默里和麦克利兰之所以认为成就动机可以通过 TAT 进行测验，是因为他们认为被试所讲述的故事投射出自己的心理需要，即被试所讲述的故事能够反映出在心理上对其而言是重要的那些主题。高成就动机者讲述的故事与低成就动机者讲述的故事是不同的。综合被试观看若干张图片并据此讲述故事以后，就能得出被试的成就动机测量值。

默里和麦克利兰通过研究发现，具有高成就动机的人在面对艰巨任务时往往更加坚忍不拔，在智商测验中也往往能取得更好的成绩，职业发展中往往能从事更具有挑战性的工作。创业者中，高成就动机的人也往往更加成功。

在我们的实验中，让被试置身于安静的环境中，给被试几张 TAT 图片，让被试观看每张图片 10 分钟左右，要被试根据所观看的图片讲述故事，记录被试讲述故事的各种反应，通过编码系统进行解释，来评判被试成就动机的高低，对被试进行解释和建议。

我们将自己对图片的讲述与高成就动机者、低成就动机者编的故事作比较，测量出被试的成就动机是高还是低。

（资料来源：津巴多. 普通心理学［M］. 王佳艺，王甦，等，译. 北京：中国人民大学出版社，2008：345.）

二、情绪实验

【实验目的】通过实验，考察焦虑、抑郁的大学生在认知加工上是否也存在问题。

【实验说明】有情绪问题的儿童在认知加工上是否也存在同样的问题？伦敦精神病学研究所对这个问题产生兴趣。他们用一系列有关注意、记忆和判断的认知任务检验那些有临床抑郁、焦虑和外伤后紧张混乱的儿童是否存在认知加工问题。结果表明，在注意任务中，高焦虑的儿童倾向于选择与恐吓有关的信息，外伤后紧张混乱的儿童倾向于选择和外伤有关的信息，而抑郁儿童对任务中的两种信息都没有注意。在记忆任务中，抑郁组儿童选择性记住了更多与抑郁有关的词语。在判断任务中，要求被试评估坏事将降临在他们身上或某个不确定的他人身上的可能性。结果是在焦虑组、外伤后混乱组和控制组之间没有差异，所有被试组都认为，坏事将发生在他人身上，而不是自己身上。而抑郁组儿童认为，坏事发生在自己身上和别人身上的可能性是一样的。

以大学生为被试，设计实验考察焦虑、抑郁的大学生在认知加工上是否也存在问题。实验程序是这样的：先通过焦虑量表和抑郁量表筛选出焦虑组、抑郁组、控制组大学生组成被试，分别对三组被试进行实验。被试置身于实验室中，通过电脑呈现给被试一系列的注意任务、记忆任务和判断任务，任务中的刺激或者与恐吓有关，或者和抑郁有关，或者是中性的，记录下结果。然后根据结果进行差异检验，考察不同组别的大学生在认知加工上的异同，检验大学生的研究结果与伦敦精神病学研究所对儿童的研究结果是否保持一致，并对原因进行分析，提出建设性意见。

实验结果可能从拉扎勒斯（Lazarus，1970）认知 – 评价理论中找到解释。认知 – 评价理论认为，情绪是人与环境相互作用的产物，在情绪活动中，人不仅接收环境中的刺激事件对自己的影响，同时要调节自己对刺激的反应。按照拉扎勒斯的观点，情绪是个体知觉到环境事件有害或者有益后的反应。在情绪活动中，人们需要不断地评价刺激事件与自身的关系。

（资料来源：彭聃龄．普通心理学［M］．北京：北京师范大学出版社，2004：391 – 392.）

想一想

1. 作为父母，应该从哪些方面训练和培养孩子有较高的成就动机？

2. 动机理论主要有哪些？我们如何应用动机理论激发自己的动机？

3. 生活中，我们应该学会如何调控自己的情绪？

测一测①

指导语：本测验将帮你了解自己属于哪种情绪类型。下面有 30 道情绪自测题，每题都有 A、B、C 三个选项。请你仔细阅读，弄清楚每一道题的意思，然后以最快的速度诚实作答，每题只选一项。

1. 你在看电影时会哭或想要哭吗？

    A. 经常　　　　　　　B. 有时　　　　　　　C. 从不

2. 在咖啡店里要了杯咖啡，这时发现邻座有一位姑娘在哭泣，你会怎样？

    A. 想说些安慰的话，但却羞于启齿

    B. 问她是否需要帮助

    C. 换个座位远离她

3. 一个刚相识的人对你说了一些恭维话，你会怎样？

    A. 感到窘迫

    B. 谨慎地观察对方

    C. 非常喜欢听，并开始喜欢对方

4. 遇到朋友时，你经常怎么做？

---

① 游一行，赵光娜．世界经典心理测试题全集［M］．北京：光明日报出版社，2011：38 – 44.

A. 点头问好　　　　　　B. 微笑、握手和问候　　　C. 拥抱他们

5. 对于信件或纪念品，你会如何处理？

A. 刚刚收到就无情地扔掉

B. 保存多年

C. 两年清理一次

6. 在朋友家聚餐，朋友与其爱人激烈地争吵起来，你会怎样做？

A. 觉得不快，但无能为力

B. 立即离开

C. 尽力劝和

7. 如果让你选择，你更愿意：

A. 同许多人一起工作并亲密接触

B. 和少许人一起工作

C. 独自工作

8. 同一个很羞怯或紧张的人说话时，你会：

A. 因此感到不安

B. 觉得逗他说话很有趣

C. 有点生气

9. 在一场特别好的演出结束后，你会：

A. 用力鼓掌

B. 勉强地鼓掌

C. 鼓掌，但觉得很不自然

10. 朋友误解了你的行为，并且正在生你的气，你会怎样？

A. 尽快联系，做出解释

B. 等朋友自己清醒过来

C. 等待一个好机会再联系，但对被误解的事不做解释

11. 你曾毫无理由地感到害怕？

A. 经常　　　　　　　　B. 偶尔　　　　　　　　C. 从不

12. 你喜欢的孩子是下列哪一种？

A. 很小而且有些可怜巴巴的

B. 长大了些的

C. 能同你谈话，并且形成了自己的个性的

13. 当你为解闷而读书时，你喜欢：

A. 读史书、秘闻、传记类

B. 读历史小说、社会问题小说

C. 读科幻小说、荒诞小说

14. 去外地时，你会：

A. 为亲人的平安感到高兴

B. 陶醉于自然风光

C. 希望去更多的地方

15. 如果在车上有陌生人要你听他讲自己的经历，你会怎样？

A. 显示你颇有兴趣　　　B. 真的很感兴趣　　　C. 打断他，做自己的事情

16. 你是否因内疚或痛苦而后悔？

A. 是的，一直　　　B. 偶尔后悔　　　C. 从不后悔

17. 你是否想过给报纸的专栏写稿？

A. 绝对没想到　　　B. 有可能想过　　　C. 想过

18. 当被问及私人问题时，你会怎样？

A. 感到不快和气愤，拒绝回答

B. 平静地说你不愿意回答

C. 虽然不快，但还是回答了

19. 你怎样处置不喜欢的礼物？

A. 立即扔掉

B. 热情地保存起来

C. 藏起来，仅在赠者来访时才摆出来

20. 你对示威游行、宗教仪式的态度如何？

A. 冷淡　　　B. 感动得流泪　　　C. 感到窘迫

21. 一只迷路的小猫闯进你家，你会

A. 收养并照顾它

B. 扔出去

C. 给它找主人，找不到就让他安乐死

22. 你在怎样的情况下会送礼物给朋友？

A. 仅仅在新年和生日

B. 全凭兴趣

C. 觉得有愧或有求于他们时

23. 如果你因家事不快，上班时你会：

A. 继续不快，并暴露出来

B. 工作起来就把烦恼丢在一边

C. 尽量理智，但仍因压不住火而发脾气

24. 你对恐怖电影态度如何？

A. 不能忍受　　　　　B. 没感觉　　　　　C. 很喜欢

25. 爱人或家人抱怨你花在工作上的时间太长了，你会怎样？

A. 解释说这是为了你们共同的利益，然后，仍像以前那样去做

B. 试图把时间更多地花在家庭上

C. 对两方面的要求感到矛盾，并试图使两方面都满意

26. 生活中的一个重要关系破裂了，你会：

A. 感到伤心，但尽可能正常生活

B. 至少在短时间内感到心痛

C. 无法摆脱忧伤的心情

27. 以下哪种情况与你相符

A. 很少关心他人的事情

B. 关心熟人的生活

C. 爱听新闻，关心别人的生活细节

28. 下面哪种情况与你最相符？

A. 十分留心自己的感情

B. 总是凭感情办事

C. 感情没什么要求，结局才是最重要

29. 看到路对面有一个熟人时，你会：

A. 走开

B. 招手，如对方没有反应就走开

C. 走过去问好

30. 当拿到母校的一份刊物时，你会：

A. 通读一遍后扔掉

B. 仔细阅读，并保存起来

C. 不看就扔进垃圾桶

计分方法：

	1	2	3	4	5	6	7	8	9	10	11	12	13	14	15	累计得分
A	3	2	2	1	1	2	3	2	3	3	3	3	1	1	2	
B	2	3	1	2	3	1	2	3	1	1	2	1	2	3	3	
C	1	1	3	3	2	3	1	1	2	2	1	2	3	2	1	

	16	17	18	19	20	21	22	23	24	25	26	27	28	29	30	累计得分
A	3	1	3	1	1	3	1	3	1	1	2	1	2	1	2	
B	2	2	1	3	3	1	3	1	3	3	3	2	3	2	3	
C	1	3	2		2	2	2	2	2	2	1	3	1	3	1	

测试结果解释：

30~50分：理智型。很少因什么事情而激动，表现出很强的克制力以至冷漠；对他人的情绪缺乏反应，感情生活平淡而拘谨，因此常会听到别人在背后说你"冷血动物"。你需要松弛自己。

51~60分：平衡型。情绪基本保持着感性但不感情用事，克制但不过于冷漠。即使在很恶劣的情绪下握起拳头，也能从冲动的情绪中摆脱出来，因此，很少与人争吵。感情生活十分轻松、愉快。

70~90分：冲动型。非常情绪化，易激动，反应强烈；往往十分随和、热情，或者感情脆弱、多愁善感；常会陷入那种短暂的风暴似的感情纠纷，因此，麻烦百出；别人若想劝你冷静，是件很难的事。这里有必要提醒你：一定要克制自己，努力做到尊重规律，保证充足的睡眠时间、亲近自然、经常运动、合理饮食和积极乐观。

第八章　智商与智力发展

　　亚明神情呆滞，衣不称身，蜷缩着短胖的身躯在报纸摊内纳闷。现在虽然是上班时间，但他的生意却十分惨淡。

　　亚明虽然被诊断为弱智，但他却很固执，不愿依靠别人。几经波折，在别人的帮助下，才租到了一个报纸摊，以卖报纸为生。他一直不肯给顾客找零钱，一定要顾客支付一个 2 元硬币或两个 1 元硬币。一般顾客有零钱，也不觉太麻烦。那时，亚明的生意还不错。可是，后来有些报纸涨价了，对于这个新转变，他不知怎样应付。他不能再单靠收取一个 2 元硬币或两个 1 元硬币的方法来经营。而且每当顾客给他 5 元或 10 元时，他便无法应付，很多时候甚至会对顾客发脾气。因此，他的生意便每况愈下。

　　亚明与一般具有正常智力的人有什么不同呢？要回答这个问题，就要先了解智力的本质。

第一节 ｜ 智力的结构

一、什么是智力

　　当问及智力是什么时，很多人可能会想到智商（Intelligence Quotient），甚至视智力等同于 IQ。在日常用语中，这可能已被人们接受，不会造成沟通上的误解。但在心理学研究中，智力和智商是两个相关却不同的概念。

　　对智力的本质，不同学者有不同的看法。在心理学的历史上，曾出现过两次有名的讨论。第一次是在 1921 年举行的学术会议上，与会的主要是教育心理学家。会议议题是智力的定义和它的测量。结果，14 位专家提出了 14 种完全不同的看法，会上发表的论文后来被编辑收录在《教育心理学杂志》（Journal of Education Psychology）里。

早期的学者对智力有以下的定义：

比奈（Binet）与西蒙（Simon）——智力是判断、理解及推理的能力。

特曼（Terman）——智力是产生和掌握概念的能力。

平特纳（Pintner）——智力是个人适应新环境的能力。

桑代克（Thorndike）——智力是根据真相及事实做行动决定的能力。

斯皮尔曼（Spearman）——智力主要是由一种被称为 G 的能力构成。G 所指的是理解不同事物间关系的能力。

相隔了半个多世纪，罗伯特·斯腾伯格（Robert Sternberg）和道格拉斯·戴特曼（Douglas Detterman）邀请了一批有名的学者，就智力的定义著文阐释。

参加第二次讨论的学者除了教育心理学家以外，还有认知心理学家、社会心理学家及遗传学家等。他们发表的文章后来辑录在斯腾伯格和戴特曼所编的《什么是智力》（What is intelligence?）一书中。这群学者在书中提出的定义如下：

巴特菲尔德（Butterfield）——智力是学习的成果。一般地，智力水平较低的人：①知识基础薄弱及欠缺组织力；②惯用较简单及被动的方式去分析资料；③不了解自己的认知过程及这些过程如何受环境影响；④不能有效及灵活地进行思考。

加德纳（Gardner）——智力是在生活中解决问题的多种能力。其中，包括语言、逻辑、数学、音乐、空间推理等能力，也包括洞悉自己及他人情绪和其他心理状态的能力。

斯腾伯格——智力包括成分性智力（智力的内在成分）、体验性智力（智力成分与经验的关系）和情境性智力（智力成分的外部作用）。成分性智力高的人善于策划、做逻辑推理和学习新知识；体验性智力高的人能够应付新事物，并能对经常遇到的事情做自动化和规律化的处理；情境性智力高的人能够适应现实生活，懂得选择及创造适合自己的环境。

在这两次讨论中，专家提出了多种对智力的定义。一般而言，虽然专家对智力的定义没有共识，但大部分专家都同意智力是从经验中学习新知识的能力及适应环境的能力。亚明（本章开首的故事主人翁）被专家诊断为弱智，主要是因为他学习新知识的能力较智力正常的人低。譬如，一般人很快就能适应报纸涨价对经营方法的影响，但亚明却缺乏这种适应新环境的能力。下表是调查了 1020 位智力问题专家的部分结果，其中至少 3/4 的人同意表 8-1 中列出的元素是智力的重要组成部分。

表 8-1　智力的重要元素

重要元素	专家中认为此项内容重要的人数百分数
抽象思维或推理能力	99.3
问题解决能力	97.7
知识获取能力	96.0
记忆力	80.5
对环境的适应能力	77.2

二、智力的心理测量学理论

智力具有相当复杂的结构，分析其结构对于深入了解智力的本质、科学合理地测量智力以及设定智力的培养原则都有重要意义。而心理学家们往往是通过提出智力理论的方式来阐明自己对智力结构的理解的。

心理测量取向（psychometric approach）的智力理论的建立，都是以智力测验为工具，采用因素分析（factor analysis）的方法，从测验结果中分析出彼此相对独立的各个因素，然后分析这些因素，用以界定智力的结构。采用心理测量取向建立的智力理论主要有以下四种：

（一）斯皮尔曼二因素结构

英国心理学家和统计学家查理斯·斯皮尔曼（Charles Spearman）在智力领域中较早地应用了因素分析，对后人的影响较大。他发现个体在不同智力测验上的成绩高度相关，进而提出智力由两种因素组成：一种是一般因素（general factor），简称 G 因素，它是一切智力活动的共同基础，是决定一个人能力高低的主要因素。正是由于这种因素，个体在完成各种不同智力作业时，成绩才会出现某种正相关。另一种是特殊能力或特殊因素（specific factor），简称 S 因素，它是保证人们完成某些特定的作业或活动所必需的能力。由于这些因素起作用，个体在不同作业中的成绩不完全相同。任何一个心理任务都包含了 G 因素和某个特殊因素（或称 S 因素）。例如，一个算术推理测验的成绩由 G + S1 决定，而一个言语测验的成绩由 G + S2 决定。这两个测验的成绩如果呈现正相关，就是由于它们有共同的 G；它们不完全相关，是由于每种测验包括不同的、无联系的 S 因素。斯皮尔曼认为，在智力结构中，第一位重要的是 G 因素，但它并不能直接由任何一个单一的测验题目度量出来，而需要从许多不同的测验中通过广泛取样才能求出。

（二）瑟斯顿的群因素结构

瑟斯顿（L. L. Thurstone）是群因素结构的主要倡导者。他于 1938 年用由 56 个测验组成的一组测验对芝加哥大学的 240 名学生进行测试，然后用因素分析的方法求得智力由 7 种彼此相对独立的因素构成。这些因素是计算、词的流畅性、言语意义、记忆、推理、空间知觉和知觉速度。他对每种因素都设计了测验。然而，研究结果同他设想的相反，每一种因素都与其他因素间存在正相关。例如，计算与词的流畅性的相关为 0.46，与言语意义的相关为 0.38，与记忆的相关为 0.18 等；言语意义与词的流畅性的相关为 0.51，与记忆的相关为 0.39，与推理的相关为 0.54。这说明各种智力因素并不是真正独立的，这使他不得不承认，一般因素的确存在。

（三）吉尔福特的三维结构模型

吉尔福特（J. P. Guilford）对于智力因素的研究分析前后持续 20 年之久，成绩斐然。在他和他的同事的努力下，通过因素分析确定的智力因素，从 1946 年时的 20 多种，至 60 年代达到了 80 多种。而发掘如此众多的智力因素，则是在一个统一的理论体系的指导下进行的，这个理论体系就是他的三维智力结构模型（Structure of Intelligence，简称 SOI）。

吉尔福特认为，智力可以区分为三个维度，即内容、操作和产品。①智力活动的内容（contents）包括听觉、视觉（我们所听到、看到的具体材料，例如大小、形状、位置、颜色）、符号（字母数字及其他符号）、语义（语言的意义概念）、行为（本人及别人的行为）。②智力操作（operations）是指智力活动的过程，它是由上述各种对象或材料引起的。其中包括认知（理解、再认）、记忆（保持）、发散思维（对一个问题寻找各种答案或思想）、聚合思维（对一个问题寻找最好、最适当、最普通的答案）、评价（对一个人的思维品质做出某种决定）。③智力活动的产品（product）是指运用上述智力操作所得到的结果。这些结果可以按单位计算，可以分类处理，也可以表现为关系、转换、系统和应用。由于三个维度和多种形式的存在，人的智力可以在理论上区分为 $5 \times 5 \times 6 = 150$（图 8-1）。这些不同的智力可以分别通过不同的测验来检验。如给一系列的四字母组合，如 PANL、CEIV、EMOC，要求被试把它们重新组合为熟悉的单词，如 PLAN、VICE、COME 等。在这项测验中，智力活动的内容为符号，操作为认知，产品为单元，即按重新组合的字词数量来计算成绩。根据产品的数量即可度量一个人对符号的认知能力。如果给被试 10 种图案，每种呈现 5 秒钟，然后让他们进行简要的描述。在这项测验中，内容为视觉，操作为记忆，产品为单元。它代表了对视觉记忆能力的度量。

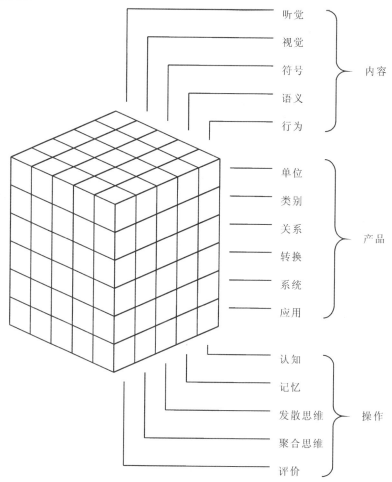

图 8-1　吉尔福特的智力三维结构模型

（四）卡特尔的流体智力和晶体智力

雷蒙德·卡特尔（Raymond Cartel）采用因素分析方法，将一般智力（或 G 因素）分为两个相对独立的成分，他称之为流体智力和晶体智力。流体智力（fluid intelligence）指一般的学习和行为能力，以速度、能量、快速适应新环境为测验度量，如逻辑推理测验、记忆广度测验、解决抽象问题和信息加工速度测验等。它较少依赖于文化和知识的内容，而决定于个人的天赋。在个体发展的早期，流体智力有明显的发展，在 20 岁左右达到顶峰，在成年期保持一段时间后，开始逐渐下降。晶体智力（crystallized intelligence）指已获得的知识和技能，由词汇、社会推理以及问题解决等测验度量。它决定于后天的学习，与社会文化有密切关系。晶体智力在成年期不仅没有下降，反而在以后的过程中还会有所增长。

三、加德纳的多元智力理论

美国哈佛大学的心理学家霍华德·加德纳（Howard Gardner，1983）提出了一个超出智力测验定义的智力理论，即多元智力理论（multiple-intelligence theory）。他通过对脑损伤病人的研究及对智力特殊群体的分析，提出人类的神经系统经过 100 多万年的演变，已经形成了互不相干的多种智力。加德纳认为，智力的内涵是多元的，它由 7 种相对独立的智力成分构成。每种智力都是一个独立的功能系统，这些系统可以相互作用，产生外显的智力行为。这 7 种智力分别为：

（1）言语智力（linguistic intelligence）：包括阅读、写文章、写小说以及使用言语进行日常会话的能力。适宜职业为作家、律师、喜剧演员。

（2）逻辑 – 数学智力（logical-mathematical intelligence）：包括数学运算与逻辑思考的能力，比如做数学证明题或进行逻辑推理。适宜职业为科学家、会计、计算机程序员。

（3）空间智力（spatial intelligence）：包括认识环境、辨别方向的能力，比如查阅地图等。适宜职业为工程师、发明家、艺术家。

（4）音乐智力（musical intelligence）：包括对声音的辨别与韵律表达的能力，比如拉小提琴或作曲等。适宜职业为作曲家、音乐家、音乐评论家。

（5）身体 – 运动智力（bodily-kinesthetic intelligence）：包括支配肢体完成精密作业的能力，比如打篮球、跳舞等。适宜职业为舞蹈家、运动员、外科医生。

（6）社交智力（interpersonal intelligence）：包括与人交往且能和睦相处的能力，比如理解别人的行为、动机或情绪。适宜职业为推销员、心理治疗师、教师。

（7）自知智力（intrapersonal intelligence）：包括认识自己并选择自己生活方向的能力。适宜职业为诗人、演员、牧师。

按照多元智力理论的观点，传统的纸笔测验仅测量了智力的一部分，应该对个体在各种生活情境下的行为进行观察和评价，才能更为准确地了解个体的实际智力。加德纳认为，西方社会促进了前两种智力的发展，而一些非西方社会对其他智力更为注重。例如，在西太平洋岛群的卡罗琳岛，船员们必须能够在没有地图的情况下，仅仅依靠他们的空间智力和身体 - 运动智力航行很长一段距离才能到达该岛。在那个社会中，这种能力比写出一篇学术论文更重要。在巴厘岛，艺术行为是日常生活的一部分，因而流淌在优美舞步中的音乐智力和潜力更为宝贵。

四、斯腾伯格的智力三因素理论

美国耶鲁大学的心理学家斯腾伯格（R. Sternberg，1985）提出了智力的三元理论（triarchic theory of intelligence），试图说明更为广泛的智力行为。斯腾伯格认为，大多数的智力理论不完备，它们只从某个特定的角度解释智力。一个完备的智力理论必须说明智力的三个方面，即智力的内在成分、这些智力成分与经验的关系，以及智力成分的外部作用。这三个方面构成了智力成分亚理论、智力经验亚理论和智力情境亚理论。

智力成分亚理论（component sub-theory of intelligence）认为，智力包括三种成分（component）及相应的三种过程，即元成分、操作成分和知识获得成分。元成分（metacomponent）是用于计划、控制和决策的高级执行过程，如确定问题的性质、选择解题步骤、调整解题思路、分配心理资源等；操作成分（performance component）表现在任务的执行过程，接受刺激，将信息保持在短时记忆中，并进行比较，它负责执行元成分的决策；知识获得成分（knowledge-acquisition component）是指获取和保存新信息的过程，负责接收新刺激，做出判断与反应，以及对新信息的编码与存储。在智力成分中，元成分起着核心作用，它决定人们解决问题时所使用的策略。

智力情境亚理论（contextual sub-theory of intelligence）认为，智力是指获得与情境拟合的心理活动。在日常生活中，智力表现为有目的地适应环境、塑造环境和选择新环境的能力，这些能力统称作情境智力（contextual intelligence）。一般来说，个体总是努力适应他所处的环境，力图在个体及其环境之间达到一种和谐。当和谐的程度低于个体的满意度时，就是不适应。当个体在一种情境中感到不能适应或不愿意适应时，他会选择能够达到的另一种和谐环境。在这种情况下，人们会重新塑造环境以提高个体与环境之间的和谐程度，而不是适应现存的环境。

智力经验亚理论（experienced sub-theory of intelligence）认为，智力包括两种能力：一种是处理新任务和新环境时所要求的能力，另一种是信息加工过程自动化的能力。新任务是个体以前从未遇到过的问题，新情境是一种新异的、富于挑战性的环境。当遇到新问题时，有的人能够运用已有的知识和经验来解决它，有的人则束手无策；在面临新的情境时，有的人能很好地应对自如，有的人则不知所措。在任务、情境和个体三者间存在相互作用。信息加工过程自动化的能力也是智力的重要成分，人们在进行复杂任务的操作时，需要运用许多操作化的过程。只有许多操作自动化后，复杂任务才容易完成。如果个体不能有效地将一些自动化的操作运用于复杂问题的解决中，就会导致信息加工的中断，甚至使问题解决失败。斯腾伯格认为，应对新异性的能力和自动化的能力是完成复杂任务时两个紧密相连的方面。当个体初次遇到某个任务或某一情境时，应对新异性的能力就开始了；在多次实践后，人们积累了关于任务或情境的经验，自动化的能力才开始起作用。

智力的成分亚理论是三元智力理论中最早形成和最为完善的部分，它揭示了智力活动的内部机制。为了考察你的成分性智力的情况，请试着做表8－2的练习。

表8－2 成分性智力的运用

以下是字谜游戏。

请尽快找到每个字谜的解决方法。

1. H－U－L－A－G _____
2. P－T－T－M－E _____
3. T－R－H－O－S _____
4. T－N－K－H－G－I _____
5. T－E－W－I－R _____
6. L－L－A－O－W _____
7. R－I－D－E－V _____
8. O－C－C－H－U _____
9. T－E－N－R－E _____
10. C－I－B－A－S _____

答案

1. LAUGH　2. TEMPT　3. SHORT　4. KNIGHT　5. WRITE　6. ALLOW　7. DRIVE
8. COUCH　9. ENTER　10. BASIC

要完成这些字谜，你通常需要使用操作成分和元认知成分。操作成分可以使你在脑中操作字母，而元认知成分则使你采用策略找到解决的办法。来看一下第3题 T－R－H　O－S，你是如何进行心理转换使之成为 SHORT 的？一个较好的策略是寻找英文中可能的辅音聚合，如 S－H 和 T－H。选择策略需要元认知成分，执行它们则需要操作成分。请注意，一种好的策略有时也会失败。看一下第4题 T－N－K－H－G－I，大多数人觉得这个字谜比较难的原因是 K－N 不像是一个词的形状，而 T－H 比较像。在看这个字谜时，你是不是也试着以 T－H 开头？

根据斯腾伯格的智力三元论编制的智力测验，能测量出人们是怎样解决问题的，因而对深入了解智力的实质、促进智力的培养，都有重要意义。例如，通过将许多任务分解为不同的成分，就可以找出区分不同智商的个体的操作过程。研究者发现，与低智商的学生相比，高智商的学生的元认知成分使他们可以选择不同的策略来解决特定的问题。这种对策略选择的不同，可以说明为什么高智商学生有较高的问题解决能力。

第二节 ┃ 智力测验与智商

一、智力测验的起源

用一定的手段和工具来测定人的智力古已有之。我国南朝的刘勰用左手画方右手画圆的方法来考察人的注意分配，扬雄用言语和书法的速度来判断人的智慧，都具有智力测验的性质。19世纪末，英国生物学家弗朗西斯·高尔顿（Francis Galton）设计了高尔顿音笛和高尔顿棒，分别测定人的听觉和视觉辨别力，试图通过感觉辨别力来估计人们智力的高低。

系统采用测验方法来测量人的智力，是在20世纪初由法国心理学家比奈（A. Binet）和医生西蒙（T. Simon）提出来的。比奈青年时从医，继而对心理学产生兴趣。从此，他和他的同事们就一直致力于智力测量的研究。1903年，他出版了《智力的实验研究》一书，提出了广义的智力概念。1904年，一个特殊的机会使比奈的思想可能付诸实践。当时法国巴黎公共教育部委托许多医学家、教育家和其他科学家组成一个委员会，专门研究公立学校中智力落后儿童的教育方法。作为委员之一，比奈主张用测验的方法来发现和鉴别智力落后儿童，但遭到许多反对。比奈并不气馁，在西蒙的帮助下，完成了世界上第一个智力测验——比奈－西蒙量表（Binet-Simon Scale）。1905年他发表了《诊断殿堂儿童的新方法》一文，在文中介绍了此量表。比奈－西蒙量表共有30个项目，题目由易到难排列。根据儿童通过项目的多少来评定他们智力的高低，在测验中得分低于平均分的儿童被鉴定为低智能儿童。

1908年，比奈和西蒙对已编制好的量表进行了第一次修订。删除了不合适的题目，增加了一些新题，测验项目由30个增加到58个；测验的年龄由3岁到15岁，每个年龄组的测验项目为4～5个。测验成绩用智力年龄（mental age，简称MA）表示。智力年龄表示儿童能完成哪个年龄水平的儿童能完成的测验。

二、斯坦福－比奈智力测验与比率智商

1916年，美国斯坦福大学的心理学教授特曼（L. M. Terman）将比奈－西蒙量表介绍到美国，并修订成为斯坦福－比奈量表（Stanford-Binet Scale）。几经修订，斯坦福－比奈智力量表已成为目前世界上广泛流传的标准测验方法之一。

斯坦福－比奈智力量表是一种年龄量表。年龄量表测量的是一个儿童的智力相当于哪一个年龄水平。表8－3是斯坦福－比奈（1960）智力量表的部分内容。表中的例子是不同年龄组中具有平均智力的人能够回答的项目。例如，8～9岁的儿童很少有人懂得"连接"的概念，能够掌握此概念者在10岁儿童中有10%，13岁儿童中有60%。因此，"给'连接'下定义"可以作为13岁年龄组的一个测验项目。

用斯坦福－比奈量表来测量人的智力，首先要计算出人的智力年龄。斯坦福－比奈量表中，每个年龄组的测验都由6个项目组成，每个项目代表2个月的智力，内容包括绘画、折叠、给单词下定义、判断词义、回忆故事、进行推理活动等许多方面；随着年龄的增长，项目的难度也逐渐增加。

表8－3　斯坦福－比奈（1960）智力量表

5 岁组	1. 画一张缺腿人的画。2. 在测验者表演后，将一张方纸叠两层，成一个三角形。3. 给下列单词下定义：球、帽子、炉子。4. 照样子用铅笔画一个正方形。5. 辨认两张画片的同异。6. 把两个三角形组成一个正方形。
8 岁组	1. 从一张标准词汇表上给 8 个单词下定义：橘子、稻草、顶上等。2. 尽可能回忆一个简单故事的内容，发现故事表述上的荒唐、不合理。如一人得了两次感冒，第一次使他一命呜呼；第二次很快就好了。3. 分辨以下单词：飞机与风筝，海洋与河流。4. 知道轮船为什么会开；如果见到一个迷了路的 3 岁儿童，应该怎么办? 5. 列举一周内各天的名字。
12 岁组	1. 给 14 个单词下定义，如急速、功课、技能等。2. 看出下文的荒唐处：比尔·琼斯的脚太大，以至他必须从头上套下他的裤子。理解在一个复杂图片上所描述的情景。3. 按相反顺序重复 5 个数字。4. 给抽象单词下定义，如遗憾、惊奇。5. 在不完整的句子中填入遗漏的单词，如一个人不能是英雄……一个人总可以是个人。

　　如果一个 7 岁的孩子只能通过斯坦福－比奈（1960）量表 7 岁组的全部项目，而不能通过 8 岁组的项目，那么这个孩子的智力年龄为 7 岁；如果他不仅通过了 7 岁组的全部项目，而且通过了 8 岁组的 2 个项目、9 岁组的 1 个项目，而 10 岁组的项目一个也没有通过，这个孩子的智力年龄就是 7 岁 6 个月（计算方法见表 8－4）。很明显，一个孩子的智力年龄越大，他的智力发展水平就越好。

表8－4　智力年龄的计算

测验的水平	通过项目的数量	得分	
		岁	月
基础水平			
7 岁	全部	7	0
8 岁	2 项	0	4
9 岁	1 项	0	2
最后的水平			
10 岁	0 项	0	0
总计		7	6
智力年龄计算		7 岁 6 个月	

　　智力年龄表示的是智力的绝对水平，它说明了一个儿童的智力实际达到了哪个年龄水平。早期的智力测验（如比奈 1905、1908 年的测验）就是用它来表示儿童智力的发展水平的。但是，智力年龄的大小并不能确切地说明一个孩子的智力发展是否超过了另一个孩子。两个智力年龄相同的孩子，如

果实际年龄不同，那他们的智力水平也是不同的。所以，为了能对个体智力的相对水平做出准确的估计，还必须考虑智力年龄与实际年龄之间的关系。特曼采用智商的概念，来表示智力的高低。智商的概念是由德国心理学家施特恩（W. Stern）首先提出的。

智商也叫智力商数（intelligence quotient，简称 IQ）。智商代表了个体的智力年龄（MA）与实际年龄（chronological age，简称 CA）的关系。计算智商的公式为：

$$智商（IQ）= \frac{智力年龄（MA）}{实际年龄（CA）} \times 100$$

智商的一个用途是对不同实际年龄儿童的智力水平进行比较。例如，一名儿童的实际年龄为 10 岁，智力年龄为 12 岁，则其智商是 120：

$$\frac{12}{10} \times 100 = 120$$

另一名儿童的实际年龄为 12 岁，智力年龄为 12 岁，其智商是 100。

显然，尽管这两名儿童的智力年龄相同，但实际年龄较小的 10 岁儿童更聪明。

当智力年龄等于实际年龄时，IQ 等于 100，因此人们常误认为智商 100 就相当于平均智力。其实不然。智商 100 只是一个数学上的平均数，而智商 90~110 代表的才是智力的平均水平。如智商超过 110，说明儿童的智商水平偏高；低于 90，则说明儿童的智商水平偏低。

用智力年龄和实际年龄的比率来代表智商，称为比率智商（ratio IQ）。比率智商有一个明显的缺点：人的实际年龄逐年在增加，而他的智力发展到一定阶段却可能稳定在一个水平上。这样，采用比例智商来表示人的智力水平，智商将逐渐下降。这是和智力发展的实际情况不相符的。所以，斯坦福 - 比奈智力测验虽然可用于测成人，但它更适合用于测量儿童和青少年。

三、韦克斯勒智力测验与离差智商

斯坦福 - 比奈量表是对个体智力状况的综合测量。但是智力并不是一种单一的能力，它包含着各种结构成分。在同一个人身上，智力的各个成分可能有不同的发展水平。

为了更真实地反映出一个人的智力状况，韦克斯勒（D. Wechsler，1896—1981）针对不同年龄的对象编制了若干套智力量表。韦氏成人智力量表（Wechsler Adult Intelligence Scale，WAIS，1955），适用于 16 岁以上的成人；韦氏儿童智力量表（Wechsler Intelligence Scale for Children，WISC，1949），适用于 6～16 岁儿童；韦氏学前儿童智力量表（Wechsler Preschool and Primary Scale of Intelligence，WPPSI，1963），适用于 4～6.5 岁儿童。这些量表测量了范围较广泛的能力，目前，韦氏成人智力量表和韦氏儿童智力量表都在世界上广泛使用。

韦氏量表可以产生一个总体的智商分数。此外，由于韦氏量表包含了言语和操作两个分量表，还可以分别提供言语智力（verbal intelligence）和操作智力（performance intelligence）的分数（表 8－5）。言语智商和操作智商虽然有很高的正相关性（＋0.77～＋0.81），但用这两种量表测得的却是不同的能力。言语分量表又分为词汇、常识、理解、回忆、发现相似性和数学推理等分测验；操作分量表又分为完成图片、排列图片、事物组合、拼凑、译码等分测验。每个分测验可以单独记分，智力各个方面的发展水平都能够直接从各个分测验中获得。

表 8－5　韦氏成人智力量表举例

测验名称		测验内容	测验实例
言语量表	常识	知识的广度	水蒸气是怎样来的？ 什么是胡椒？
	理解	实际知识和理解能力	为什么电线常用铜制成？ 为什么有人不给售货收据？
	心算	数学推理能力	刷一间房子 3 个人用 9 天，如果 3 天内要完成它需用多少人？ 一辆汽车 45 分钟行驶 25 里，20 分钟行驶了多少里？
	两物相似	抽象概括能力	圆和三角形有何相似？ 蛋和种子有何相似？
	背数	注意力和机械记忆能力	按次序复述以下的数：1，3，7，5，4； 倒数以下的数：5，8，2，4，9，6。
	词汇	语词知识	什么是河马？ "类似"是什么意思？

续表 8-5

测验名称		测验内容	测验实例
操作量表	图像组合	处理部分与整体关系的能力	将拼图小板拼成一个物体，如人手、半身像等。
	填图	视觉记忆及视觉的理解性	指出每张画缺了什么，并说出名称。
	图片排序	对社会情境的理解能力	把三张以上的图片按正确顺序排列，并说出一个故事。
	积木拼图	视觉与分析模式能力	在看一种图案之后，用小木板拼成相同的样子。
	译码	学习和书写速度	学会将每个数字与不同的符号连在一起，然后在某个数字的空格内填上正确的符号。

韦克斯勒还革新了智商的计算方法，采用离差智商（deviation IQ）取代传统的比率智商。离差智商表示一个人在其年龄组中智力水平的相对位置。提出离差智商的根据是：人的智力的测验分数是按常态分布的，大多数人的智力处于平均水平；离平均水平越远，获得该分数的人数就越少；人的智商从最低到最高，变化范围很大。假定各年龄组受测者的智力测验成绩平均数为 100，标准差为 15。这样，一个人的智力就可以用他的测验分数与同年龄组的测验平均分数相比来表示。公式为：$IQ = 100 + 15Z$，其中 $Z = \dfrac{X - \bar{X}}{SD}$。$Z$ 代表标准分数（standard score），X 代表个体的测验分数，$\bar{X}$ 代表团体的平均分数，SD 代表团体分数的标准差。只要我们知道了一个人的测验分数，以及他所属的团体分数和团体分数的标准差，我们就可以容易计算出他的离差智商。例如，某施测年龄组的平均得分为 80 分，标准差为 5，而某人得 85 分，他的得分比他所在的年龄组的平均得分高出一个标准差，$Z =$（$85 - 80$）$\div 5$ $= 1$，他的智商是 $IQ = 100 + 15 \times 1 = 115$。如果某人的得分比团体平均分低一个标准差，$Z = -1$，他的智商 IQ $= 85$。

由于离差智商是对个体的智商在其同龄人中的相对位置的度量，因而不受个体年龄增长的影响。例如，一个人在测验中的得分高于同龄组平均数 3

个标准差，那么，不论他的年龄是多大，他的智商都是 148。同样，一个智力平常的儿童，他的智商总是 100。

离差智商克服了比率智商的弊病，但也存在问题。它容易造成对智力的绝对水平的误解。例如，一个人的离差智商在 70 岁时和在 30 岁时可能都是 100，而智力的绝对水平并不相同，70 岁时的智力应比 30 岁时的智力低一些。

四、团体智力测验

斯坦福 – 比奈量表和韦氏测验都属于个别智力测验（individual intelligence test），每次只能施测于一个人。这种测验要求受测者作口头报告或熟练地运用测验材料，还要求施测者必须经过严格训练。因此，这种测验在个案研究中很有用，但不适合大规模团体。

（一）陆军甲种测验和陆军乙种测验

团体智力测验也是由于实际需要产生的。1917 年美国决定参加第一次世界大战，美国心理学会任命以伊尔克斯（R. M. Yerkes）为首的委员会研究为战争服务的方式。他们认为，选拔和分派官兵必须考虑到他们的一般智力水平，不过军队有一百多万人，实践这种想法，只能采用大规模的团体施测方法。采用团体智力测验（group intelligence test），就可以实现同时给一大组人施测，而且施测者不需要经过太多的训练即可胜任。军事心理学家使用了许多有用的材料，特别是欧提斯（Arthur Otis）的团体智力测验。欧提斯（Arthur Otis）早在当特曼的研究生时，就提出了将斯坦福 – 比奈量表改成纸笔测验形式的设想。此后不久，欧提斯的许多改编的测验被应用于第一个团体智力测验——陆军甲种测验（Army Alpha Test）之中。此后又产生了适用于文盲或母语为非英语的受测者的陆军乙种测验（Army Beta Test）。这两个测验在第一次世界大战期间和其后，测试了将近 200 万美国新兵。

陆军甲种测验是文字测验，主要包括 8 个分测验，分别是指使测验（照令行事测验）、算术测验、常识测验、异同测验（区别同义词和反义词）、字句重组测验、填数测验、类比推理测验和理解测验。陆军乙种测验则是非文字测验，由 7 个分测验组成，包括迷津、立方体分析、补足数列、译码、数字校对、图画补缺和几何形分析。一战以后，欧提斯和其他心理学家开始发表他们自己的团体智力测验，到 20 世纪 30 年代这些测验的发展达到高潮。

陆军甲种测验和陆军乙种测验目前已不常用。现在美国军队采用军人资格测验（Armed Forces Qualification Test，简称 AFQT）选拔军人及分兵种。

（二）瑞文标准推理测验

瑞文标准推理测验（Raven's Standard Progressive Matrices，简称 SPM）是英国心理学家瑞文（C. Raven）于 1938 年编制的一种团体智力测验，又称瑞文渐进图阵。它是非文字型的图形测验，由两种题目形式组成：一种是从一个完整图形中挖掉一块，另一种是在一个图形矩阵中缺少一个图形（如图 8 - 2)，要求被试从提供的几个备选答案中，选择一个能够完成图形或符合一定结构排列规律的图案。

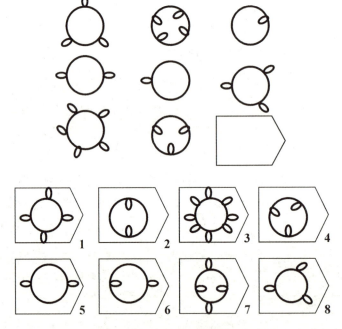

图 8 - 2 瑞文标准推理测验例题

瑞文推理测验的理论假设源于斯皮尔曼的智力理论。瑞文将智力 G 因素划分为两种相互独立的能力：一种称再生性能力，表明个体经过教育之后达到的水平；另一种称推断性能力，表明个体不受教育影响的理性判断能力。瑞文认为，词汇测验是对再生性能力的最有效测量，而非言语的图形推理测验则是对推断性能力的最佳测量。这就是瑞文推理测验的原理。

瑞文推理测验的优点在于测验对象不受文化、种族与语言等条件的限制，适用的年龄范围也很广，从 5 岁半直至老年，而且不排除一些生理缺陷者。测验既可个别进行，也可团体实施，使用方便，因而，该测验在世界各国广泛通用。

第三节 | 智力的发展

人的智力发展的过程既表现出共同的趋势，又表现出一定的差异。

一、智力发展的一般趋势

在人的一生中，智力水平随个体年龄的增长而变化，其发展趋势如下：

（1）从出生到 15 岁左右，智力的发展与年龄的增长几乎等速。之后以负加速方式增长，增长速度逐渐减慢。一般在 18～25 岁，智力的发展达到高峰。进入成年期后，智力发展保持在一个较稳定的水平。

（2）智力由不同的成分组成，各种成分的发展轨迹各不相同，达到顶峰的年龄以及增长与衰退的过程也各不相同。

（3）根据对人的智力的发展研究，人的流体智力在中年之后有下降的趋势，而人的晶体智力在人的一生中却是稳步上升的。

二、智力发展的个体差异

所谓个体差异（individual difference），是指个体在成长过程中受遗传与环境的交互影响，使不同个体之间在身心特征上所显示的彼此不同的现象。了解和鉴别个体差异，一向受到教育界与社会各界的重视。

（一）智力发展水平的差异

在一般人群中，智力的分布接近正态分布（normal distribution）：两头小，中间大。智力的高度发展称为智力超常或天才；智力发展低于一般人的水平称为智力低下或智力落后；中间可分成不同的层次。如果用斯坦福－比奈量表来测量某一地区全部人口的智力，则智商在 100 ± 16 范围内的人应该占人口总数的 68.2%，智商在 100 ± 32 以内的人应占人口总数的 95.4%。智商高于 132 或低于 68 的人在人口总数中只有极少数。不同智商水平在人口中所占百分比不同（表 8－6）。

表 8 – 6　智商在人口中的分布

IQ	名称	百分比（%）
140 以上	极优等（very superior）	1.33
120 ~ 139	优异（superior）	11.30
110 ~ 119	中上（high average）	18.10
90 ~ 109	中等（average）	46.50
80 ~ 89	中下（low average）	14.50
70 ~ 79	临界（border line）	5.60
70 以下	智力落后（mentally retarded）	2.90

（二）智力的性别差异

在韦氏智力量表问世前，心理学家对智力的性别差异的研究只是局限于对总体智力水平的比较，也就是对男女一般智力因素的比较。20 世纪 30 年代的许多研究发现，男女在一般智力因素上没有性别差异。40 年代，韦氏量表的问世，使智力测验不仅能考察一般智力因素，还能测查特殊智力因素。韦克斯勒在 1958 年对 8 ~ 11 岁儿童进行韦氏智力测验的测试，结果发现，男女有明显的差异，男女儿童在不同智力方面显示出各自的优势。

女性在词语灵活性、阅读理解、手指敏捷性、文书技巧方面优于男性；男性则在数学推理、视觉 – 空间能力、躯体运动速度和协调方面优于女性。至少在某种程度上，这些差别被认为是由于社会对男孩和女孩的不同要求造成的。例如，人们通常期望女孩在言语和社会技能方面更成功；而要求男孩在数学、机械等问题解决式的任务中表现得更为突出。

三、遗传和环境对智力发展的影响

智力的形成和发展，是许多因素共同起作用而实现的。下面主要介绍两个争论最多的因素：遗传和环境。一些心理学家认为遗传因素对智力的影响大，而另一些心理学家则认为环境因素的作用更大，使看似简单的问题充满了争议。

（一）遗传作用

关于遗传在智力发展和个体差异形成中的作用，心理学家曾从三方面进行过研究。

一是研究血缘关系疏密不同的人在智力上的类似程度。如果遗传对智力有作用，那么血缘关系越密切的人，智力的发展水平应该越相似。正如表8-7所示，无血缘关系的人的智力相关度很低，血缘关系接近的人在智力发展水平上确实有接近的趋势。同卵双生子智力的相关度高于异卵双生子和同胞兄弟姐妹。

二是研究养子养女与亲生父母、养父母智力发展的关系。如果遗传对智力发展有作用，那么孩子与亲生父母能力的相关，应该比与养父母智力的相关高。研究结果也验证了，亲生父母与子女的智力相关高于养父母。

三是对同卵双生子进行追踪研究。这些孩子从小被分开生活在不同的环境，若干年后，将他们进行比较。如果遗传确有作用，那么同卵双生子即使生活在不同环境中，他们的发展仍应保持较高的相关。研究发现，在同卵双生子之间所观察到的智商的相似性最为显著。同卵双生子由单个卵子发育而成，具有完全相同的基因。同一家庭中长大的同卵双生子智商相关很高，即使将同卵双生子分开抚养，相关依旧很高，只从 0.88 下降到 0.75。

综上所述，遗传因素对智力的发展的确有一定的作用。当然，这些材料同样也表明，对所有研究对象来说，在同一环境中生活者，他们智力的相关都比在不同环境中生活者智力的相关要高一些。即使没有血缘关系的人（如养父母与子女），由于生活在同一环境，他们的智力也有一定的相关。这说明在智力发展中，环境的作用也是很重要的。

表 8-7　血缘关系、环境与智力发展的相关

关系与类别	相关系数
无血缘关系而又生活在不同环境者	0.00
无血缘关系但自幼在同一环境长大者	0.20
养父母与养子女	0.30
亲生父母与亲生子女（生活在一起）	0.50
同胞兄弟姐妹生活在不同环境长大者	0.35
同胞兄弟姐妹生活在同一环境长大者	0.50
异卵双生子不同性别而在同一环境长大者	0.50
异卵双生子同性别而在同一环境长大者	0.60
同卵双生子生后在不同环境长大者	0.75
同卵双生子生后在同一环境长大者	0.88

（二）环境作用

1. 产前环境的影响

胎儿在出生前生活在母体中，母体状况及生活环境对胎儿的生长发育以及出生后智力的发展都有重要影响。我国古代早已有"胎教"的主张。现代科学研究也证明，重视产前环境的影响有重要意义。

许多研究发现，母亲怀孕的年龄常常影响到儿童智力的正常发展。以唐氏综合征（Down syndrome）为例。唐氏综合征又被称为先天愚型，在婴儿中的发生率为 1/800，患者有中度到重度的智力落后，生命通常只有 40 年左右。唐氏综合征不是遗传病，而是母体内的卵子在体内环境中受到损害，因而出现额外染色体的结果。如表 8 - 8 所示，母亲的受孕年龄越大，风险也越大。到目前为止，唐氏综合征是无法治愈的。

表 8 - 8　母亲受孕年龄与唐氏综合征的发病率

母亲年龄	发病率
小于 29 岁	1/3000
30 ~ 34 岁	1/600
35 ~ 39 岁	1/280
40 ~ 44 岁	1/70
45 ~ 49 岁	1/40

此外，母亲怀孕其间服药、患病等因素也可能会使胎儿发育受到不良影响。怀孕期间母体营养不良，不仅可能会严重影响胎儿脑细胞数量的增加，而且还有可能造成流产、死胎等现象。营养不良发生的时间越早，对胎儿的影响也就越严重。用动物做实验还发现，缺乏维生素 C、D，会影响胎儿生长的速度，引起肢体缺陷和学习能力低下等现象。

2. 早期经验的影响

在儿童成长的整个过程中，智力发展的速度是不均衡的。智力在早期阶段变化很快，而且对以后的发展有很大影响，很可能在一定程度上制约着个体一生智力发展的水平。美国心理学家布鲁姆（B. S. Bloom）在总结前人大量的研究成果后提出，智力发展的一般情况是：与 17 岁达到的智力水平相比，4 岁就大约达到发展的 50%，其余 30% 于 4 ~ 8 岁获得，最后 20% 是 8 ~ 17 岁获得。因此，儿童早期生活环境和教育的安排，应当引起家庭和儿童教养机构的极大重视。

智力落后者中有30% ~40%找不到生物学方面的原因，这些人一般为轻度落后，智商范围在50~70，家庭中通常还有其他轻度智障者。这种所谓家庭环境性智力落后（familial retardation）与贫困有关，这些家庭中的儿童缺乏营养、智力刺激、医疗条件和情绪方面的照顾。因此，这类的智力落后在很大程度上可以通过改善营养、教育和儿童早期养育条件等加以预防。

一些实验研究表明，丰富的环境刺激有利于儿童智力的发展。孩子出生后，如果睡在有花纹的床单上，床上吊着会转动的音乐玩具，他们仰卧时，就能自由地观察这一切。那么，两星期后，他们就试着用手抓东西。而没有提供刺激的婴儿，这种动作要5个月时才出现。研究还发现，缺乏母亲抚爱的婴儿，可能出现智力发展上的问题。有安全感的孩子喜欢探索环境，而探索环境正是能力发展的重要条件。

强调早期经验的重要性并不意味着这种影响是一成不变和不可弥补的。有些儿童教育机构忽视成人与儿童的交往，这些儿童特别是在早期的智力一般都低于家庭中成长的儿童。但也有很多事例证明，曾在这样的机构中度过早期岁月的儿童，以后生活条件改善，特别是心理－交际环境改变，他们的智力的发展仍然可以得到很大的改善。

🔵 3. 学校教育的作用

学校教育是对年轻一代施加有目的、有计划、有组织的影响，在儿童发展的过程中起着主导作用。学生通过系统地接受教育，不仅要掌握知识和技能，而且要发展智力和其他心理品质。智力不同于知识、技能，但又与知识、技能有密切关系。对儿童和青少年来说，发展智力与系统学习以及掌握知识技能密不可分。塞西（Stephen Cecil）发现，人们离开学校之后智商每年下降0.26~6分不等。如果一个人在中学二年级时辍学，在成人期智商下降最多可达24分。相反，人们在学校学习的时间越长，智商提高越多。可见，学校教育对智商有巨大影响。

综上所述，没有一个心理学家会否定遗传是智力发展的一个重要影响因素，同时，所有的人都认为环境对智力有影响。虽然不同研究者在遗传和环境作用问题上的争论将继续下去，但大家在这一点上已能达成共识，即改善社会和教育条件能够提高智力水平。

总而言之，智力发展中反映着人的潜能、后天因素和先天因素的作用。我们或许可以把人类遗传的智力潜能比喻为一根橡皮筋，把环境作用比喻为外部的拉力，如果一根橡皮筋本身较长，不费劲就能拉到一定长度；如果一根橡皮筋较短，用的力大一些也能拉到同样长度。当然，只有先天的禀赋加上后天的良好条件才可能使人达到最高智慧水平。

第四节 | 创造力

一、创造力与智力的关系

智力与创造力的关系，是一个具有重大理论意义和实践意义的问题，也是心理学家十分关注的问题。心理学家依据智力测验和创造力测验的结果，运用相关法，分析智力与创造力之间的相关程度。托兰斯（Torrance，1962）以小学生为研究对象的实验结果表明，智力与创造力的相关比较低。夏克劳夫特（Shaycroft，1963）以 7648 名 15 岁儿童作为研究对象的实验结果表明，智力与创造力的相关为 0.67，这说明智力越高的人越倾向于有高创造力。吉尔福特（Guilford，1971）采用自编的创造力测验，对智商范围在 70～140 的儿童进行创造力测验。他的研究结论是，智力与创造力之间存在着非线性关系：①智商低的人不可能有高创造力；②高智商的人未必有高创造力；③创造力低的人智商可能低，也可能高；④高创造力的人必须具有中等以上的智商。从以上结论我们可以看出：高智商是高创造力的必要条件，而非充分条件。

学校的教学较偏重知识，学生的学业成绩与智力发展水平的相关较高，而与创造力的相关较低。可见，不能单纯以学生的学业成绩来评估学生的创造力的高低。

二、创造力测验

1950 年，吉尔福特在美国心理学年会上作了题为《创造性》的著名演讲，此后，许多创造力研究者皆遵循他的思路继续研究。吉尔福特将创造力定义为发散思维的能力，即对规定的刺激产生大量的、变化多端而又独特的反应的能力。他进而指出：现有的传统的智力测验一般注重于聚合思维的测量，测验的内容一般为常识性的并有固定答案的问题，测量的结果主要是反映个人的记忆、理解和一般的推理能力，并不鼓励受测者做出多样化的、与众不同的反应，因此，被试者的创造力在智力测验中无法得到充分反映。而创造力测验的内容不是强调对现成知识的记忆与理解，而是强调思维的流畅性、变通性与超乎寻常的独特性，问题的答案也非唯一和固定的。

流畅性指思维对刺激迅速而通畅的反应，即单位时间内发散项目的数量。发散项目越多，反应越迅速，流畅性越好，创造力越高。以华莱奇和科甘（Wallach 和 Kogan，1965）的一项研究为例，他们用一系列的测验测量了儿童思维的流畅性：①尽量说出几种常见东西的用途，如鞋子、软木塞等；②尽量说出一对物体相似的地方，如火车与拖拉机、马铃薯与胡萝卜等；③尽量列举一个抽象范畴所具有的各种实例，如圆形的东西有水珠、皮球、盖碗等。

变通性，指随机应变的能力，即发散项目的范围和维度。发散范围越广，维度越多，变通性越强。例如，要求被试尽可能多地想出旧轮胎、砖或牙签能有哪些用途。能想到的用途越多，表明变通性越强，创造力越高。

独特性，指对刺激不同寻常的反应，即发散项目不为一般人所有。发散项目越是新奇、与众不同，独特性就越强。吉尔福特采用命题测验来测试人的思维的独特性。这种测验方式是提出一段故事情节要求被试按照自己的意思想一个适当的题目，题目越奇特越好。如有这样的一个故事，大意是：一对夫妻，妻子本是哑巴，经医生治疗后能像正常人一样说话了。但是妻子说话太多，整天与丈夫吵闹，丈夫非常痛苦，最后只好要求医生再设法把他自己变成了聋子，家中才又恢复了安宁。对这样的一个故事，一类被试将其命题为《丈夫与妻子》、《医学的奇迹》、《永远不满意》；另一类被试命题为《聋夫哑妻》、《无声的幸福》。吉尔福特认为，后一类被试比前一类被试的命题独特。

人的创造力在现代生活中有重要意义，因此，创造力测验也就引起了人们的普遍重视。但是这类测验研究的历史还不长，测验的标准化程度还不够。某些测验虽然取得了一些有价值的成果，但是离实际应用——预测和控制人的创造行为还有很远的距离。

第五节 ｜ 智力实验

一、韦克斯勒智力测验

【实验目的和任务】熟悉智力测验的施测方式；掌握智力测验的测验要领；体验智力测验；能够正确分析和解释智力测验的结果。

【实验内容与要求】

1. 目的：掌握韦氏成人智力测验的实施、记分及结果解释方法。

2. 中国修订韦氏成人智力量表（WAIS-RC）。韦氏成人智力量表包括十一个分量表。言语量表六个：常识 29 项、理解 14 项、算术 14 项、相似 13 项、背数 19 项、词汇 40 项；操作量表五个：填图 21 项、积木 10 项、图法排列 8 项、数字符号 90 项、图形拼凑 4 项。

3. 实验器材：

（1）手册一本

（2）记录表格一份

（3）词汇卡一张

（4）填图测验图卡和木块图测验图案，共一本

（5）图片排列测验图卡一本

（6）红白两色立方体一盒（9 块）

（7）图形拼凑碎片四盒

（8）图形拼凑碎片摆放位置卡一张（同时作摆放碎片时遮住被试者视线的屏风用）

（9）数字符号记分键一张

4. 操作方法和实验步骤：首先填写好被试者的一般情况、测验时间、地点和主测人，然后按测验的标准程序进行测验。成人测验时，一般按先言语测验后操作测验的顺序进行，特殊情况下可改，如遇言语障碍或情绪紧张、怕失面子的被试者，可先做一两个操作测验，或从比较容易做好的项目开始。测验通常一次做完，容易疲劳和动作缓慢的被试可分次完成。

二、瑞文智力测验

【实验目的】熟悉智力测验（特别是团体测验）的施测方式；掌握瑞文测验的测验要领；体验瑞文测验；能够正确分析和解释瑞文测验的结果。

【实验器材】标准瑞文智力测验题目材料，笔，计时器。

【实验步骤】

1. 先发答卷，带领被试逐栏填写答卷纸上部姓名、性别、出生年月日等，填写完毕发测验图册，在没有指示前不允许翻开。主试再三强调不要往测验图册上写任何字或做记号。

2. 主试根据指导语向被试讲解

主试说："这是一个有趣的练习，完成时要认真看、认真想，前面的题目认真了，会对后面的题目有好处，下面我们开始。"

"打开你的测验册第一页，像这样"（主试示范给团体），"看你答卷纸上有 5 栏，最上面一栏是 A 系列，标着 A1、A2……（在黑板上画出这 5 栏）看图册上的第一张图是 A1，在这张图中，上面的图案是缺了一部分的，图案下面的这些块块（轮流指每块）形状都与空白部分一样，但内容不同，不是每块都能补全上面的图案，第一块（先指块块，再指图案）是相当不同的，第二、三块也不一样，对不上，第六块怎样？图案一样，但是也有一小块空白，用你的手指点出一块最合适的。"（注意前排几个人，看其是否点对了）"对，第四块是正确的一块，所以 A1 的答案是 4。把'4'写在答卷纸上 A1栏的第一格里，填完的人也先不要往后翻。"

等到每一个人都完成了 A1，继续说："在你书里的每一页都有一幅幅图案，你每看一幅图都要决定图案下面的块块哪个补充在图案缺少的空白上合适。当你找出正确的一块，你就把它的号码写在答卷纸上与图案号码相对应的一格里。不要往测验图册上写任何东西。题目由易到难，如果你注意做容易的题目，你会发现做后面的题目就不太难了。按顺序做每个题，从一开始直到做完。不要翻回来检查，填写答案时要看对题号。这个测验练习没有时间限制，你要认真做，一般人完成它需要 40 分钟左右的时间。记住，每个题只有一个正确答案。"

"好，我们来做第二道题，A2"，留出时间使每个人写下答案，然后说："在 A2 的选择中，正确的一个是 5。看看你是不是在答案纸上 A2 这一格下面写了'5'？你继续做下去，直到把这本测验做完。我在你们周围走，有问题可以举手问。"

（主试与助理开始巡视，特别注意前 5 题，对不能理解答题方式或前 5 题基本不能正确回答者，单独重复指导语。）

3. 当被试完成测验的全部题目后可以离开，走前应收回他的答题纸与测验图册，检查一下是否有填错格子或漏答题的情况，没有问题时再让被试离开。必要时记录下被试所用时间。

想一想 --

1. 有关智力结构的主要理论有哪些？近年来对智力的看法有何变化？

2. 如何理解智商？怎样根据智商来了解自己在同龄人中智力的相对水平

以及自己智力的特点？

    3. 如何才能发挥遗传和环境对智力发展的积极作用？

    4. 典型的智力测验与创造力测验有何区别？

 测一测 --- ▶

AH4 智力测验部分内容

表 8 - 9 展示的 12 个测验条目选自 1968 年修订版的 AH4 的第一部分，AH4 是艾丽斯·海姆（Alice Heim）设计的用于一般成年人群体的一个很有名的智力测验。

表 8 - 9　AH4 智力测验部分内容（1968 年修订版）

Q1	1，2，3，4，5，6，7，8，9　请写出它们当中最大的数字
Q2	1，2，3，4，5，6，7，8，9　请写出这些数字中的中间的那个数字
Q3	晚的反义词是……　1　2　3　4　5　约会　早　后面　延迟　立刻
Q4	大的反义词是……　1　2　3　4　5　高大　大　地点　小　高
Q5	1，4，7，10，13……　下一个数字是什么？
Q6	2，4，8，16，32……　下一个数字是什么？
Q7	鱼和游的关系就像鸟和……　1　2　3　4　5　人　飞　走　飞机　麻雀
Q8	低和高的关系就像坏和……　1　2　3　4　5　罪　红　试　也　对
Q9	这里有三个数字：325，请将最大的两个数字连到一起，然后再用最小的去除，结果是……
Q10	这里有三个数字：594，用最大的两个数减去最小的数字，然后再用最大的数字之前的数字去除，结果是……
Q11	年轻的同义词是……　1　2　3　4　5　年幼　古老　朝气蓬勃　热烈　婴儿
Q12	礼物的同义词是……　1　2　3　4　5　包裹　玩具　生日　买　礼品

第九章　人格与人格评估

人格是心理学研究个别差异时除智力之外的另一个重要方面，是一个复杂、困难而又重要的主题。人格是一种心理特征，它使每个人在心理过程中表现出各自独特的风格。本章将介绍人格的类型与特质、人格的形成与发展及其评估与实验。

第一节｜人格的类型与特质

互联网带来的影响的积极一面：人们能扩展自我经验；能通过表明自己的身份来获得健康和自我接受。当然，这样做也会有一定的危险，匿名可能使他们的生活以某种方式分裂，从而导致不适应行为（Reid，1998），同时，一些研究认为人们日益增加的害羞倾向是因为使用了互联网。但我们仍然希望大多数人可以从互联网带来的自我探索机会中获得确实的好处。

一、什么是人格

人格（personality）：一系列复杂的具有跨时间、跨情境特点的，对个体特征性行为模式（内隐的以及外显的）有影响的独特的心理品质。人格理论是对个体人格结构和功能的假设性说明。

多数心理学家比较赞同这样的定义：人格是个体在先天生物遗传素质的基础上，通过与后天社会环境的相互作用而形成的相对稳定的和独特的心理行为模式。

解释：第一，人格是一个人的心理行为模式。第二，这种心理行为模式是独特的。第三，这种心理行为模式是相对稳定的。第四，人格不是生下来就有的，而是在先天生物遗传素质的基础上，通过与后天环境相互作用而形成的。

（一）从心理学的源头分析

沿着历史的隧道回溯心理学的演变历程，展示一个心理学的本源意义。

斯芬克斯之谜：斯芬克斯之吻，这也是我们对心理学的一种普通理解——"人，认识你自己！""personality"源于拉丁文"persona"，本意是指面具。面具（mask）是演戏时应剧情的需要所画的脸谱，它表现剧中人物的角色和身份。面具指义为人格的两层意思：个人在生活舞台上表演出的各种行为，表现于外给人印象的特点或公开的自我。个人蕴藏于内、外部未露的特点，即被遮蔽起来的真实的自我。一般来说，人格不仅指一个人的外在表现，而且指一个人的真实的自我。

心理学沿用其含义，把一个人在人生舞台上所扮演的角色的种种心理活动的总体看成是人格。

（二）人格与个性

个性：一个人区别于他人的稳定的、独特的整体特性。

（1）个性是指人的个别差异，从差别的角度来看一个人不同于他人的特点。人格则是对一个人总的描述或本质的描述。从这个意义上说，个性仅表达人格的独特性，但人格还有整体性等特点。

（2）个性是相对于共性（generality）而言的，世界上的万事万物都有个性，人自然也有个性；但人格是只对人而言的，对事物和动物显然不能用人格来描述。人格就是一个真实的人，人格这个概念比个性具有更多的内涵。

二、人格的类型

一些人格理论家将人归入不同的类别中，也就是人格类型（personality types）。

公元前5世纪希腊医生希波克拉底认为人体含有四种基本的体液，每种体液与一个特定的气质类型（一种情绪和行为的模式）相对应。个体的人格是由体内何种体液占主导所决定的：血液→多血质：快乐，好动。黏液→黏液质：缺乏感情的，行动迟缓的。黑胆汁→抑郁质：悲伤，易哀愁。黄胆汁→胆汁质：易激怒，易兴奋。

威廉·赛尔顿将体型和气质联系在一起。他根据体型将人分为三种类型：内胚层型（胖，柔软，圆润），内胚层型的人是放松的、喜欢吃东西而且喜爱社交。中胚层型（肌肉发达，矩形身材，强壮），中胚层型的人是充满能量、勇气以及有过分自信倾向的人。外胚层型（瘦长，虚弱），外胚层型的个体是有头脑的、爱好艺术的以及内向的，他们通常更多地考虑生活，而不是消耗或是仅仅执行它。

　　1959 年霍兰德以自己的职业咨询经验为基础提出了一种关于职业选择的人格类型理论。这是一种在特质－因素理论基础上发展起来的人格与职业类型相匹配的理论，其理论观点是：职业选择是个人人格的反映和延伸，人格（包括价值观、动机和需要等）是决定一个人选择何种职业的重要因素；个人职业选择分为六种"人格性向"，分别为现实型、研究型、艺术型、社会型、企业家型、传统型；工作性质也分为六种：现实性的、调查研究性的、艺术性的、社会性的、开拓性的、常规性的。

　　人格类型理论的实质在于择业者的人格特点与职业类型的适应。在适宜的职业环境中个人可以充分施展自己的技能和能力，表达自己的态度和价值观，并且能够完成那些令人愉快的使命。

三、人格的特质

　　特质（trait）是持久的品质或特征，这些品质或特征使个体在各种情况下的行为具有一致性。阿尔波特（Gordon Allport）将特质看作人格的框架和个性的根源，它们将一个人对于各种刺激的反应联系并统一起来。特质可能作为一个中介变量，使一系列刺激和反应产生联系。

（一）阿尔波特特质理论

　　阿尔波特确定了三种特质：首要特质、核心特质和次要特质。首要特质影响一个人如何组织生活。但并不是所有的人都会发展出这样明显的首要特质。核心特质是代表一个人主要特征的特质，如诚实和乐观。次要特质是有助于预测个人行为的特定的、个人的特征，例如对食物和衣着的偏好。

（二）确定普遍的特质维度

　　● 1. 卡特尔的 16 人格因素

　　人格的 16 因素是卡特尔根据自己的人格特质理论，运用因素分析方法编制的。卡特尔认为：人的行为之所以具有一致性和规律性就是因为每一个人都具有根源特质。为了测量这些根源特质，他首先从各种字典和有关心理学、精神病学的文献中找出约 4500 个用来描述人类行为的词汇，从中选定 171 项特质名称，让大学生应用这些名称对同学进行行为评定，因素分析后最终得到 16 种人格特质。卡特尔认为这 16 种特质代表着人格组织的基本构成：因素 B－聪慧性、因素 C－稳定性、因素 E－恃强性、因素 F－兴奋性、因素 G－有恒性、因素 H－敢为性、因素 I－敏感性、因素 L－怀疑性、因素 M－幻想性、因素 N－世故性、因素 O－忧虑性、因素 Q1－实验性、因素 Q2－独立性、因素 Q3 - 自律性、因素 Q4 - 紧张性。

艾森克（Hans Eysenck）根据人格测验的数据推出三个范围很广的维度：外向性（内源导向性的或外源导向性的）、神经质（情绪稳定的或情绪不稳定的）、精神质（善良的、体贴的或有攻击性的、反社会的）。

2. 艾里克森的主要观点

（1）自我对健康成长和适应环境具有重要作用。

（2）自我的自主性对人格有重要影响（自我以美德为特征）。

（3）人格发展包括机体成熟、自我成长和社会关系三个不可分割的过程。

（4）人格发展过程经历八个阶段，即心理危机。每个阶段都是人生的一个转折。

（5）心理危机解决标志是前阶段向后阶段的转化。

（6）教养环境直接关系到危机能否积极解决。

自我（ego）是独立的力量，而非本我（Id）、超我（Super-ego）压迫的产物。自我是种心理过程，包含人的意识活动并能够加以控制；是人过去/现在经验的综合体，并能够把进化过程汇总的两种力量——人的内部发展、社会发展综合起来。

艾里克森提出了"自我同一性"的概念，这是指人对自我一致性或连续性的感知，常常出现在青年的后期。在个人方面，有个人同一性，指清楚认识自己固有的特点、爱好、理想，这是一个要确定做什么样的人的时期。在社会方面，有集体同一性，是追求一种社会的认同感。

人的一生是个生命周期，八个阶段（表 9 - 1）以不变序列逐渐展开（由遗传因素决定），能否顺利度过由社会环境决定。每个阶段都有危机（转折），积极解决，人格得到健全发展；消极解决，会削弱自我的力量。人的发展阶段一环扣一环，形成一个圆圈。

表 9 - 1　人生发展的八大心理危机阶段

阶段	年龄	成功品质	不成功品质
基本信任对基本不信任	0 ~ 1	希望	恐惧
自主性对羞怯和怀疑	1 ~ 3	自我控制与意志力	自我怀疑
主动性对内疚感	3 ~ 6	方向和具有目的	无价值感
勤奋对自卑	6 ~ 12	能力	无能感
同一性对角色混淆	12 ~ 18	忠诚	不确定感
亲密对孤独	18 ~ 24	爱	孤僻和疏离
繁殖对停滞	25 ~ 65	关心	自私
自我整合对失望	65 ~	明智和完美无憾	绝望与悲观沮丧

3. 五因素模型

人们用来描述自己和他人的特质时仅有五个基本的维度，这五个维度是非常宽泛的，在每一个维度中都包含许多特质。这些特质有着各自独特的内涵，但又有一个共同的主题。人格的这五个维度现在被称为五因素模型（five-factor model）。

外向性：健谈的、精力充沛的、果断的/安静的、有保留的、害羞的。
和悦性：有同情心的、善良的、亲切的/冷淡的、好争吵的、残酷的。
公正性：有组织的、负责的、谨慎的/马虎的、轻率的、不负责任的。
情绪性：稳定的、冷静的、满足的/焦虑的、不稳定的、喜怒无常的。
创造性：有创造性的、聪明的、开放的/简单的、肤浅的、不聪明的。

五因素模型在很大程度上是描述性的，五大因素的每一个因素都有其本质的遗传性。

（三）人格特质和遗传性

行为遗传学研究的是人格特质和行为方式受遗传影响的程度。几乎所有的人格特质都受遗传因素的影响。

（四）特质能否预测行为

在不同时间和不同观察者之间进行的人格评定被发现有一致性，然而，一个人在不同情境下的行为评定却没有一致性，这一现象被称作一致性矛盾（consistency paradox）。对特定的人和特定情境进行正确描述时，我们会发现行为的一致性。

第二节 ｜ 人格的形成和发展

一、影响人格形成的因素

人格的形成与发展离不开先天遗传与后天环境的关系与作用。心理学家们认为，人格是在遗传与环境的交互作用下逐渐形成并发展的。

（一）遗传和身体方面的因素

所谓遗传，是指上一代染色体中包含的遗传性状传给下一代的现象。遗传包括种系遗传和个体遗传两种，而在心理学中讨论的问题，主要是个体遗传。在日常生活中，人们会发现，子女与父母之间往往不只是容貌、体形相似，而且性格、智力、兴趣也有某些相似之处。这主要受遗传的影响，遗传不仅在身体外形方面表现出某种相似之处，而且由于子女在父母言传、身教的影响下，他们会经常观察和模仿家长的行为，这样在子女身上会逐步表现出父母身上的某些个性特征。身体因素主要指一个人的外表和身体的机能对人的个性的影响。人的容貌、体形的好坏对人的个性会产生直接影响。身体外部条件比较好的人容易产生愉快、满足之感，这种自豪感容易使人形成积极向上的个性。反之，身体外部条件不好的人，容易形成一种心理压力，产生一种自卑感，这种自卑感时间一长也容易使人形成消极的个性。同样，人的身体的某一个或多个机能有障碍，如神经系统、心血管系统、内分泌系统有残疾，也可能引起人的个性的变化，如思想压抑、情绪呆板、行动迟缓等。无论是遗传还是身体方面的因素，如果对一个人的个性产生了消极影响，个人和师长都应进行积极的引导，以使之个性向积极、健康的方向发展。

（二）环境方面的因素

环境因素主要指家庭、学校和社会对一个人个性形成的影响。

家庭因素对个性的影响，是指家庭的经济与政治地位、父母的文化素养和言行、家庭成员之间的关系等，这些因素对一个人的个性的形成和发展有重大影响。俗话说"父母是孩子的第一任老师"、"有其父必有其子"，就形象地说明了家庭因素对人的个性的影响。

研究人格的家庭成因，重点在于探讨家庭的差异（包括家庭结构、经济条件、居住环境、家庭氛围等）和不同的教养方式对人格发展和人格差异具有的不同的影响。

学校教育对人的性格的形成，特别是人对社会、事业、人的看法和态度的形成，对人的世界观、人生观、道德理想、奋斗目标的确立，具有重要的意义。学校对人的影响不同于家庭和一般社会环境，不是偶然的、零碎的，而是系统、有目的、有计划地进行的，学校的文化知识、思想品质、行为规范的教育对学生良好个性的培养都有至关重要的影响，这些影响主要来自课堂教学、课外活动、班集体的风貌、师生关系与同学关系等。

社会和社会实践对一个人的个性培养和发展的作用也不容忽视，而且可以说是最终决定一个人的个性形成的因素。一个人从家庭、学校到最终走上社会，为了适应日益扩大的生活领域和人际交往，在反复学习担当各种新角色、新工作应有的行为方式和对事物的态度的同时，形成和改变着某些个性特征。职业的种类、劳动报酬、荣誉、与领导和同事的关系都会对个性的变化起着重要作用。

（三）社会文化因素

每个人都处在特定的社会文化环境中，文化对人格的影响极为重要。社会文化塑造了社会成员的人格特征，使其成员的人格结构朝着相似的方向发展，这种相似性具有维系社会稳定的功能，又使得每个人能稳固地"嵌入"整个文化形态里。

社会文化对人格具有塑造功能，还表现在不同文化的民族有其固有的民族性格。例如中华民族是一个勤劳勇敢的民族，这里的"勤劳勇敢"的品质便是中华民族共有的人格特征。不同的国家和地区有具体的文化特征，比如不同的语言、不同的道德理想、不同的价值观念、不同的生活方式。这些都会在人的性格上打上不同的烙印。

（四）自然物理因素

生态环境、气候条件、空间拥挤程度等这些物理因素都会影响到人格的形成与发展。比如气温会提高某些人格特征的出现频率，如热天会使人烦躁不安等。但自然环境对人格不起决定性的作用。在不同物理环境中，人可以表现不同的行为特点。

除了上述这些因素以外，年龄也会对一个人的个性产生影响，不同的年龄段，个性都会有明显的区别，这与人的思想发展、知识面扩大、经验的丰富有关。总之，一个人的个性是在各种内外因素的影响下形成和发展变化的。

二、人格发展理论

（一）心理动力学理论

强大的内在驱力塑造人格并引发行为——这是心理动力学的人格理论（psychodynamic personality theories）。

1. 弗洛伊德的精神分析理论

人格的核心是一个人思想中的各种事件（即内心事件，intrasychic events），这些事件是行为的动机。所有的行为都是由动机引发的。行为从来不会由随机和突发事件引起。人类的每一个动作都有一个原因和一个目的，这种原因和目的能够通过对思维联想、梦、错误和其他的关于内在情绪的行为线索进行分析而被发现。

（1）驱力和性心理发展。人类行为动机的来源归因为每个个体内都能找到的心理能量。每个人都具有与生俱来的本能或者驱力，这些本能成为身体器官产生的驱力系统。

两种基本的驱力。其中之一是和自我生存相关的。另一个为性本能，这是一种和性冲动以及物种延续相关的本能。力比多（libido）形容性冲动能量的来源，这种心理能量能驱使我们寻求各种各样的感官快乐。性本能是一种范围广泛的性驱力，它不是在青春期忽然产生的，而是在出生时就开始起作用。

如果在性心理发展的某个阶段得到过分的满足或者受到挫折会导致固着（fixation），固着将导致无法正常地进入性心理发展的下一个阶段。

（2）停滞。从低级阶段进入到较高级的阶段，其首要条件是顺利解决前一阶段的主要矛盾和冲突，不至于发生严重的心理障碍。心理障碍可以导致任何阶段的发展停顿或延缓，这种现象称之为停滞（fixation）。

（3）人格特征。①口腔期。口腔期发生过停滞的人，会有口腔型特征：只对自己感兴趣，对他人的看法则完全从"他能给（喂）我什么"着眼，总要求别人给他什么东西（不论物质上的，还是精神上的），不论采取乞求或是攻击性的方式索取，总离不开口腔期"吸吮"的本质。②肛门期。在这一时期，儿童必须学会控制生理排泄过程，使他们的功能符合社会的要求。也就是说，儿童必须接受在厕所中大小便的训练。肛门性格分为两类：一类是肛门保护型，此类型的人一般表现为整洁、小气、做事有条理；另一类是肛门驱逐型，此类型的人一般表现为不整洁、大方、做事缺乏条理。③性器期。性器型特征是性器期没有解决好欧底帕斯情结或爱莉克拉情结导致的。具有性器型特征的人，行为轻率、果断和自信，这些行为特征主要是对"阉割"焦虑的反抗。弗洛伊德认为，在男女的性器阶段如果出现固着，就会出现不同的人格特征，形成性器型性格。④潜伏期。在潜伏期中，新的兴趣取代了婴孩式的性冲动，"社会化"开始了，孩童将注意力转移到广大的世界。⑤生殖期。弗洛伊德认为极少有人真正达到了人格发展的最高阶段生殖阶段，因为人们很难顺利地、彻底地解决早期发展阶段所存在的各种心理矛盾和冲突，而不产生停滞和倒退。

（4）精神决定论（psychic determinism）。精神决定论认为所有心理和行为反应（症状）都是由早期经验决定的。无意识（unconscious），即不能够被意识到的信息的储存处。行为能够被人意识不到的内驱力引发。当你的讲话或者行为中表露出无意识的渴望时，弗洛伊德的失误就出现了。

（5）人格的结构。人格的差异是人们对待基本的驱力方式的不同引发的。本我（id）可以看作是原始驱动力的储存处。它非理性地运作着，它跟随冲动运动并追求即时的满足感，而不考虑所渴望的行为是否现实可行、被社会所认可。本我被快乐原则所支配，无节制地寻找满足感能随时被实现而不考虑其后果，这种快乐特别指性、生理和情感快乐。超我（superego）是一个人的价值观的储存处，包括从社会习来的道德态度。超我经常和本我出现矛盾。本我想要做感觉上快乐的事情，而超我则坚持做那些正确的事情。自我（ego）是一个基于现实的自我方面，来调和本我冲动和超我需求之间的冲突。自我代表一个人关于生理和社会现实的观点，是他（她）关于行为的原因和结果的理性认识。自我是受到现实原则支配的，这种原则为快乐的需求提供现实的选择。当本我和超我产生矛盾，自我会进行折中来尽量满足两者需要。

压抑（repression）是一种自我保护的心理过程，以免因不被接受的和/或可能引起危险的冲动、愿望或记忆而体验到极度焦虑或罪恶感。压抑是个体克服有威胁的冲动和愿望的最基本的自我防御方式。

自我防御机制（ego defense mechanisms）是自我在寻求表现的本我冲动与否定它们的超我要求之间的日常冲突中用来保护自身的心理策略。

焦虑（anxiety）是被压抑的冲突要出现在意识领域时所引发的一种强烈的情绪反应。

有一些形式的心理疾病就是过度依赖防御机制应对焦虑的结果。主要自我防御机制包括置换、幻想、认同、分离、投射、合理化、反向形成、退行、压抑、升华、对现实的否认。

2. 对弗洛伊德理论的评价

精神分析概念模糊，不容易进行操作性定义，大多数理论很难被科学地评价。弗洛伊德理论是好的历史，却是不好的科学。它是一个发展理论，但它从不包括对儿童的观察或研究。它弱化了创伤性经验的作用，将它们重新解释为一种记忆中的幻想。它有以男性为中心的偏见，没有考虑女性是如何的不同。系统地探索无意识的概念，一些结果支持了弗洛伊德的总的概念。一些对应激的应付方式可以归结为一般意义上的防御机制的范畴。

（二）新精神分析

1. 阿德勒的个体心理学

阿德勒的"个体心理学"并非指完全个人的或个别差异的心理学。他所指的个体是一个与社会、与他人不可分割的有机整体，一个有自己独特的目的、寻求人生意义、追求未来理想的和谐整体。

阿德勒的主要理论观点：①个人是一个整体，是一个与他人和社会和睦相处，选择和追求与社会理想一致的人。而不是一切为"性"的动物。②意识在人格形成、发展中具有重要的作用。③人格的动力是社会动机（自卑感和追求优越），并具有创造性自我的概念。

阿德勒的人格发展的动力系统有器官缺陷与补偿、自卑感、追求优越、社会兴趣、假想的目的论。

个体器官缺陷与补偿的基本途径：第一，集中力量发展功能不足的器官；第二，发展其他的机能来弥补有缺陷的机能。器官缺陷具有两方面的作用：一方面为个体的生存发展带来不便，另一方面有可能成为推动个体发展的动力。

人格的动力是具有普遍性的，但器官的生理缺陷并不具有普遍性。自卑感具有普遍性，这种普遍性的自卑感就有可能成为推动我们所有人心灵活动的动力，即人格动力。

追求优越：赶超别人的努力倾向就是追求优越。追求优越既是一个努力的过程，也是一个前进发展的方向与目标，同时也是人格发展的重要动力和人类行为的根本动力。阿德勒认为追求优越是先天的，是所有人生下来就具有的东西。

追求优越具有两重性：一方面它可以激励人去追求更大的成就，使人的心理得到积极的成长。另一方面有的人会因为追求自己个人的优越而忽视社会与他人的需要，从而产生"优越情结"。

社会兴趣（social interest）：个人与他人合作以达成个人及社会目标的先天潜力。社会兴趣是所有人具有的一种先天需要，一种与他人友好相处、共同建设美好社会的需要。

社会兴趣的类型：统治－支配型，缺乏正确社会兴趣；索取－依赖型，缺乏社会兴趣；回避型，缺乏社会兴趣；社会利益型，正确的社会兴趣。

与弗洛伊德不同，阿德勒相信，人的行动是受他对未来的各种愿望的影响，而不是受过去经验的激发。这些未来的愿望可能纯粹是假想的——即不可能实现的各种理想，然而这些假想的愿望却对一个人的行为有着深刻的影响。

阿德勒认为一个人的人格特征，其心理是否健康，集中体现在他的生活风格上，而生活风格的形成与其早期的社会环境影响和个人经验密切联系。人格的发展不仅与个体自身的先天遗传因素有关，与个体后天环境教育有关，而且与个人创造性自我的作用有关。

生活风格：阿德勒把个人追求优越目标的方式称为"生活风格"（style）。这是一种标志个体存在的独特方式，是作为一个统一整体的自我在社会生活中寻求表现的独特方式。

2. 自我心理学

精神分析的自我心理学，亦称精神分析的发展心理学。它是以弗洛伊德后期理论奠定基础，由在他之后的安娜·弗洛伊德、哈特曼、艾里克森等人逐渐形成和发展起来的一种人格心理学理论体系，并代表着精神分析发展的方向。自我心理学主要内容有从古典精神分析到精神分析的自我心理学、哈特曼与自我心理学的建立、艾里克森对自我心理学的贡献。

（1）自我心理学发源于弗洛伊德的古典精神分析理论。自我心理学包括创伤范式理论、内驱力范式、自我范式。

创伤范式理论，在其理论发展的初期，弗洛伊德发现，如果病人把内心的"创伤经验"倾吐出来，病症就会消失，这就是所谓的创伤范式理论。

内驱力范式（drive paradigm），提出了"自我本能"和"自恋"等重要概念。自我范式标志着自我心理学的思想初具轮廓。

（2）安娜的理论。安娜·弗洛伊德（Anna Freud，1895—1982）是一名著名的儿童精神分析学家，同时是国际精神分析协会名誉会长。她是用精神分析法研究儿童发展的创始人之一，并较早应用游戏疗法，对儿童期和青春期的心理治疗技术的改进起过积极作用，被后人评为"20世纪100位最杰出的心理学家"之一。她将精神分析法用于儿童心理治疗，通过对儿童自我生活的分析和观察，她为本我和自我的相互作用提出了一个新的术语，称之为"发展路线"。

自我发展的六条路线：①从依赖他人到情绪上的自信；②从吮吸动作到正常饮食；③从大小便不能自控到能自控；④从对自己身体的管理不闻不问到负起责任；⑤从关注自己的身体到关注玩具；⑥从以自我为中心到建立友谊关系。

自我发展路线的意义：安娜的自我发展路线对其后的发展心理学研究有重要的理论意义，它不仅强调了自我适应生活需要的能力，还注重环境对心理发展的影响，而且注意到了人际关系之间的要求和个人的要求对自我发展的影响。

（3）霍妮的理论。凯伦·霍妮（Karen Danielsen Horney）假设男性妒忌怀孕、母性、乳房，并且吸吮在男孩和男人的无意识当中是一种动机力量。这种"子宫妒忌"使男人低估女人，并通过无意识中创造性工作的冲动加以过渡补偿。霍妮比弗洛伊德更强调文化因素，更强调目前的人格结构。

（4）荣格的理论。卡尔·荣格（Carl Jung）认为整个民族共同具有基本的心理事实，即集体无意识（collective unconscious）。集体无意识可以解释你对普遍存在原型的原始神话、艺术形式和象征的直觉性理解。原型（archetype）是特定经验或人物的原始的象征性表达。对于每一种原型，人们都有一种本能性的倾向，以一种特殊的方式去感受它、思考它或体验它。健康的、整合的人格与对立力量的平衡，这种在动态平衡中补偿内部力量的人格观点被称为分析心理学（analytic psychology）。他提出两种同样强大的无意识本能：个体的创造需要与和谐一致的整体需要。

（四）人本主义理论

🌀 **1. 人本主义理论的特点**

人本主义从个人、意识经验与成长潜能整合的角度理解人格，其核心是强调自我实现的内驱力。自我实现（self-actualization）是指个体不断努力开发自身才智与能力，实现个人潜能的倾向。

卡尔·罗杰斯（Carl Rogers）认为无条件的积极关注（unconditional positive regard）在儿童成长过程中十分重要。通过无条件的积极关注，儿童感到尽管他们可能有错误和过失，但总是处于被爱与被认可的气氛之中，而这种爱与认可纯粹发于自然，不是他们必须努力才可能争取来的。

霍妮坚信，人们的"真实自我"需要一个良性的环境氛围，如温暖、别人的美好祝愿、父母对子女"独特个体"式的关爱等，才能得以实现。当缺乏这样一个良性的环境氛围时，儿童会产生基本焦虑，进而压抑了真实情感的自然流露，阻碍了有效人际关系的形成。她认为人本主义治疗的目标就是帮助个体获得自我实现的快乐，加强其内部人性中的建设性力量，支持他们不断走向自我实现。

卡尔·罗杰斯和凯伦·霍妮理论中一个共同而重要的方面就是，他们都强调自我实现与实现真实自我的过程。

人本主义的特点：①整体性是因为它从个体的整体人格来看待其分散的行为，个体并不应仅仅被看作是那些以不同方式影响着行为的分离特质的总和。②先天倾向性是因为它关注影响、决定行为方向的个体内在特征。特质理论与精神分析理论一样认为先天倾向是行为当中不断重复出现的主题。人本主义的先天倾向专指创造性与成长。③现象学性表现在它强调个体的参与框架与对现实的主观看法，而不是观察者或治疗者的客观视角。人本主义理论不认为个体的当前行为受到其过去经验的无意识的引导。

罗洛·梅等人的人本主义理论具有存在性：他们高度关注那些高级心理过程，这些过程可以帮助个体解释当前经验并使得个体要么满足现实中的挑战，要么被其打垮。

🔵 2. 对人本主义理论的评价

直接关注个体陈述与生活史的研究可以部分追溯到人本主义的传统。

心理传记——一种用心理学理论去理解个体生活中的细节的传统，可以追溯到弗洛伊德对达·芬奇的研究。心理传记（psychobiography）是系统地运用心理学理论将人生转换成连贯而具有启发性的故事。

（五）社会学习和认知理论

多拉德和米勒提出了关于习得的内驱力、反应抑制，以及习得的习惯模式等概念。机体未得到满足的内驱力引发了相应的行为以减少紧张度。由于这些行为能够成功地减少有机体的紧张感，于是得到了强化，并最终变为一种习得的习惯。个体通过社会模仿来学习，即个体通过观察其他人的行为而习得复杂行为的过程，且这种学习可以不依赖强化而进行，行为的获得和行为的表现是不同的过程。习得的习惯的总和产生了人格。

认知人格理论：在对外界情境的理解和定义方面存在着显著的个体差异。认知理论强调心理过程在人们对现实的感觉和知觉印象进行组织时的重要性。有机体本身在形成自己独特人格过程中会有主动的参与并起到决定性作用。

🔵 1. 米希尔的认知－情感人格理论

人们如何对特定的环境刺激进行反应取决于一些变量。它们来自人们的观察、学习、经验以及他们同其他有生命个体和无生命物理环境之间的互动作用。米希尔强调人们对他人人格的判断不应当依赖于对不同情境下行为的总体表现所作出的平均评价，而是应当依据不同的情境会产生哪些不同的行为的原则进行考察。

🔵 2. 班杜拉的认知社会学习理论

提出了一个由个体因素、行为和环境刺激三者构成的复杂的互动系统。这三者中每一个都会影响并能改变另一个元素，并且这种影响极少是单向的。交互决定（reciprocal determinism）要完整地理解人格和社会生态学就必须全面地考察所有的这些因素。

随着理论的发展，班杜拉（1997）将自我效能作为核心概念进行了详细阐述。自我效能（self-efficacy）是一种相信自己在某种情景下能够充分表现的信念。除了根据现实的成绩和表现，人们还依靠以下几个方面的信息来判断自我效能：①各种经验——你对其他人的表现的观察。②说服——别人可能让你确信你能够做一些事情，或者你让自己获得这样的确信。③当你考虑或开始某项任务时对你的情绪唤起的监控。

班杜拉的自我效能理论也承认环境的重要性，还有对于自己能力的知觉。行为结果取决于人们对自己能力的知觉和对环境的知觉。

生活中的心理学 9-1 -----------------------------------

调节食物营养组成也能相当程度地改变性格

性格不稳定者：此类人常因长期缺钙，造成心神不定，应该多吃一些含钙、磷较多的食物，如大豆、牛奶、苋菜、炒南瓜子、海带、木耳、紫菜、田螺、橙子、河蟹、虾米等。

喋喋不休者：此类人大脑中缺少维生素B，因而整天唠叨，需要多吃粗粮，或常饮用牛奶加蜂蜜，都会有好的效果。

易怒者：这种人多缺钙和维生素B，遇到不顺心的事，极易激动，甚至暴跳如雷。应减少盐分及糖分的摄取。可以多吃些含有钙质的食物如牛奶及海产品。

怕事者：主要是缺少维生素A、B、C，宜多吃辣椒、笋干、鱼干等。当然也可能因为食酸性食物过量，应多吃瓜果蔬菜。

怕交际者：这种人多属于神经质兼冷漠，故宜多饮用蜂蜜加果汁，并可饮用少量的酒。

优柔寡断者：要建立以肉类为中心的饮食习惯，同时多食用水果、蔬菜。

消极依赖者：这种人平时遇事缺乏胆略和勇气。应适当节制甜食，多吃含钙和维生素B1较为丰富的食物。

做事虎头蛇尾者：这种人通常缺乏维生素A和维生素C，应多吃猪、牛、羊、鸡、鸭肝、牛羊奶、鸡鸭蛋、河蟹、田螺等，还要多吃富含维生素C的辣椒、红枣、猕猴桃、山楂、橘子、苦瓜、油菜、豇豆等。

第三节 | 人格的评估

一、人格测评概述

人格测评指通过一定的方法，对在人的行为中起稳定调节作用的心理特质和行为倾向进行定量分析，以便进一步预测个人未来的行为。人格测评的常用方法有：

（一）观察法

观察法是指有目的、有计划地对被评估对象的某些心理行为状况进行系统考察、记录，获得相应资料，并在此基础上做出评定和判断的方法。

（二）访谈法

访谈法是以口头交谈的形式，根据被询问者的答复搜集客观的、不带偏见的事实材料的方法。访谈不是随意进行，有明确的主题和目标。通常可分为结构化访谈和非结构化访谈。

（三）问卷法

人格测评工具中常见的是自陈式问卷，根据测试目的，事先设计一系列陈述句或问题，每个问题描述一种行为特征，然后要求被测者根据自己的实际情况回答，从而了解受测者对某项问题的态度、兴趣、意见等人格特点。

（四）投射法

投射是一种常见的心理防御机制，是个体不自觉地把自己的思想、态度、愿望、情绪等反应于外界事物和他人的一种潜意识心理表现。

（五）评定量表

评定量表在形式上与自陈问卷类似，只是作答者不是本人，而是评定者，通常由一组描述个体特征或特质的词或句子组成，要求评定者经过观察对被试的某种行为或特质作出评价。

（六）核查量表

核查量表由一系列描述个体、物体或事件的单词、短语或语句构成，由作答者描述与实际相符的程度，既可以自评也可以他评。

二、自陈问卷与人格测评

自陈量表（self-report inventory）是一种对人格作客观测量的工具。它包括许多描述人格的项目，要求被试以是非法或选择法的方式选择答案，从而把自己的人格特点陈述出来。自陈量表法是最常用的人格评估方法。自陈量表法不仅可以测量外显行为（如态度倾向、职业兴趣、同情心等），同时也可以测量自我对环境的感受（如欲望的压抑、内心冲突、工作动机等）。

（一）经验效标法人格问卷

1. 明尼苏达多相人格问卷

明尼苏达多相人格问卷（MMPI）俗称心理 CT，是 20 世纪 40 年代，由美国明尼苏达大学教授哈瑟韦（S. R. Hathaway）及麦金力（T. C. Mackinley）合作编制而成。

明尼苏达多相人格问卷简介：MMPI 内容非常丰富，共计 566 道题目，其中有 16 道题目内容重复。MMPI 涉及的内容范围非常广泛，不仅包括个体的躯体状况和精神状态，还涉及婚姻、家庭、社会、法律、宗教、政治等方面共 26 类问题。一般作答时间是 45 分钟，最长一般不超过 90 分钟。MMPI 包括 14 个分量表，其中 10 个为临床量表，4 个为效度量表，都包括在问卷中的前 399 道题里。

2. 加州心理问卷

加州心理问卷（California Psychology Inventory，CPI）由加州大学教授高夫（H. G. Gough）编制。该问卷有一半题目来自 MMPI，另一半反映了正常青少年和成人的个性，但与 MMPI 主要服务于临床诊断不同的是它更强调正常人格的测评。CPI 适用于 13 岁以上的正常人，由 480 个"是否型"的题目组成，分成 18 个量表，每个量表得到原始分数后可以转换成标准 T 分数。

3. 大学生人格问卷

大学生人格问卷（University Personality Inventory，UPI），又称大学生心理健康调查问卷，是 1966 年参加全日本大学保健管理协会的日本大学心理咨询员和精神科医生集体编制的。

我国 20 世纪 90 年代开始从日本引入 UPI，目前应用较多的是中国心理卫生协会大学生心理咨询专业委员会组织修订的 UPI 中文版本。

（二）因素分析法人格问卷

1. 卡特尔 16 种人格因素问卷

16PF 是美国伊利诺州立大学人格及能力测验研究所卡特尔教授（R. B. Cattell）用因素分析统计法编制的人格测验。16PF 适用对象是 16 岁以上青年和成人，有 ABCDE 五种版本，A、B 为齐全本，每卷各有 187 道题，C、D 为缩略本，各有 106 道题，E 是专门为文化水平较低的被试而编制。1988 年国内祝蓓里教授等人对 16PF 再次进行修订，并有中国大学生和成人各种常模参照。

💿 2. 艾森克人格问卷

艾森克人格问卷（Eysenck Personality Questionnaire，EPQ）是艾森克（H. J. Eysenck）编制的，分儿童版（7～15 岁）和成人版（16 岁以上）。问卷是在 20 世纪 50 年代的莫斯莱医学问卷的基础上多次修订而成的。在不同人群中测试均获得可靠的信度和效度，因条目少、易操作、内容较适合我国国情而得到广泛应用。国内的 EPQ 有南方地区龚耀先教授和北方地区陈仲庚教授分别修订的两种版本，其中龚耀先教授修订的版本，成人版有 88 道题目，儿童版有 74 道题目。

（三）理论构架法人格问卷

💿 1. 爱德华个性偏好量表

爱德华个性偏好量表（Edwards Personal Preference Schedule，简称 EPPS）是美国心理学家爱德华（Edwards）于 1953 年编制的。它以莫瑞的人类需要理论作为编制的理论基础，主要测量个体在 15 种不同的心理需要上的反应倾向。全量表包括 225 个题目（其中有 15 个重复题目，用以检查反应的一致性），每题包括两个第一人称的陈述句，要求被试者按自己的个性偏好从两者中选择其一。最后统计代表 15 种需求的 15 个分量表的分数，绘制成剖析图，即可对个人的心理倾向有个概括的了解。EPPS 作为心理咨询的工具，在就业指导和人事选拔中得到广泛的应用。EPPS 的 15 种需求分别为成就、顺从、秩序、表现、自主、亲和、省察、求助、支配、谦逊、慈善、变异、坚毅、性爱和攻击。

💿 2. 梅耶尔斯－布雷格斯性格测验

梅耶尔斯－布雷格斯性格测验（Myers－Briggs Type Indicator，MBTI）是由美国心理学家 Briggs 和她的女儿 I. B. Myers 于 20 世纪 50 年代编制，是一种迫选型、自我报告式的性格评估工具。MBTI 实际上共包含四个大维度，每个维度下又分别包含两个对立的因素。维度 1：理解世界的信息方式，感觉型 VS 直觉型；维度 2：我们制定决策的方式，思维型 VS 情感型；维度 3：我们的精神态度指向，外倾型 VS 内倾型；维度 4：朝向外部世界的态度，判断型 VS 知觉型。

三、投射测验与人格测评

投射（Project）是指个体把自己的思想、动机、情感、态度、兴趣、愿望等人格特征无意识地反映于外界刺激的心理倾向。投射测验的基本假设是：人们对外界刺激的反应都是有原因且可以预测的，而不是偶然发生的，使用没有固定意义的测题引起被试的反应，借以考察其投射的人格特征和深层心理机制。常见的投射测验依据被试的反应方式可以分成联想法、构造法、表露法、完成法和排选法五种。

（一）联想法投射测验——罗夏墨迹测验

罗夏墨迹测验（Rorschach Inkblot Method，RIM）是最古老的、使用最广泛的投射测验之一，它是由瑞士精神科医生罗夏（H. Rorschach）1921 年在临床上最早使用，用来探讨反应与人格的关系的测验。后人发展的系统（或派别）主要有 Beck 系统、Klopfer 系统、Piotrouski 系统、Hertz 系统和 Ra-paport 系统。为解决 RIM 存在的问题，埃克斯纳（Exner，1968）成立了罗夏基金会（后改为罗夏工作组），开始了临床和实验研究，并在 1974 年创立综合系统（Comprehensive System，CS）。罗夏墨迹测验由十张墨迹图构成，在这十张图片中，有五张是黑白的（1、4、5、6、7），各张的墨色深浅不一；另有两张是黑白图片加了红色斑点的（2、3）；其余的三张是淡彩色的（8、9、10）。每张图片中的墨迹形状都是对称的。

（二）构造法投射测验

🍃 1. 主题统觉测验

主题统觉测验（thematic Apperception Test，TAT）是一种借助被试的想象活动来研究个体潜在人格结构和人格内容的投射性测定技术。由美国哈佛大学默里（H. A. Murray）与摩根（C. D. Morgan）等于 1935 年编制而成。TAT 的理论基础是默里的需要 - 压力理论。现在使用的 TAT 是经默里修订过的第三版。全套测验材料由 30 张图片和 1 张空白卡片组成，图片内容多为人物，也有部分景物，内容都含义隐晦。

🍃 2. 童话故事测验

童话故事测验（the Fairy Tale Test，FIT）是由希腊心理学家库拉柯洛

（C. Coulacoglou）在 1992 年编制，其理论基础是心理动力学和发展心理学，其优点在于可以进行客观评分和信效度的检验，同时可以建立常模。FIT 主要用于 7～12 岁儿童，具有多种功能：可帮助治疗者评估儿童的个性动力系统，不仅提供儿童个性特质的信息，而且提供个性特质间关系的信息。它还能评估儿童心理发展变化，以及环境对儿童的影响。FIT 还被用来评估特殊儿童。FIT 使用图片作为刺激材料。

3. 其他投射测验

除以上经典的投射测验方法外，常用的投射测验还包括完成法投射测验和表露法投射测验。完成法投射测验包括语句完成测验和逆境对话测验（挫折图片研究）。语句完成测验是一种半投射测验，往往先给出句子的主干，然后由被试补充，通过分析被试所补充的内容就可以推断他的人格特征。

生活中的心理学 9－2

人格案例分析

背景：

来访者是一位 21 岁女生，本科在读。父母在她小学的时候就因感情原因离异，后跟母亲生活，从小就担起家庭的责任，因此性格独立，若看到富家子弟生活不自律、铺张浪费等会感到气愤。来访者自述对同学友善、热情，乐于跟朋友交往。然而性格的一些方面让她苦恼不已：喜欢张扬，个性很强，不接受朋友的建议，对觉得正确的问题会争执不休。不能接受男友独自做自己感兴趣的事。遇到一些事情很容易焦虑，如看到有人掉了东西，马上检查自己的钱包。有时喜欢弄一些恶作剧，自己乐在其中，而周围人却苦恼不已，自己也意识到自己的不对，就是无法克服。

诊断辅助：

通过对来访者的了解，我们知道来访者存在一些心理问题，如容易焦虑、过于固执、神经太过于过敏，也存在一定的人际关系问题等。可能其成因与家庭环境有关。因此采用艾森克成年人格问卷对来访者进行测验，以了解来访者的思维方式和行为风格。

第四节 | 人格实验

一、A 型性格测验

【实验目的】通过实验，使学生掌握人格测量原理及基本测量方法，同时了解对所测量数据的处理方法。

二、内－外心理控制点测验

罗特（1966）在 James-Phares 控制源量表的基础上，设计了一个内/外控量表（Internal-External Locus of Control Scale，简称 I-E 量表），用于测量个体对奖励和惩罚的内外控制程度的类化预期上的个体差异，测量个体对强化的内外控制信念。量表由 23 对测题组成，采用迫选作答式，另有 6 对掩饰题不计分。量表中，内外控测题成对出现，即其中一题表外控的观点，另一题表内控的观点。

【实验目的】测量自己位于内－外控制尺度的位置。

内在－外在心理控制点量表

由罗特（Rotter JB）编制。你认可哪句话就选哪个答案：

1. a. 孩子们出问题是因为他们的家长对他们责备太多了。
   b. 如今大多数孩子所出现的问题在于家长对他们太放任了。
2. a. 人们生活中很多不幸的事都与运气不好有一定关系。
   b. 人们的不幸起因于他们所犯的错误。
3. a. 产生战争的原因之一就在于人们对政治的关心不够。
   b. 不管人们怎样努力去阻止，战争总会发生。
4. a. 最终人们会得到他/她在这世界上应得的尊重。
   b. 不幸的是，不管一个人如何努力，他的价值多半会得不到承认。
5. a. 那种认为教师对学生不够公平的看法是无稽之谈。
   b. 大多数学生都没有认识到，他们的分数在一定程度上受到偶然因素的影响。
6. a. 如果没有合适的机遇，一个人不可能成为优秀的领导者。

b. 有能力的人却未能成为领导者是因为他们未能利用机会。

7. a. 不管你怎么样努力，有些人就是不喜欢你。

b. 那些不能让其他人对自己有好感的人，不懂得如何与别人相处。

8. a. 遗传对一个人的个性起主要的决定作用。

b. 一个人的生活经历决定了他是怎样的一个人。

9. a. 我常常发现那些将要发生的事果然发生了。

b. 对我来说，信命运不如下决心干实事好。

10. a. 对于一个准备充分的学生来说，不公平的考试一类的事情是不存在的。

b. 很多时候测验总是同讲课内容毫不相干，复习功课一点用也没有。

11. a. 取得成功是要付出艰苦努力的，运气几乎甚至完全不相干。

b. 找到一个好工作主要靠时间、地点合宜。

12. a. 普通老百姓也会对政府决策产生影响。

b. 这个世界主要由少数几个掌权的操纵，小人物对此做不了什么。

13. a. 当我订计划时，我几乎肯定可以实行它们。

b. 事先订出计划并非总是上策，因为很多事情到头来只不过是运气的产物。

14. a. 确有一种人一无是处。

b. 每个人都有其好的一面。

15. a. 就我而言，能得到我想要的东西与运气无关。

b. 很多时候我们宁愿掷硬币来做决定。

16. a. 谁能当上老板常常取决于他能很走运地先占据了有利的位置。

b. 让人们去做合适的工作，取决于人们的能力，运气对此没有什么关系。

17. a. 就世界事务而言，我们之中大多数都是我们既不理解也无法控制的努力的牺牲品。

b. 只要积极参与政治和社会事务，人们就能控制世界上的事情。

18. a. 大多数人都没有意识到他们的生活在一定程度上受到偶然事件的左右。

b. 根本没有"运气"这回事。

19. a. 一个人应随时准备承认错误。

b. 掩饰错误通常是最佳方式。

20. a. 想要知道一个人是否真的喜欢你很难。

　　b. 你有多少朋友取决于你这个人怎么样。

21. a. 最终我们碰到的坏事和好事机会均等。

　　b. 大多数人不幸都是缺乏才能、无知、懒惰造成的。

22. a. 只要付出足够的努力我们就能铲除政治腐败。

　　b. 人们要想控制那些政治家在办公室里干的勾当太难了。

23. a. 有时我实在不明白教师是如何打出卷面上的分数的。

　　b. 我学习是否用功与成绩好坏直接联系。

24. a. 一位好的领导者会鼓励人们对应该做什么自己拿主意。

　　b. 一位好的领导者会给每个人做出明确的分工。

25. a. 很多时候我都感到我对自己的遭遇无能为力。

　　b. 我根本不会相信机遇或运气在我生活中会起很重要的作用。

26. a. 那些人之所以孤独是因为他们不试图显得友善些。

　　b. 尽力讨好别人没有什么用处，喜欢你的人就自然会喜欢你。

27. a. 中学里对体育的重视太过分了。

　　b. 在塑造性格方面体育运动是一种极好的方式。

28. a. 事情的结局如何完全取决于我怎么做。

　　b. 有时我感到自己不能完全把握住生活的方向。

29. a. 大多数时候我都不能理解为什么政治家如此行事。

　　b. 从根本上讲，民众对国家及地方政府的劣迹负有责任。

评分标准从 1～29 按顺序基本无误但不保证 100% 精确，1 不计分，2b 计 1 分，3a 计 1 分，4a 计 1 分，5a 计 1 分，6a 计 1 分，7b 计 1 分，8 不计分，9b 计 1 分，10a 计 1 分，11a 计 1 分，12a 计 1 分，13a 计 1 分，14 不计分，15a 计 1 分，16b 计 1 分，17b 计 1 分，18b 计 1 分，19 不计分，20b 计 1 分，21b 计 1 分，22a 计 1 分，23b 计 1 分，24 不计分，25b 计 1 分，26a 计 1 分，27 不计分，28a 计 1 分，29b 计 1 分。分数标准：最高分为 23 分是极端内部归因者，最低分为 0 分是极端外部归因者；平均分为 11 分，高于 11 分为偏内部归因者，低于 11 分为偏外部归因者。

想一想

1. 面具风格的不同是否意味着人格的差异？人们行为的原因与其面具是

一致的吗？

2. 弗氏理论的影响是广阔而深远的，但为什么其理论虽不能称为科学理论却具有超凡的价值？

3. 人为什么会焦虑？抑郁？愤怒？

4. 人为什么有攻击性？

5. 在陌生人面前，人为什么会感到紧张？人为什么有羞耻感？同情心？

6. 为什么男性更喜欢较年轻、漂亮的女性，而女性更有可能选择社会经济地位和抱负水平较高的配偶？为什么男性更有可能在女性面前吹嘘自己，而女性更有可能以改善外貌来增加自信？

人格特质评估量表（简化版）

本问卷的目的是让你描述自己是哪种性格的人，在回答问题时，想想在过去的几年里你主要的感受、思想和行为。

"是"的意思是这种情况对你来说一般合适。"否"是指一般来说不合适。即使你对答案不完全肯定，也要对每道问题写明"是"或"否"。

1. 我常常忙于工作，一般把工作的重要性放在休闲、家庭生活的前面。
是（　　）　　否（　　）

2. 我比认识的大多数人都更追求完美，乐于不断地检查和完善自己的工作。
是（　　）　　否（　　）

3. 在工作、学习或生活中，我常常很注意细节问题。
是（　　）　　否（　　）

4. 接触的人越多，越能激发我的灵感和工作激情。
是（　　）　　否（　　）

5. 我的人生规划、职业目标常常随时间流逝而改变。
是（　　）　　否（　　）

6. 我很难准确地说出自己是什么样的人。
是（　　）　　否（　　）

7. 我觉得为了达到目的，撒谎、欺骗也是可以的。

是（　　）　　否（　　）

8. 在处理一些日常事务时，我不是很有把握自己拿主意，往往要寻求别人的建议。

是（　　）　　否（　　）

9. 我是一个处事谨慎的人，愿意充分考虑事情各方面的情况。

是（　　）　　否（　　）

10. 有人说我在不同的地方表现得完全不同，像两个人。

是（　　）　　否（　　）

11. 我很容易接受别人的建议、态度、观点。

是（　　）　　否（　　）

12. 在社交场合我容易受窘，可能会脸红、出汗、紧张。

是（　　）　　否（　　）

13. 我是个严格坚持原则的人。

是（　　）　　否（　　）

14. 做了很满意或有趣的事情，我会告诉自己的好朋友或同事。

是（　　）　　否（　　）

15. 如果成为大家注意的中心，我会感到很高兴。

是（　　）　　否（　　）

16. 我喜欢修饰自己，和周围人比，我更关心自己的形象。

是（　　）　　否（　　）

17. 我喜欢独处、思考的工作，独自冥想给我带来快乐。

是（　　）　　否（　　）

18. 我在工作中或者在学校里的时候，不时会惹一些不算小的麻烦。

是（　　）　　否（　　）

19. 不到万不得已的情况，我总是尽量避免各种应酬性的活动。

是（　　）　　否（　　）

20. 我没有交往时间很长的朋友。

是（　　）　　否（　　）

21. 我很少感到非常快乐或非常生气。

是（　　）　　否（　　）

22. 主动和不熟识的人交谈，对我来说，有些困难。

是（　　）　　否（　　）

23. 和别人的交往中，我会无缘无故地产生一种自卑感。

是（　　　）　　否（　　　）

24. 我有时对别人的感情会从一个极端走到另一个极端。

是（　　　）　　否（　　　）

25. 我做事喜欢亲力亲为，因为担心别人做不好，耽误了事情。

是（　　　）　　否（　　　）

26. 如果别人冒犯了我，我会坚持维护自己的权利。

是（　　　）　　否（　　　）

27. 当一种亲密的关系完结时，我会非常难过。

是（　　　）　　否（　　　）

28. 我必须常常警惕，以免被人利用。

是（　　　）　　否（　　　）

29. 我常想，我将来可能成为一个非常伟大的人。

是（　　　）　　否（　　　）

30. 如果受到当众的表扬，我会很窘迫。

是（　　　）　　否（　　　）

31. 生活常常是平淡的，没有什么特别让人高兴的时候。

是（　　　）　　否（　　　）

32. 我时常感到内心空虚、厌倦。

是（　　　）　　否（　　　）

33. 我很容易被电视、电影里的剧情打动。

是（　　　）　　否（　　　）

34. 我不喜欢独处，如果独处，有时有孤立无助的感觉。

是（　　　）　　否（　　　）

35. 别人对我的批评或者表扬对我根本没有意义。

是（　　　）　　否（　　　）

36. 我非常想使人们喜欢我，因而自愿去做一些自己不太乐意的事。

是（　　　）　　否（　　　）

37. 我有时候想了解一下我的妻子（丈夫、男朋友、女朋友）和我说的是不是实话。

是（　　　）　　否（　　　）

38. 有时候急了，我也打架，或者打家里人。

是（　　）　　否（　　）

39. 我即使喝高了酒，也要自己开车或骑车。

是（　　）　　否（　　）

40. 我认为正义比所谓的宽恕更有价值。

是（　　）　　否（　　）

41. 为了达到一定的目的，我有时会利用别人。

是（　　）　　否（　　）

42. 我非常乐意于别人注意我或者赞美我。

是（　　）　　否（　　）

43. 我确实需要有一个特殊的人，才能帮我解决各种困难。

是（　　）　　否（　　）

44. 我比多数人都更容易害怕。

是（　　）　　否（　　）

45. 我没有什么非常亲密知心的朋友或非常信赖的人。

是（　　）　　否（　　）

人格特质自评量表答题纸

说明：请按题号的顺序，记出各个题目的分数，并加出各个条目的总分。

	题号	计分	题号	计分	题号	计分	题号	计分	题号	计分	题号	计分	题号	计分	题号	计分	题号	计分
	13		1		4		17		8		5		12		7		14	
	26		2		11		21		27		6		19		18		29	
	28		3		15		31		34		10		22		20		41	
	37		9		16		35		36		24		23		38		42	
	40		25		33		45		44		32		30		39		43	
总分																		
	执着型		完美型		活跃型		孤独型		依恋型		冲动型		回避型		社交紊乱型		自恋型	

第十章　压力管理与心理健康

　　有关部门调查显示，在广东高校中，每所高校几乎每年都有 3～5 名大学生因心理疾病被送往精神病院接受治疗。而另外一项对全国 12.6 万大学生的调查则指出，受访学生中 20.3% 有心理问题。大学生因为不堪就业竞争、人际关系压力以致出现心理疾病的现象越来越多。

第一节｜压力的来源

　　如果你是一个生活在大城市的居民，每当你阅读当天的报刊文章或上网看新闻时，你就会发现压力一字常出现在各种新闻报道中。压力就像食品一样与人的日常生活相关联。那么，什么是压力？

一、什么是压力

　　压力：英文 stress，应激、紧张、紧迫、重压的意思。17 世纪时表示困难和痛苦。19 世纪时表示努力和压力，20 世纪时表示紧张和对外力的抵抗，也有人将其定义为"压力是对精神和肉体承受力的一种要求"。通常压力也称为"应激"、"紧张"，是指个体的身心在感受到威胁时所产生的一种紧张状态。如果个体长期处于一种高度的应激状态，就会对身心造成严重损害。

二、压力来源于哪里

（一）压力源

　　压力源是指现实存在的具有威胁性的刺激。人对压力事件的反应，即压力反应，由威胁性刺激带来的一种被压迫的主观感受被称为压力感。

潜在的压力变成现实压力的两个必备条件是：活动结果具有不确定性，而且这个结果很重要；个人不能确定机会能否被抓住，限制因素能否被排除，损失能否被避免。当这些条件都具备后，压力才会产生。

（二）压力源主要来自两个方面

归纳起来，压力源主要来源于两个方面。外部压力包括自然环境：洪涝、干旱、地震、火灾等；社会环境：战争、通货膨胀、失业、能源危机等；工作：任务改变、工作环境、组织与人事问题等。内部压力包括信念、经历、个体心理倾向性、情绪状态、期望值等。

但雷瑟斯和奈维德 1983 年在其合著的《适应与成长：生活的挑战》一书中，提出了现代人心理压力的 6 个来源：

（1）日常生活规律的改变：如变迁新居，更换工作，转换学校，结婚成家，生儿育女等。

（2）身体病痛或不舒服：包括自己所感到的生理病痛，生病，或者由于气候环境变化所引起的不适感等。

（3）抑郁或焦虑：包括由于某事件或情景所引起的情绪低落和焦虑不安，以及由于个人的气质或性格所造成的长时间的抑郁和焦虑。

（4）遭受挫折：包括在我们的生活与工作中所遇到的种种挫折和失意，以及动机受阻和需求不能得到满足等。

（5）矛盾和冲突：我们在生活与工作中所遇到的各种矛盾，都会带给我们内心的冲突，而内心的冲突又会产生心理压力。

（6）A 型行为：A 型性格以及表现出 A 型行为的人，通常较易感受到心理压力。

三、压力源的种类

（一）生物性压力源

这是一组直接阻碍和破坏个体生存与种族延续的事件。如疾病、饥饿、性剥夺、睡眠剥夺、噪音、气温变换等。

（二）精神性压力源

这是一组直接阻碍和破坏个体正常精神需要的内在和外在事件。如易受暗示、多疑、嫉妒、自责、悔恨、怨恨等。

（三）社会环境性压力源

纯社会性的压力源，如重大社会变革、重要人际关系破裂（失恋、离婚）、家庭长期冲突、战争、被监禁等。由自身状况（如个人心理障碍、传染病等）造成的人际适应问题，如恐人症、社会交往不良等。

造成心理问题的压力源并不是单一的，绝大多数是综合性的。

四、大学生压力来源

2008 年，高等教育出版社社会学习资源分社在华中、华东、京津地区 28 所高校进行大学生心理健康问题调研。

本次调研取得的数据显示，大学生最大的心理压力来源是就业，占 57.4%，其次是学习，占 53.4%，感情占 27%，人际交往占 23.5%，经济占 14.4%，与父母关系占 8.6%。学习压力与就业相关，因此就业已经成为学生最大的压力来源。

与压力最大来源相关，社会交往问题占 59%，成为大学生最大心理问题，自我感觉中的抑郁为 26.1%、强迫症为 24.3%、自卑为 20.7%，其中自我感觉学习障碍为 15%，缺乏生活目标为 14.8%。

本次调查还发现，大学各年级面临不同心理问题，其表现为：

大一：无法迅速适应大学生活，学习上不适应，人际关系不适应。

大二：问题多发，日常琐事引发矛盾，爱情引发心理困扰，奖学金引发心理问题，就业压力提前释放。

大三：爱的变奏，爱情、性心理问题爆发，考研、就业压力提前释放。

大四：去向何方，职业生涯规划迷茫，职业目标不够明确，求职过程中遭遇挫折，择业取舍痛苦。

第二节 | 压力与身心健康

一、健康的概念及标准

（一）健康的概念

世界卫生组织提出的全球性战略目标是："2000 年人人健康。"健康这个词对于我们来说并不陌生，我们对于自己的身体状况都十分关心。但是，如果仅仅把健康等同于没有疾病，这种理解是非常片面的，还没有把握健康丰富的内涵。联合国世界卫生组织（WHO）认为：健康的人应该是健康的躯体、健康的心理和良好的社会适应性以及道德健康的统一。心理健康有两层涵义：其一是无心理疾病；其二是具有一种积极发展的心理状态。无心理疾病是心理健康的基本条件；具有积极发展的心理状态则是从积极的、预防的角度对人们提出要求，目的是保护和促进心理健康，消除一切不健康的心理倾向，使心理处于最佳的状态。

心理健康是健康的重要组成部分，其重要性并不亚于身体健康。专家预言：21世纪是心理疾病严重威胁人类的世纪。这绝不是危言耸听。随着生活节奏的加快，竞争压力的增大，人们的心理障碍和心理问题也呈上升趋势，尤其是在经济发达、生活节奏快的地区情况更为严重。

（二）心理健康的标准

1. 马斯洛的标准

美国人本主义心理学家马斯洛认为，健康的人应具备的特征是：第一，对现实的有效认知；第二，自动自发；第三，能悦纳自己、他人；第四，在感情上能保持独立，有自己的生活；第五，有基本哲学与道德原则，不盲目附和依从；第六，对生活经常有新感受，有广阔的生活领域；第七，深挚而有选择性的社会关系；第八，具有真正的民主态度、创造性的观念和幽默感；第九，能承受欢乐与忧伤的经验。

2. 我国传统文化中的心理健康观

我国传统文化虽然没有直接提出"心理健康"，但在有关"人"和如何做人方面以及论述理想人格上，体现了心理健康人的特征。有人认为中国传统文化中的心理健康观主要有以下几个方面：第一，具有良好的人际关系；第二，适当地约束自己的言行；第三，保持情绪的平衡和稳定；第四，正确地认识周围环境；第五，抱有积极的生活态度；第六，完善的自我发展目标。

二、压力的影响因素

压力是由刺激引起的。不良的刺激会引起压力，愉悦的刺激也会带来压力。生活中压力是自然的、不可避免的，但每个人感受到的压力是不同的，即使是同样的刺激，不同的人压力感也不同。为了生存、成长和发展，我们必须学会有效地处理压力，以减轻过度压力给我们身心所带来的伤害。

影响不同的人压力感有很大差异的主要因素可以归结为以下几个方面：

（一）经验

当面对同一事件或情境时，经验影响人们对压力的感受。对两组跳伞者的压力状况进行调查发现，有过 100 次跳伞经验的人不但恐惧感小，而且会自觉地控制情绪；而无经验的人在整个跳伞过程中恐惧感强，并且越接近起跳越害怕。同样的道理，一帆风顺的人一旦遇到打击就会惊慌失措，不知如何应付；而人生坎坷的人，同样的打击却不会引起重大伤害。可见，增加经验能增强抵抗压力的能力。

（二）准备状态

对即将面临的压力事件是否有心理准备也会影响压力的感受。心理学家曾对两组接受手术的患者做实验。对其中一组在术前讲明手术的过程及后果，使患者对手术有了准备，对手术带来的痛苦视为正常现象并坦然接受。另一组没有特别介绍，患者对手术一无所知，对术后的痛苦过分担忧，对手术是否成功持怀疑态度。结果手术后有准备组比无准备组止痛药用得少，而且平均提前三天出院。因此，有应付压力的准备也是减轻伤害的重要因素。

（三）认知

认知评估在增加压力感和缓解压力中有着重要作用。同样的压力情境使有些人苦不堪言，而另一些人则平静地对待，这与认知因素有关。当一个人面对压力时，在没有任何实际的压力反应之前会先辨认压力和评价压力。如果把压力的威胁性估计得过大，对自己应对压力的能力估计得过低，那么压力反应也必然大。例如，你在安静的书房看书，忽然听到走廊里响起一串脚步声，如果认为是将要入室抢劫的坏人来了，就会惊慌恐惧，如果认为是朋友全家来拜访，就会轻松愉快。正如一位哲学家所说："人类不是被问题本身所困扰，而是被他们对问题的看法所困扰。"

对压力的认知评估可以分为两个阶段。初步评估是评定压力来源的严重性，二级评估是评定处理压力的可能性。如果压力严重，又无可利用的应付压力的资源，必然产生一种持续的紧张状态。

（四）性格

不同性格特征的人对压力的感受不同。那些竞争意识强、工作努力奋斗、争强好胜、缺乏耐心、成就动机高、说话办事讲求效率、时间紧迫感强、成天忙忙碌碌的 A 型性格特征的人，在面对压力时，性格中的不利因素就会显现出来。而 B 型性格的特征是个性随和，生活悠闲，对工作要求不高，对成败得失看得淡泊。

（五）环境

一个人的压力来源与他所处的小环境有直接关系。小环境主要指工作单位、学校及家庭。工作过度、角色不明、支持不足、沟通不良等都会使人产生压力，家庭的压力常常来自夫妻关系、子女教育、经济问题、家务劳动分配、邻里关系等。如果工作称心如意，家庭和睦美满，来自环境的压力必然小，则心情舒畅，身心健康。

三、由心理压力所导致的心理与生理症状

（一）由压力引起的生理症状

加拿大心理学家薛利在20世纪50年代以白鼠为研究对象从事多项压力的实验研究，他把压力状态下的身体反应分成三个阶段：第一阶段是警觉反应。这一阶段中，由刺激的突然出现而产生情绪的紧张和注意力提高，体温与血压下降，肾上腺素分泌增加，进入应激状态。如果压力继续存在，身体就进入第二个阶段，即抗拒，企图对身体上任何受损的部分加以维护复原，因而产生大量调节身体的激素。第三阶段是衰竭阶段。压力存在太久，应付压力的精力耗尽，身体各功能突然缓慢下来，适应能力丧失。可见，压力下的生理反应可以调动机体的潜在能量，提高机体对外界刺激的感受和适应能力，从而使机体更有效地应付变化。但过久的压力会使人适应能力下降。

详细一点讲，身体内部的变化主要表现为肾上腺素增加，呼吸、心跳加快，肾上腺皮质激素增加，血糖、血压升高，肌肉变得僵硬，胃酸过多等；有浑身酸痛、无力、颈肩僵硬、头晕眼花、手足麻木等疲劳症状；自我感觉机体免疫力下降，易感冒、咳嗽、发烧，病后身体恢复变慢，容易腹泻；并出现心肌梗死、高血压、心绞痛、心律不齐、偏头痛、十二指肠溃疡、颈腰椎病、腰肌劳损、肥胖、脂肪肝等疾病；还存在记忆力减退、健忘、精力不集中、反应迟钝、脱发等症状。

（二）由压力引起的心理症状

主要包括紧张、焦虑、愤怒、消极、悲观、恐惧、害怕、玩世不恭和注意力不集中等，更严重的则表现出抑郁症的征兆，孤僻、绝望，甚至想自杀。

心理疾病分为四大类型：一般心理问题（表现冷漠、暴躁等）、神经症（抑郁症、强迫症、焦虑症等）、精神障碍和人格障碍。大多数人往往把心理疾病不当作病，不知心理疾病会导致各种危害，比如朋友反目为仇、夫妻口角不断、父母子女矛盾重重，有的女性像"警犬"一样嗅着丈夫身上有无情人"味"……严重的厌世者会自寻短见。更有甚者，还引发各类刑事案件。

心理疾病多半是压力压出来的，诸如职业压力、婚姻压力、子女压力、

心理压力等。现代人面对种种压力，如果压力得不到缓解释放，久而久之就会积郁成病。一些心理学家和心理咨询师从大量的个案中选取一些片段以提醒人们，希望全社会重视心理问题。

1. 成功男人的心理障碍

一辆宝马轿车在沪宁高速公路上飞驰。驾车的是个30多岁的成功男士黄先生。他是邻省某大公司的部门经理，年薪50万，有名车，有别墅，有妻有儿，还有数百万的积蓄。他本不该发愁，却愁肠百结。当他获知上海一家心理咨询中心的大名后，不顾4小时的路途，独自驾车前来，期盼心理医生解开他的"愁结"。

黄先生将"愁绪"向心理咨询师实话实说：整日惶惶不安，似有大祸临头，驾车时会生出拉开车门跳下去的念头。他说，常常会有冲动的感觉，在办公室里生怕冲上去与同事厮打，回到家里也会产生掐妻子脖子的冲动。他承认心理出了毛病，害怕发展下去情绪失控、精神崩溃，后果不堪设想。

黄先生的这种痛苦，来自精神压力，而他所谓的精神压力竟然让人觉得莫名其妙。他的收入与他年龄的反差，很让人羡慕，可他丝毫不觉得自豪，相反却有莫名的自卑。原来，他的成功和财产的所得，一大半来自岳父相助。他总觉得生活在岳父的影子下，不能理直气壮，怕被人鄙视。他想从岳父和妻子的阴影中逃出来，可又逃不出来。因为他知道，真的逃了出来，将会一无所有。在常人看来，这个人脑子有问题：有岳父相助，人家求之不得，可他竟然因此而自卑。

心理咨询师说，黄先生莫名其妙、近乎荒诞的精神压力和冲动，在心理学上称为"强迫症"。荣格说："所有的强迫症皆产生于难以消化的情结。"黄先生的情结在于他的"成功"，而这种裙带关系带来的成功，非但不能使他快乐，反而增加了他的压力。他的强迫观念产生于他难以承受的"成功"。如此这般的心理障碍，使他变了一个人。他害怕开车，害怕与人相处，害怕坐飞机出差，也害怕同家人相处。他试图挣脱"被强迫的生活"。强迫症的病理就是对过分压抑心情意志的反弹，潜意识的冲动超越了意志意识的控制，以象征性的念头与行为，反复表达着被压抑的愿望。这是一种较为严重的心理疾病。黄先生先后数次到上海接受心理治疗，心理咨询师开出的"药方"是：正视现实，从所谓的"成功"光环中跳出来，还自己一个平常人的真相。

2. 青春期是心理问题多发期

高二女生小林厌学后休学已有8个月。她白天睡觉，晚上10点过后，关闭窗户，开始唱卡拉 OK，一首接一首，越唱越忧伤，唱三四个小时，唱成个泪人。邻居们说，小姑娘"夜半歌声"，会不会是脑子有问题？

父母劝过，无用，不敢再劝，害怕女儿想不通来"绝"的。他们发现女儿有心理障碍，便四处打听，"连哄带骗"将女儿带到心理咨询中心，接受心理治疗。

说来让人不信，小林本是班级里的优秀学生，老师对她期望很高。可是，她心比天高，平时沉默寡言，矜持漠然，很不合群。她一直以年轻漂亮聪明能干的妈妈为偶像，可她又自知难以超越妈妈，逐渐生出挫败感，失去自信，逃避现实，日趋消沉。小林整天睡觉、唱歌、上网，还在网上聊了一个男朋友，见了一面，把人家吓退了。可她不依不饶，迷恋成痴，每天电话纠缠，最多时一天打 40 个电话。当妈的知道，人家本无这个意，那是女儿的单相思。小林心里也明白，那不是爱，可为何还要那么依赖他呢？心理咨询师告诉她：孤独久了的人希望能找堵墙靠一靠，墙不是你所爱，却是你的支撑。

让心理咨询师吃惊的是，小林对生命和死亡的话题很感兴趣。她说：那天在等候网友的时候，心里面想过，如果他不来，我很想让车把自己撞死；我想过父母的悲痛，但我也许会带着他们一起走。小林由自恋到抑郁，而抑郁的极端行为，就是因为找不到活着的意义。你说可怕不可怕？

心理学家说，人生有四个心理期：出生期、青春期、更年期、临终期。生死期是两极对应，青春期是性能力发生期，更年期是性能力退化期。所以，青春期和更年期是心理问题多发期。尤其是青春期，不但是性能力成长期、也是人格心理的成长期、自我意识综合期，在这期间，有学业压力、父母压力、社会压力，面对各种压力，稍有不慎就可能出现心理问题。做父母的切莫忽略孩子青春期生理和心理的健康成长。

3. 高压之下性趣全无

日常生活中，不少人因不知啥叫心理疾病，而不以为意不加关注。比如车门明明关了，却还回过头去检查一下；房门锁上了，突然觉得不安，返回去再看一看拉一拉；还有一些白领，每隔 15 分钟就去检查邮箱，完全无意识地好像被逼迫着去打开邮箱……这些"细节"不是强迫症就是焦虑症，都是心理疾病。更有甚者，在工作、经济、竞争等重重压力下，夫妻之间冷漠无言，性趣全无。某地对男性生殖健康状况调查显示：男性在夫妻性关系上"下岗"的平均年龄只有 47 岁。这不是小事一桩，而是直接牵涉婚姻危机，但事情却不是一个"离"字就可了却的。

来看两个个案。李某 33 岁，一家外企的销售部经理，年薪在 20 万与 30 万之间浮动。所谓浮动，就是对业绩的考核，就是压力。为了这个浮动，李某常常出差，一心想着朝上浮，因为一次两次"探底"，就会威胁到经理这个位子。显然，李某面对职位压力、经济压力、竞争压力，一个人在这么多压力之下，唯独没有将妻子的"压力"放在心上，婚前婚后，判若两人。他既感觉不到妻子的温顺亲热，也没了小别胜新婚的欲火。一个正当年的男性，性趣全无，还是健康正常的人吗？他曾征求过妻子"离或不离"，妻子说离婚太麻烦，你如果不介意，就将就着过吧……

另一对夫妻在婚前 20 岁出头时，就在同一个企业工作，丈夫搞党务工作，妻子是出纳员。两年前，企业改制，承包了出去，丈夫本可留下来任职，可他于心不安，因为所有离职员工都是他说服转岗离去的，他不好意思留任，所以也选择离去。而他妻子则被承包方留下来做财务。男的下岗，女的收入一月比一月高，年终奖有几万元，反差越来越大。他本想须眉不让巾帼，到处找工作，可工作不是那么好找，他只能在家扶老携幼相妻下厨房。日长时久，他有了压力，产生自卑心理，觉得一个吃"软饭"的壮年男人，谁会看得起？连老婆也看不起。这以后，他看到老婆总觉得低人三分，觉得"怕"，男性主体的男权文化彻底崩溃，最终连与老婆过夫妻生活的能力也丧失了。

一位心理学家说：物化社会经济文明改变了人们的生活状态，也改变了人们的心理结构，面对着被物质吞噬的人的精神与原始生命力，我们就不难理解劳伦斯在《查太莱夫人的情人》中，呼唤守林人的良苦用心了。

4. 冷静处理生活中的各种"问题"

心理疾病发生的一个重要原因是人们对现实生活中问题的逃避。这种逃避使问题更加复杂，并由显性的变为隐性的。逃避的心理成因是缺乏承受问题的心理能量。而事实上，问题一旦形成，你不解决你就成了问题的一部分。

有一位 25 岁的晶子小姐，自母亲两年前去世后，她常常噩梦相伴，既紧张又焦虑，且恐惧忧伤。她心理压力很重，总觉得欠了母亲太多，再忏悔也于事无补。因为，她当时没有处理好母亲的"问题"。

她母亲是在单位的一次体检中查出了性病。病虽不大，且完全可以治愈，但这个病对家庭，对丈夫、女儿，却是"石破天惊"，他们怎么也难以接受贤淑的母亲得的这个病。问题发生了，父女俩唯有激愤、冲动，却缺乏冷静、宽容，无形之中将患病的亲人朝死路上推。父亲再也不让母亲进卧室，让她睡在客厅的过道上。而晶子哭红了双眼，非但对母亲不理不睬，还将她视作

"十恶不赦"的罪孽。母亲承认与邻家一个青梅竹马的男人有关系，但愿能得到丈夫和女儿的原谅。她说她不愿离婚，她舍不得自己的女儿，死也要死在自己的家里。

可怜患病的亲人，不但没有得到丈夫的原谅，而且也没有得到女儿的任何抚慰。有一次，晶子低着头走过客厅时，母亲一把拉住她，从枕头下摸出一叠钱，塞到女儿手里，说："妈就这点钱，你拿去用。"晶子永远忘不了母亲那凄惨的神情、无望的眼神。然而，晶子默然地摇摇头，将钱塞回母亲的枕头底下，没吭一声地从母亲面前走过。

后来的故事自然是个悲剧：晶子的母亲在绝望中自杀身亡。晶子说："大殓那天，我没有流一滴泪，觉得母亲那是自作自受，不值得同情。可没过几个月，母亲患病时的痛苦情景、求助无望的眼神，常常浮现在我眼前，让我心惊胆战，噩梦不断。"

时过两年，当晶子接受心理治疗时，她萌生忏悔之心。她说："我没有处理好母亲的问题，她的绝望与我有关。她毕竟是爱我的妈妈呀！如果当时，我能给她些安慰，至少替她把病治好，就是家庭破裂，她也不至于自寻短见。"晶子的噩梦造成的心理疾病，只能在忏悔中慢慢消化。

四、适当压力有利于心身健康

（一）压力可转化为动力

心理压力（stress）并不总是有害的。研究压力的专家发现："人只有在死亡状态下才完全没有压力。"压力是人的一种心理状态或生理状态，此时人感到必须调整自己以适应环境。工作负担、婚姻问题和经济困难等不愉快的事情会很自然地使人有压力；同样，外出旅游、体育运动、新的工作、登山和约会等愉快的事情也会使人有压力。即使你在健康状态下很平静地生活，这种生活方式本身也包含着许多压力。面对压力时，人的机体常常会产生一种自发的神经反应，即应激反应（stress reaction）。虽然短期的压力会使人感到很不舒服，但一般不会对人体产生危害。长期的应激反应才会使身体发生质的变化，危害人的健康。适当的压力是必要的，它能帮助我们树立生活的目标，并能激励我们获得成功。适当的压力使大脑皮层处于中等唤醒水平，从而有利于任务的完成；压力过少或过于轻微反而不利于任务的完成。

这是一个在"高压"下迅速成才的小故事：话说宋徽宗是一位喜欢书画并且有很深造诣的皇帝，他有一天问随从："天下何人画驴最好？"随从回答不出来，退下后急寻画驴出名者姓甚名谁，焦急中得知一名叫朱子明的画家有"驴画家"之称，即召朱子明进宫画驴。朱子明得知被召进宫是为皇上画驴时，吓出一身冷汗，原来他根本不会画驴，他本是画山水的画家，因为有同行戏弄而给他起了个"驴画家"的绰号，并非擅长画驴才得的"驴画家"。但皇命不可违，情急之下朱子明苦练画驴技术，先后画了数百幅有关驴的画，最后竟阴错阳差地得到皇上的赏识，真正成了天下画驴第一之人。从朱子明被逼画驴的小故事中，我们看到了压力管理的精华：变压力为动力！

（二）压力让生命更强健

压力让生命更强健（羚羊的兴衰）：一位动物学家对生活在非洲大草原奥兰治河两岸的羚羊群进行过研究，他发现东岸羚羊群的繁殖能力比西岸的强，奔跑速度也不一样，每分钟要比西岸的快 13 米。对这些差别，这位动物学家曾百思不得其解，因为这些羚羊的生存环境和属类都是相同的，饲料来源也一样，全以一种叫莺萝的牧草为主。有一年，他在动物保护协会的协助下，在东西两岸各捉了 10 只羚羊，把它们送往对岸。结果，运到西岸的 10 只一年后繁殖到 14 只，运到东岸的 10 只却只剩下 3 只，那 7 只全被狼吃了。这位动物学家终于明白了，东岸的羚羊之所以强健，是因为在它们附近生活着一个狼群；西岸的羚羊之所以弱小，正是因为缺少这么一群天敌。没有天敌的动物往往最先灭绝，有天敌的动物则会逐步繁衍壮大。

（三）压力可以激发生命活力

压力可以激发生命活力（美洲虎的生活）：美洲虎是一种濒临灭绝的动物，世界上仅存 17 只，其中有一只生活在秘鲁的国家动物园里。为保护这只虎，秘鲁人单独圈出 1500 英亩的地修了老虎园，让它自由生活。参观过虎园的人都说，这儿真是虎的天堂，里面有山有水，山上花木葱茏，山下溪水潺潺，还有成群结队的牛、羊、兔供老虎享用。奇怪的是，没有人见过这只老虎捕捉猎物（它吃管理员送来的肉食），也没见过它威风凛凛从山上冲下来。它常躺在装有空调的虎房，吃了睡，睡了吃。一天，一位来此参观的市民说，它怎么能不懒洋洋？虎是林中之王，你们放一群只吃草的小动物，能提起它的兴趣吗？这么大的老虎园，不弄几只狼来，至少也得放几条豺狗吧？虎园领导听他说得有理，就捉了三只豹子投进虎园。这一招果然灵验，自从三只豹子进了虎园，美洲虎不再整天吃吃睡睡，而是日渐精神抖擞，天敌竟可以激起生物生命的活力！

（四）预防乳腺癌压力有好处

长期处于紧张的状态也许并非完全是坏事，因为丹麦的一项新研究表明压力可以降低女性患乳腺癌的风险。

丹麦医学工作者对哥本哈根一个区的 7000 多名女性进行了为期 18 年的观察，以研究压力与乳腺癌之间的关系。研究结果表明压力可防止罹患乳腺癌。研究小组负责人尼尔森表示，现在科学家还不能说出绝对准确的压力作用机制。一种可能的解释是，长期的心理压力和情绪负担会降低雌激素的分泌水平。多数情况下，正是这种激素促使癌细胞在乳腺中生成和扩散。

第三节 | 压力管理

一、什么是压力管理

所谓压力管理，即是适应压力的过程，而管理是控制之意，因此要做压力的主人，要操纵压力，而且把它当作是新的资源与支持系统，将精神放在疏解压力上，更进一步计划如何将压力从负面转为正面，从而使生活更和谐、更有效率。压力管理可分成两部分：

（一）问题取向

针对压力源本身去处理。较理想的处理态度为冷静面对。问题克服过程的标准步骤如下：

（1）认清压力事件的性质。

（2）理性思考及分析问题事件的来龙去脉。

（3）确认个人对问题的处理能力。

（4）累积寻求能帮助解决问题的信息，包括动用家庭及社会环境支持系统。

（5）运用问题解决技巧，拟定解决计划。

（6）积极处理问题。

（7）若已完全尽力，问题仍无法短时间解决，则表示问题本身处理的难度甚高，有可能需要长期奋战不懈，除了必须培养坚忍不拔的意志之外，可能还需要其他的精神力量支持，如宗教的慰藉等。

（二）情绪取向

处理压力所造成的反应，即对情绪、行为及生理等方面进行疏解。情绪疏解的观念如下：

（1）认清并接受情绪问题的发生。情绪问题的发生是相当正常的，因此觉察自己的情绪，并接受自己情绪的过程，会使自己正面去看待情绪本身，而采取较为适当的行动。

（2）情绪调节。如寻找忠实的聆听者诉苦，对方也可以给予精神上的支持与关怀。另外，痛哭一场或捶打枕头，把情绪适当宣泄出来，以避免在解决问题的重要时刻把不适当的情绪表露出来。

（3）正面乐观的态度。危机即是转机，在整个问题处理过程中，使其成为增强自己能力、促进发展成长的重要机会；另外如果是环境或他人的原因，则可以理性沟通解决，如果无法解决，也可宽恕一切，尽量以正面乐观的态度去面对每一件事，也较能使问题导向正面的结果。

二、压力的体验

心理学中说的压力，是指人的内心冲突和与其相伴随的强烈情绪体验。我们生活在充满矛盾的世界里，为此，我们随时都会面对各种各样的、互不相容的甚至针锋相对的事物，心理作为现实的反应，便把它们引入我们的脑海中，在我们内部世界形成动机冲突、目的冲突，以致在我们心里，形成左右为难、无所适从的状态。当一个人处于此种境遇时，便会苦恼和焦躁不安。这时，我们说他正体验着压力。

现实生活中有多少种相互排斥的事物，接触这些事物的人，便能体验到多少种内心冲突。依照冲突的具体内容，很难对冲突进行归类。如果抽掉冲突的具体内容，单就其形式进行分类，情况就简单明朗多了。

心理学家将内心冲突分为四大类：

双趋冲突。当两个有强烈吸引力但又互不相容的事物出现在面前时，就像中国俗话所说"鱼和熊掌不可兼得"的情况出现时，人的内心便形成了双趋冲突的局面。这种情况，如若夹带着情感色彩，体验到的压力就越发严重，痛苦就越大。

趋避冲突。当一个人想达到一个有吸引力的目标，但达到该目标却有极大危险，这时，便进入了趋避冲突的境界。

双避冲突。当一个人面临两种不利的情景，便体验到双避冲突的压力，比如处在腹背受敌的情景时。人们遇到这种情景，往往长期不能决策，最后"听天由命"，陷入被动境地。

双重趋避冲突。双重趋避冲突由两种可能的选择引起。当两种选择都是既有利又有弊时，面对这种情况，人们就会处于双重趋避冲突中。

三、降低心理压力的基本策略与方法

个体从面临压力到解决问题一般要经过三个不同的阶段。

第一阶段为冲击阶段，发生在压力来临之时。如果刺激过强过大，会使人感到眩晕、发懵、麻木、呆板、不知所措，甚至出现类休克状态。比如，突然听到亲人过世，大多数人会发愣、惊慌，甚至歇斯底里，只有少数人能保持镇定和冷静。

第二阶段为安定阶段。此时，当事人在经历了震惊、冲击之后，努力想恢复心理上的平衡，设法控制焦虑和情绪紊乱，恢复受到损害的认知功能，运用心理防卫机制或争取亲友的帮助。

第三阶段为解决阶段。当事人将自己的注意力转向产生压力的刺激，冷静地分析压力产生的原因，或逃避和远离产生压力的情境事件，或提高自己的应对能力，直接面对压力去解决问题。

一般而言，应对压力的策略有两类：处理困扰与减轻不适感。处理困扰指直接改变压力来源；减轻不适感不直接解决问题，而是调节自己，消解不良反应（见表 10-1）。

表 10-1 应对压力的策略

改变压力来源或改变个人与压力来源的关系：通过直接的行为反应或想方设法解决问题	攻击（破坏），逃避（使自己置身于威胁之外）或寻找其他途径（商讨、交涉、妥协）预防压力
改变自己：通过使自己觉得较舒服的活动调节情绪，但并未改变压力来源	以身体为主的活动（使用药物、放松等），以认知为主的活动（分散注意力等），歪曲现实的潜意识活动

解决压力首先要找到压力来源，就像解绳结一样，首要的一步就是找出绳头，也就是你的压力来源。而且我们需要的是找出具体的压力来源，而不是简单的概括的来源。因此，要给自己列一个压力来源表。然后学会暂停，在我们最愤怒和最无法控制自己情绪的时候，给自己按下暂停键，采用特殊

的呼吸法，改善自己的心情，摆正心态。最后降低自己的期待值，一个人不能总是成功，要做好失败的心理准备。放低你对自己和别人过高的要求，然后你便会发现，世界豁然开朗。

心理专家刘铁榜教授开出八大减压方法：

（1）倾诉：找人倾诉自己心中的不愉快，使不良情绪得到发泄；

（2）行动：即面对压力，不逃避，积极地正视它、接受它，从而改变它；

（3）宽容：不要苛求别人，与人为善，要明白"己所不欲，勿施于人"，"人非圣贤，孰能无过"，宽容、尊重别人，就是尊重自己，经常赞美别人，你会发现自己生活得轻松；

（4）求助：人要学会向别人求助，要善于求助；

（5）等待：有时候，时间可以帮助你抚平创伤，时间也可以让你看清楚事情的本来面目；

（6）妥协：在现代生活中，妥协已成为人们交往中一道不可缺少的润滑剂，妥协并不意味着放弃原则，明智的妥协是一种适当的交换，为了达到主要的目标，可以在次要的目标上做适当的让步；

（7）放弃：人之一生，需要我们放弃的东西很多，只有学会了放弃，我们才能拥有一份安然祥和的心态；

（8）闲情：工作重要，休闲必要，要学会在工作之余放松自己，去郊外的山野徒步，去体验乡村生活的乐趣，打打球、听听音乐，享受那份悠然、宁静。

四、大学生常见的心理压力

（一）学习压力

学习是大学生面临的最主要压力之一。由于大学生普遍都是中学时的优等生，大多具有自信、好强的心理特点，并且入学就已隐约感到就业形势的严峻，因而，他们中的绝大多数都希望能够继续保持良好的学习成绩，以保持自己一贯的学习优势地位，也为未来的就业创造有利条件。但是，大学里，强手如林，尖子荟萃，再加上大学的学习方式明显不同于中学，大学老师也很少进行学习方法的讲授，因此，较多的大学生对大学的学习方法迟迟不能适应，这就导致他们学习效果不佳，只能充当一名普通学生的角色，于是压力感、危机感、失落感油然而生。

（二）就业压力

高校分配制度的改革，社会上下岗职工的大量存在，不可避免地给高校学生带来了就业的心理压力，并且随着年级的增长，这种压力会与日俱增。可以说，许多大学生对目前的市场调节、双向选择、自主择业的分配方式还未适应，他们普遍担心毕业时找不到理想的工作。也有的学生担心自己不能找到与专业对口的工作，从而使大学几年的学习白白浪费。尤其是冷门专业的学生，社会需求量相对较小，因此，他们的压力就更大一些。目前，相当多的大学生选择报考研究生，往往就是因为面临择业，却一时找不到理想的工作所以只好继续求学，以暂时回避现状。

（三）人际交往压力

大学生由于来自不同的地域，不同的生活习惯、性格特征、个人爱好、家庭背景等使大学生的人际关系变得很复杂，因此，许多大学生存在人际交往方面的困惑。同时，一些大学生成绩虽然优异，但因为从小缺乏人际交往教育，在交往认知、交往知识和技能方面存在着明显的不足，以至于不能妥善地处理人际交往中的冲突。另外，随着市场经济文化对大学校园的冲击，大学生方方面面竞争的加剧，原本单纯的同学关系变得非常微妙，因此，不少大学生为人际关系而苦恼，常常抱怨"太累了"。大学生进行心理咨询几乎都是为了解决人际交往压力。

（四）生活适应压力

在生活上，有些大学生从小娇生惯养，从未离开过父母的照顾，对如打扫卫生、洗衣服等一类的日常小事往往都无法适应。另外，一些学校的生活条件不能满足大学生的生活要求，譬如食堂饭菜质量太差，学生宿舍拥挤、吵闹，这些方面，也常常导致远离父母过完全独立生活的大学生产生极大的心理压力，影响其正常发展。

（五）经济压力

大学生的经济压力主要表现在：十年寒窗苦，一朝进入大学，但高额的学费常常使一些条件不太好的家庭不堪重负，加上不断增多的日常生活费用，一些家庭甚至负债累累。对此，大部分学生虽然已经步入了大学校门，但会时时感到内心不安。也有这样一种情况：有的学生自身经济条件不好，又不能正确对待，面对大学里经济条件优越的学生有自卑感，这使他们的内心充满矛盾，承受的心理压力更大。

（六）身心因素压力

大学生身体方面的压力主要有：一些学生身体健康状况不佳，缺乏维持正常学习的旺盛的精力；一些学生对自己的相貌、身高、体型不满意，感到忧心忡忡等。大学生心理方面的压力表现为：过分争强好胜的人格因素使一些大学生常感到身心疲惫；有的大学生心理素质太差，脆弱的心理承受能力使其在困难面前产生较大的压力反应；也有一些大学生是由于自我概念不良，导致自卑、行为退缩；更多的大学生的心理压力源于时时出现的心理冲突，譬如理想与现实的冲突、独立与依赖的冲突、闭锁与开放的冲突，冲突越复杂，心理压力就越大。

另外，近年来，大学生谈恋爱已经很普遍。失恋、单相思也会给大学生造成难以承受的精神打击，形成心理危机。

五、大学生提高抗压能力的途径

（一）要有正确的自我评价

大学生要学会正确评价自己，对事情的期望不能过高，当某些期望不能得到满足时，要善于劝慰和说服自己。要全面地看待自己，对自己的优缺点有正确的、全面的认识，及时克服自卑感，接纳自己，称赞自己，鼓励自己，改进自己。

自我评价是心理学中自我意识的一个方面，是指人对自身条件、素质、才能等各方面情况的一种判断。大学生对自我的评价得当与否，将直接影响到大学生活中的学习效能、职业选择和事业奋斗中的自信心。

正确地进行自我评价一般可以通过两种渠道：直接的自我评价和间接的自我评价。进行直接的自我评价，首先要认识到自己的自然条件，包括健康情况、心理状态、情感特点、兴趣倾向、知识水准、专业特长、智力情况、能力特点，还可以测定一下自己的生物节律周期、智商指数、气质类型、性格类型等作为参考。其次，是用自己在不同领域的实践中（如对各个科目的学习）取得的不同成绩相比较，以发现自己的长处，确定奋斗的目标。间接的自我评价，是指通过与他人行为的对照及情况的对比，发现自我认识的错位。"不识庐山真面目，只缘身在此山中。"这是一些人不能对自己作出正确的自我评价的原因之一。当局者迷，那么就不妨用与他人作比较的方法及对自己在不同领域中取得的不同成果进行比较的方法鉴别一下。

对大学生来说，在自我评价的问题上常常会有两重性：一方面好幻想，把个人的境遇、发展、前途勾画得绚烂多彩；另一方面又常常低估自己的才智和工作能力，自我评价常常是过谦的甚至是比较自卑的。

"天生我材必有用"、"尺有所短，寸有所长"，每个人都有自己的长处和短处。有的人可能不辨音律，但却有高超的组织才能；有的人也许不解数字之谜，但却心灵手巧，长于工艺；有的人可能不会琴棋书画，但酷爱大自然，精于园艺；有的人或许记不住许多外语单词，但有一副动人的歌喉，擅长文艺。

正确的自我评价是帮助我们确定正确的奋斗方向的前提。在实践的鉴别中，在与他人的比较中，要使思维方法尽可能的全面些、辨证些、灵活些。人的知识、才能通常是处于离散、朦胧状态的，需要人们不断地挖掘、发现和开发。从个人兴趣爱好、思维方式的特点、毅力的恒久性、已有的知识结构、献身精神与果敢魅力等多方面进行全面的考察和测试，将为你作出科学的自我评价提供有益的帮助。

（二）勇敢面对压力，保持良好心情

生活的压力会在一个人身上产生什么样的影响，取决于一个人的态度，悲观消极的人视压力为洪水猛兽，不是逃避，就是自怨自艾，不肯面对。但如果能乐观地视压力为人生的挑战，视它们为自己走向成熟的机遇，以积极的态度去寻求解决问题的方法，努力改变自己可以改变的事情，则会让压力转化为生活中的动力。

有一位老者讲述了他和狼狭路相逢、无所畏惧的真实故事：

我小时候住在乡下，村庄四周都是草，不远处便是丛林和群山。经常有狼下山来偷羊，其中有只三条腿的狼，胆大无畏，气势逼人。

有一天，我和父亲两个人走在村庄附近的小路上，与这只狼狭路相逢。人、狼各据一端，相互对峙着。狼毫无退让之意，也没有扑过来的打算，只是冷冷地凝视着我们，就这样相持了一个多小时。狭路相逢勇者胜，只有比狼更勇敢、更无畏、更耐心，才能战胜心灵上的恐惧。最后，父亲和我大声地吆喝，才使狼掉头缓缓离开。

长大以后，我来到了大城市，远离了有狼出没的村庄。但是，那次与狼相逢时狼那种镇定自若的神态感染了我，给了我战胜困难的勇气。每当我遭遇困境、面临挫折时，我就会想到那只狼在弱势环境下无所畏惧的神情，它给予我勇气，鼓舞了我的人生。

狼的冷峻与无畏，会鼓舞我们更加冷峻、更加无畏。人生的旅途也许很遥远，也许很黯淡，但是不要害怕，只有勇敢者的脚下才有路。

（三）建立良好的人际关系

孟子说："天时不如地利，地利不如人和。""人和"就是指人际关系。大学生之间要建立和谐的人际关系。在交往中平等交往，要大度、有气量，能克己容人，要使自己有更多的渠道和机会与更多的同学接触和交往，要相互理解，减少矛盾。

合作就是力量：狼群是这样的强大，归根结底就是合作。在草原上即使最凶猛的狮子也不敢招惹狼群，可见狼群的团队力量。

一个人必须要具备与人打交道的能力，这个能力很重要。为什么要学习与人打交道？我们来看看狼是如何生存的就会知道其重要性：

（1）狼的群体性。很少有狼独自掠取食物，因为老虎看到狼群才会退避三舍，这就是群体的力量。一个人要想在社会上有所作为，他一定要认识到群体力量的重要性，而且要学会如何利用群体的力量。

（2）狼的淘汰机制。当狼群中的狼王老了时，年轻的狼会把它从头狼的位置上拉下来，因为这样才能保持狼群的整体强大。人也是一样，要想做成大事，除了要团结别人一起做事之外，还要排除自己身上的不足的地方。

（四）增强心理保健意识，掌握心理调适方法

大学生要增强心理保健意识，要认识到心理健康要靠自己维护，一切外部的帮助都是间接的，心理医生能做的也只是"助人"。因此，大学生应善待自己，帮助自己，掌握自我调适的方法，维护心理健康，保持心理平衡。如可以用转移、宣泄、暗示、幽默的方法来克服不良情绪；用激励、锻炼、立志来培养意志品质；用积极的评价、自我暗示、竞争意识来建立自信。这样有助于自己深刻认识人生道路的曲折性，增强抗挫折能力，从而能在失败中修炼自我、挖掘自我、超越自我，塑造健全的人格，提高独立处理问题、驾驭复杂局面的能力，坦然面对人生道路上的各种挫折。

第四节 压力实验

一、群体压力实验

【实验目的】通过实验，考察影响从众的各种因素。

【实验说明】实验程序：社会心理学家阿希（S. Asch）是有关从众问题

研究影响最广泛的一位学者，他于20世纪五六十年代一直致力于从众问题研究。1956年，阿希进行了一个有关群体压力的经典实验，考察了影响从众的各种因素。他原先假定，聪明人在可以顺利看到事情真相时不再从众。但事实证明问题不这么简单，聪明的人也会说"说谎"，表面上保持与群体或他人的一致。

　　阿希将被试组成7人小组，请他们参加所谓的知觉判断实验。实验的真正目的，是考察群体压力对从众行为的影响。7名被试中，只有编号为第六的被试为真被试，其他均为实验助手。被试与其他群体成员都围桌子坐下后，实验者依次呈现50套两张一组的卡片。两张卡片中，一张画有一条标准真线，另一张画有三条直线（图10-1），其中一条同标准线一样长。被试的任务，是在每呈现一套卡片时，判断三条编号依次为A、B、C的比较线中，哪一条与标准线一样长。

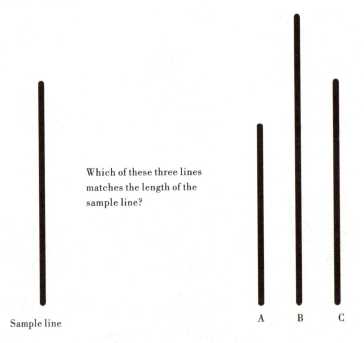

Which of these three lines matches the length of the sample line?

Sample line　　　　　　　　　　A　　B　　C

线段实验

图10-1　群体压力实验

　　实验开始后，头两次比较平静无事，群体的每一个成员都选用同一条比较线。作为第6号（第6个进行判断）的真被试开始觉得知觉判断很容易、很快。在第三组比较时，实验助手们开始按实验安排故意作错误的判断。被试听着这些判断，困惑越来越大。因为他要等到第 6 个才说自己的看法，必须先听前 5 个人的判断。结果，他面临一个是相信自己的判断，还是跟随大家一起作错误判断的两难问题。实验结果表明，数十名自己独自判断时正确率超过 99% 的被试，跟随大家一起作出错误判断的总比率占全部反应的 37%。75% 的被试至少有一次屈从了群体压力，作了从众的判断。

二、"意念自杀"

【实验目的】通过实验，考察无法抗拒的压力与生命的关系。意念自杀是指在生命彻底无望的前提下，强行结束自己的生命。

【实验说明】有一次警方费了好大的力气抓到了一个犯罪组织的头目，这个组织作恶多端，该头目被判死刑是肯定的事，但是这个组织放言说如果处死他们的头目，他们将会采取报复行动。由于这个组织的势力强大，警方在判刑上也不敢掉以轻心，不知道该如何处置该头目。最终，警方想出了一个方法，这个方法就是：首先在这个头目的面前割断一只猴子手上的动脉，让该头目看着猴子的血慢慢地流干直至死去；然后警方蒙着这个头目的眼睛，同样用利器在他手上的动脉处划过（注：只是让他感到有利器滑过动脉，但事实上他的手并没有出血），与此同时打开在他手附近的水龙头，让水一点一点地滴在地上的接水盆里，水开始的时候是一滴滴少量的，然后逐渐加大水流量（滴水的目的只是让他以为是自己的血在流出）。过了一段时间，该头目就像之前那只猴子那样慢慢地死去了，他死去的症状与真正失血死去的人是一样的。于是这样既解决了该头目的处置方法，又使得那个犯罪组织无话可说。以上这个故事说明了"意念自杀"这种现象。在看不见的情形下听到了自己的"血"流声，于是他认为自己死定了，在认定自己会死这个事实的基础上，心跳、脉搏等身体各项机能的活动渐渐衰弱，然后慢慢地"死"去。

"意念自杀"的生理学原理和受惊吓致死是相同的。两位美国医学博士对一些意念自杀者的尸体进行了解剖，发现这些死者的心脏都呈现出细胞大量坏死的现象，而心脏细胞的大量坏死又是人体分泌出大量肾上腺素造成的。原来人在受到某种惊吓时而产生的恐惧意念可以引起肾上腺分泌出大量激素，肾上腺素的急骤增加会使心脏活动过强，从而将大批心脏细胞杀死。而层层堆积的坏死细胞又影响和阻遏心脏神经纤维束的正常传导功能，当这一通道被急骤堆积的坏死细胞阻断时，调节心脏跳动的电信号就会中断，心脏就会骤然停止跳动，于是这个人就被自己的意念杀死了。所以俗话说"人吓人，吓死人"是有一定道理的。

想一想 --------------------------------

1. 第二次世界大战中，英国伦敦的居民胃出血的现象增多，医生很奇怪，吃的东西并没有改变，这是为什么呢？

2. 有心理学研究者请一百名大学生看恐怖片，看完后抽血，另外还请一百名大学生看风光片，看完后也抽血，结果发现看恐怖片的人免疫力下降，而看风光片的人免疫力没有下降。这是何原因？

3. 有一个用动物——小白鼠做的实验：20 只小白鼠过 3 个月之后请出 10 只，然后将它们处理掉拿出胸腺等进行检查，再过几个月将剩下的 10 只小白鼠拿出来进行相同处理，发现后面这 10 只小白鼠的免疫力很差，这又是何原因？

测一测 --------------------------------

【指导语】以下列出的是一些对付应激的常见方法。请记下符合你的情况的项目或是你常用的项目的序号。

1. 我顾不上自己了，只是更加努力地加快工作

2. 我找朋友聊聊天以寻求他们的支持

3. 我比平时多吃

4. 我去参加某些体育锻炼

5. 我感到烦躁不安，想摆脱我身边的一些东西

6. 我花点时间放松放松喘口气

7. 我抽支烟，或是喝杯含咖啡因的饮料

8. 我勇于面对应激的来源，并通过工作来改变它

9. 我回避应激（压力），只是做我每天该做的事

10. 我改变我看问题的角度，将其放在一个更好观察的位置

11. 我睡觉睡得更多

12. 我设法离开我的工作环境，休息一段时间

13. 我疯狂地买东西，这样使我觉得舒服一些

14. 我和朋友们开开玩笑，利用幽默使得事情淡化一点

15. 我比平时喝更多的酒

16. 我参加一些业余活动，以帮助我不去想烦恼的事，自得其乐

17. 我服用一些药物来帮助我放松和入眠

18. 我保持原来的健康的饮食习惯

19. 我干脆不闻不问，希望它会自己过去

20. 我调动我的精神力量来应对应激事件

21. 我对发生的问题很担心，也害怕做有针对性的事

22. 我尽可能集中在那些我能控制的事情上，对控制不了的事，不予理会

【评估方法】双数的项目是刘付应激（压力）比较积极的策略，单数的是比较消极的策略。如果你选择了双数的项目，你值得自我庆幸。如果你选择了一些单数的项目，你需要想一想如何改变你的想法和行为。试试采用那些你没有选择的双数项目的策略来应对压力。

第十一章　心理异常与心理治疗

异常心理学，又称变态心理学，是心理学的重要分支，它主要研究人的异常心理和行为，包括认知活动、情感活动、意志活动、智力以及人格特征等方面的异常表现及原因，并对这些异常表现进行分类、解释，阐明其发生发展和转归的影响因素及规律，同时将这些科学知识应用于治疗的实践中。因此，异常心理学是从异常的角度，探索、解释和预测人类心理活动的重要学科。这一章我们主要讨论心理异常的性质、分类，心理异常是什么，它是如何发生的，心理异常有哪些分类，以及预防和治疗心理异常的方法有哪些。

第一节　心理正常与异常的区分

异常心理是异常心理学的研究对象。关于异常心理有许多不同的描述，如变态心理、心理异常、心理障碍、心理疾病、心理失调等。严格地说，这些概念是有区别的：变态心理，是指偏离常态，心理离奇、古怪、让人无法理解；心理异常，是指人的心理状态发生了病理性变化，行为表现明显与众不同，能力明显受损，需要心理治疗；心理障碍，是指心理过程和机能受阻，这种障碍既可能是功能性的，又可能包括器质性的改变；心理疾病，是从医学角度理解心理异常，相对躯体疾病而提出的概念；心理失调，是指心理失去平衡，行为缺乏整合协调，致使个体在不同情况下的处理能力下降，适应不良。实际上，许多时候这些概念是通用的。

一、什么是心理异常

说一个人心理异常是什么意思？心理学家和其他临床工作者如何确定什么是异常？正常与不正常行为之间的界限是否总是清楚的？对一个人是否有心理异常的判断通常建立在专家对个体行为功能评估的基础上。让我们来看一看可以用来标识"异常"的七项标准（美国诊断分类统计手册第四版——正文修订版，DSM-IV-TR，2000；Rosenhan & Seligmnn，1989）：

（1）痛苦或功能不良。个体经历痛苦或功能不良进而造成身体或心理的衰退或丧失行动的自由。

（2）不适应性。个体的行为方式妨碍了目标的达到，无利于个体的幸福，或者严重扰乱了他人的目标和社会的需要。

（3）非理性。个体的行为或言语方式是非理性的或不能被他人所理解的，比如一个人对事实上不存在的声音有反应。

（4）不可预测性。个体从一个情境到另一个情境的行为都是不可预测和无规律的，好像有一种不能控制行为的体验，比如一个孩子无缘无故用拳头打自己。

（5）非惯常性和统计的极端性。个体的行为方式在统计学上处于极端位置且违反了社会认可可接受或所赞许的标准，比如智力极低是非常罕见的，这是不被社会赞许的，所以，它就常常被列入变态的范围。

（6）令观察者不适。个体通过令他人感到威胁或遭受痛苦而造成他人的不适，比如，一个女人走在大街中间，自言自语大声讲话，就会对试图绕过她的车辆上的观察者造成不适。

（7）对道德或理想标准的违反。个体违反了社会规范对其行为的期望，按照这条标准，不愿工作或不信教的人可能会被一些人认为是不正常的，这个标准，在司法场合下有特别的意义。

当多于一条的指标存在并且有效时，我们就更加有把握将某种行为标定为"异常的"，这种指标越极端和越常出现，我们就越有把握认为它们是指向一种异常的情形。没有哪一条指标对所有的心理障碍来说都是必要条件。同样，也没有哪一条标准可以单独作为充分条件来区分异常的行为和正常的行为。正常和异常之间的差别，并不是两个独立行为类别之间的差异，而是一个人的行为合乎一整套公认的异常标准的程度。对心理异常最好的理解是认为它是一个从心理健康到心理疾病的连续体。

二、心理正常与异常的区分

正常心理具有三大功能：生物功能正常，能保障人作为生物体顺利地适应环境，健康地发展；社会功能正常，能保障人作为社会实体正常地进行人际交往，在家庭、社会团体、机构中正常地肩负责任，使人类赖以生存的社会组织正常运行；认识与改造功能正常，能使人类正常地、正确地反映、认识客观世界的本质及其规律，以便创造性地改造世界，创造出更适合人类生存的环境条件。异常的心理活动则丧失了上述功能，无法正常生活，难以适应社会，破坏了个体的身心健康。

心理正常与异常的区分方式包括：

1. 常识性的区分

（1）言谈、思维和行为的怪异。

（2）情绪体验和表现过分。比如说抑郁，终日低头少语，行动缓慢。

（3）自身社会功能的不完整。表现为社交恐惧，怕与他人的眼光相对，为此而不敢见人。

（4）影响他人的正常生活。比如说对他人反复进行骚扰、恶作剧等，影响他人的生活。

2. 非标准化的区分

李心天（1991）对区分正常与异常心理提出如下五个非标准化的区分方法：

（1）统计学的角度。将心理异常理解为某种心理现象偏离了统计常模。

（2）文化人类学的角度。将心理异常理解为是对某一文化习俗的偏离。

（3）社会学角度。将心理异常理解为对社会规则的破坏。

（4）精神医学的角度。将心理异常理解为古怪无效的观念和行为。

（5）认知心理学的角度。将心理异常看作是个体主观上的不适体验。

3. 标准化的区分

李心天（1991）对区分心理正常与异常提出了如下四个判别标准：

（1）医学标准。这种标准是将心理障碍当作躯体疾病一样看待。根据一个人身上表现的某种心理现象或行为，便可以找到病理解剖或病理生理变化的根据，在此基础上认定此人有精神疾病或心理疾病。其心理表现则被视为疾病的症状，其产生原因则归结为脑功能失调。这一标准为临床医师们广泛采用。他们深信心理障碍病人的脑部应有病理过程存在。

（2）统计学标准。在普通人群中，对人们的心理特征进行测量的结果常常显示常态分布，其中的大多数人属于心理正常范围，而远离中间的两端则被视为"异常"。因此决定一个人的心理是正常或异常，以其心理特征偏离平均值的程度来决定。

（3）内省的标准。有两个方面：其一是指病人的主观体验，即病人自己觉得有焦虑、抑郁或说不出明显原因的不舒适感，或自己觉得不能适当地控制自己的行为，因而需要寻求他人支持和帮助；其二是就观察者而言，即观察者根据自己的经验作出被观察对象心理正常还是异常的判断。

（4）社会适应标准。在正常情况下，人体能够维持着生理心理的稳定状态，能依照社会生活的需要适应环境和改造环境。因此，正常人的行为符合社会的准则，能根据社会要求和道德规范行事，亦即其行为符合社会常模，是适应性行为。

⚫ 4. 心理学的区分标准

郭念锋（1986）认为具体标准难以确定，但基本原则是可以说得清楚的，为此他从心理学对人类活动的定义出发，根据心理学对心理活动的定义"心理是客观现实的反映，是脑的机能"，他认为理解心理正常与异常应从心理活动本身的特点去考虑，明确提出区分心理正常与异常的三个原则：

（1）主观世界与客观世界的统一性原则。因为心理是客观现实的反映，所以任何正常心理活动和行为，必须在形式和内容上与客观环境保持一致性。

（2）心理活动的内在一致性原则。人类的精神活动虽然可以被分为知、情、意等部分，但它自身确是一个完整的统一体，各种心理过程之间具有协调一致的关系，这种协调一致性保证人在反映客观世界过程中的高度准确和有效。

（3）人格的相对稳定性原则。每个人在自己长期的生活道路上都会形成自己独特的人格心理特征。这种人格特征形成之后具有相对的稳定性，在没有重大外界变革的情况下，一般是不易改变的。

第二节 ｜ 心理异常的类型

为什么要有一个心理异常的分类系统呢？从笼统地评定一个人不正常到鉴别异常的不同种类我们得到了哪些益处呢？心理诊断（psychological diagno-

sis）是通过把观察到的行为模式归类到公认的诊断系统中去，而对异常行为
进行标记。

一种效用最大的分类系统应当具有以下三种益处：①通用的简略语言
（术语）。为了促进心理病理领域的临床工作者和研究者之间快捷和清楚地互
相理解，从业者寻求有着公认含义的一套术语。②病原学的理解。在理想的
状况下，对于一种特定障碍的诊断应当将症状的病因澄清。但不幸的是，由
于对很多心理异常的病原学，我们的知识或者缺乏，或者非常不一致，因此
这个目标很难达到。③治疗计划。一个诊断应当包括针对特定的障碍采用何
种治疗方式。研究者和临床工作者发现特定的治疗方法对某种特定的心理障
碍是最有效的。

一、三种分类系统

（一）美国精神障碍诊断分类系统

在美国最广为接受的分类模式是美国精神病学会制定的《精神疾病的诊
断和统计手册》，对 200 多种心理障碍进行了定义和分类。为了鼓励临床工作
者考虑与心理障碍相关的心理、社会和躯体因素，《精神疾病的诊断和统计
手册》采用了不同的维度，或称为轴来描述这些因素的相关信息。轴 I 为各
种临床综合征（主要包括精神病和神经病）；轴 II，为各种人格障碍和发展
障碍；轴 III 为应激状态；轴 IV 为躯体疾病；轴 V 为整体功能水平。

DSM – IV – TR 系统将所有精神障碍的诊断分为 17 大类：

（1）通常在儿童期和少年期首次诊断的障碍。

（2）谵妄、痴呆、遗忘及其他认知障碍。

（3）由躯体情况引起、未在他处提及的精神障碍。

（4）与物质有关的障碍。

（5）精神分裂症及其他精神病性障碍。

（6）心境障碍。

（7）焦虑障碍。

（8）躯体形式障碍。

（9）扮演（factitious）障碍。

（1）解离障碍。

（1）性及性身份障碍。

（12）进食障碍。

（13）睡眠障碍。

（14）未在他处分类的冲动控制障碍。

（15）适应障碍。

（16）人格障碍。

（17）可能成为临床注意焦点的其他情况。

（二）国际诊断分类系统

《国际疾病及相关问题的统计分类标准》（International Statistical Classification of Diseases and Related Problems，ICD）是由 WHO 组织全球的专家制定的，该系统包括各科疾病的诊断标准。目前的 ICD - 10 于 1992 年出版，其中第五章为精神障碍。我国于 1993 年翻译出版了相关书籍。ICD 的制定参考了各国的诊断标准，也参考了 DSM 体系，在某些方面兼顾了不同国家的文化和诊断分类的考虑、例如对精神分裂症所需症状时程的考虑、对神经衰弱诊断的保留等。

ICD - 10 第五章精神障碍的分类如下：

F00 ~ F09 器质性（包括症状性）精神障碍（主要以综合征为分类依据）。

F10 ~ F19 使用精神活性物质所致的精神及行为障碍（列出"使用烟草所致的精神及行为障碍"）。

F20 ~ F29 精神分裂症、分裂型及妄想型障碍（保留精神分裂症的传统分型）。

F30 ~ F39 心境（情感性）障碍（仍保留单纯的"躁狂发作"的诊断）。

F40 ~ F49 神经症性、应激性及躯体形式障碍（取消了"神经症"的名称，仅采用"神经症性"这一形容词，不再使用"癔症"一词）。

F50 ~ F59 伴有生理障碍及躯体因素的行为综合征（把"非成瘾物质滥用"归入此类）。

F60 ~ F69 成人的人格与行为障碍（性心理障碍归入此类）。

F70 ~ F79 精神发育迟滞。

F80 ~ F89 心理发育障碍。

F90 ~ F98 通常发生于儿童期及少年期的行为及精神障碍。

F99 待分类的精神障碍。

（三）中国精神障碍诊断分类系统

《中国精神障碍分类与诊断标准》（Chinese Classification and Diagnostic

Criteria of Mental，CCMD）是为符合中国社会文化特点，并考虑与国际接轨而制定的精神疾病分类方案与诊断标准，是我国精神病学工作者多年努力的成果。1958 年，第一次制定了分类方案，即精神疾病分类（试行草案）。后于1978 年中华医学会第二届全国神经精神科学术会议拟定，1981 年公布了中华医学会精神病分类，1989 年公布了 CCMD－2。1994 年在广泛征求意见的基础上公布了 CCMD－2－R，并于 1995 年正式出版。1995 年成立了中国精神障碍分类与诊断标准第 3 版工作组，在 1996—2000 年期间，对 17 种成人精神障碍及 7 种童年和少年精神障碍的分类与诊断标准开展前瞻性现场测试与随访观察，完成了 CCMD－3 的编写工作，于 2003 年正式出版。CCMD－3 进一步向国际疾病分类靠拢，多数疾病的命名、分类方法、描述、诊断标准都尽量与 ICD－10 保持一致，但同时也保留了一些传统的分类名称，如神经症等。此外，CCMD－3 还编配了相应的多轴诊断量表（DSMD）和计算机诊断软件。

CCMD－3 的分类如下：

0 器质性精神障碍

00 阿尔茨海默（Alzheimer）病

01 脑血管病所致精神障碍

02 其他脑部疾病所致精神障碍

03 躯体疾病所致精神障碍

1 精神活性物质所致精神障碍或非成瘾物质所致精神障碍

10 精神活性物质所致精神障碍

11 非成瘾物质所致精神障碍

2 精神分裂症（分裂症）和其他精神病性障碍

20 精神分裂症（分裂症）

21 偏执型精神障碍

22 急性短暂性精神病

23 感应性精神病

24 分裂情感性精神病

以上三种诊断分类系统在某些方面有所不同，如 DSM 系统已经取消了神经衰弱的诊断分类，而 CCMD 系统中仍然保留这一分类；又如 DSM 系统将以前称之为神经症的一类障碍改名为焦虑障碍，但 CCMD 系统仍沿用神经症的名称。但总体而言，三个分类系统的相似点多于不同点，如 ICD－10 中精神障碍的分类表述与 DSM - Ⅳ 已有相当大的重叠（Nolen - Hoeksema，2001），这有利于我们读懂相关的国际书籍和专业论文，并进行国际间的交流。本书采用以 CCMD 系统为主、DSM 和 ICD 系统为辅的方法对各类障碍进行分类描述。

二、心理异常的主要类型

这一部分会介绍主要心理异常的分类，比如，焦虑、抑郁和精神分裂症，对每一个类别，我们都会描述其主观痛苦经验以及观察者对他们的印象。

（一）焦虑障碍

每个人都会在一定的生活情形下体会到焦虑或恐惧。但是，对于一些人来说，焦虑成了一个问题，干扰了他们有效地处理日常生活的能力，或使他们失去了享受生活的乐趣。本节我们将回顾五种主要的焦虑障碍的类型：广泛性焦虑症、惊恐障碍、恐惧症、强迫症和创伤后应激障碍。

1. 广泛性焦虑症

根据 CCMD - 3 的描述，广泛性焦虑障碍是指一种以缺乏明确对象和具体内容的提心吊胆及紧张不安为主的焦虑症，并有显著的植物神经症状、肌肉紧张及运动不安，当这样的症状持续至少 6 个月以上的时候，就被诊断为广泛性焦虑症。广泛性焦虑障碍的临床表现有如下特征：①持续性，广泛性焦虑障碍是持续存在而非发作性的，个体的病态烦恼心情至少持续 6 个月之久。②弥散性，广泛性焦虑是弥散而非集中的，个体急性或慢性的焦虑体验都不是来自某种具体的威胁，患者本人无法说出焦虑的来源。③由前两者引起的身体和心理上的持续不适，广泛性焦虑会使个体产生许多非特定性反应，例如发抖、极度不安、紧张、出汗、头晕目眩、恐惧、烦躁等。

2. 惊恐障碍

与广泛性焦虑症中持续出现的焦虑相比，惊恐障碍（panic disorder）的病人体验到的是一种无预期的严重的惊恐发作，每次可能只持续几分钟。这种发作一开始的感觉是强烈的焦虑、恐惧或惊慌，伴随着这些感觉的是一些焦虑的躯体症状，包括自主神经系统的高兴奋性（如心率加快）、眩晕和窒息感。这种发作并不局限于任何特定的情境，通常是在没有任何明显诱因的情况下突然开始，具有不可预测性。

3. 恐惧症

恐惧症是一种以过分和不合理地惧怕外界客体或处境为主的神经症。在临床上，恐惧症的主要特征是：①某种外在（体外）的客体情境引起强烈的恐惧；②患者明知过分、不合理、不必要，却又无法控制；③患者发作时往往伴有明显的焦虑不安及植物性神经症状，如出汗、心悸、面红或气短气促、头晕甚至晕倒、战栗，患者每次遇到引起他恐惧反应的情境时，就同时会产生焦虑反应；④因尽力回避所恐惧的客体或情境而影响患者的正常生活或工作。

4. 强迫症

一些焦虑障碍的患者无法摆脱特定的思维和行为模式。强迫症的主要临床表现有强迫性观念和强迫性行为。强迫观念是思维、意象或冲动反复出现或持续作用，尽管个人要努力抑制这些观念。强迫观念是对意识的一种外来的侵入的体验，它们听起来全无意义或令人讨厌，而且对于正在经历着的人来说它们也是难以接受的。每个人都有过轻微的强迫观念的体验，比如，问自己"我是不是真的锁了门"，或者"我是不是关了风扇"。强迫症患者的强迫思想更加不可抵挡，引起更多的痛苦，而且可能干扰他们的社交和工作能力。强迫行为是指重复的、目的性的动作，根据特定的原则或仪式化的方式对某种强迫观念进行反应。做出强迫行为是为了减少或预防与某些可怕的情境产生联系的不适感，但是其本身是不合理的，或者多余的。典型的强迫行为包括反复地清洁、检查灯或电器是否关好、点数物体或财产等。

5. 创伤后应激障碍

创伤后应激障碍（posttraumatic stress disorder，PTSD），是一种焦虑障碍，是指由异乎寻常的威胁性或灾难性心理创伤而引起的精神障碍的延迟出现或长期持续存在。与急性应激障碍的急骤发病相比，该病的潜伏期较长，一般为几周到几个月，大约不会超过6个月。PTSD的主要临床表现可分为3组：第一组为反复体验创伤性事件，如侵入性的回忆和反复出现的噩梦；第二组为保护性的反应，如回避与创伤相关的刺激和情感麻木；第三组为高度警觉的症状，如惊跳反应和过度警觉。

（二）心境障碍

心境障碍（mood disorders）又称情感性精神障碍，是以明显而持久的心境高涨或低落为主的一组精神障碍，并有相应的思维和行为的改变，可有精神病症状，如幻觉、妄想等。大多数患者都有反复发作的倾向，每次发作可缓解症状，部分可由残留式转为慢性。心境障碍包括抑郁症、躁狂抑郁症等。由于这些心境障碍都可能引发自杀的念头和行为，所以有关自杀的内容也放在这节讨论。

1. 抑郁症

抑郁被形容为"心理病理中的普通感冒",因为它发作频繁,也因为几乎人人都在生命的某段时间或多或少地经历过。只是被诊断为抑郁的病人其症状的严重程度不同。其中一些人只与抑郁斗争了几个星期,而另一些人则断断续续地要经历数年的抑郁。抑郁状态以心境低落为主,可伴有思维缓慢和运动性抑制。患者常表现为自我感觉不良、情绪低落、对外界反应缓慢、联想迟钝、言语动作减少,甚至发生木僵。同时伴有自卑、自责和自罪观念,或是焦虑,严重者甚至出现幻觉、妄想等精神病性症状。一般将抑郁症表现概括为"三低",即情绪低落、思维迟缓和行为减少。

2. 双相障碍

双相障碍(bipolar disorder)是以严重抑郁与躁狂交替出现为特征的。一个经历躁狂(manic episode)的人的行为和情感常常是高涨的和夸张的。但是,有时个人的主导情绪就是易激惹的而不是高涨的,特别是当这个人感觉到挫折的时候。在躁狂阶段,一个人往往会感觉到自尊的膨胀和自己拥有特别的能力与权力。病人可能感到需要的睡眠时间戏剧化地减少,可以做额外的工作或参加社交娱乐活动。被这种躁狂情绪影响的病人表现出不切实际的乐观,冒不必要的风险,而且可能会放弃任何东西。当躁狂开始减退时,病人就会开始应付那一阶段的狂乱所造成的损害和窘境。这样的躁狂阶段几乎总是紧跟着严重的抑郁。

3. 自杀

尽管多数抑郁症病人没有自杀,但分析表明,多数的自杀个案——大约50%~80%是抑郁症患者。近年来,一个引起极大重视的社会问题就是青少年的自杀问题,每9分钟就有一个青少年企图自杀,每90分钟就有一个青少年自杀成功。什么样的事件会导致青少年自杀?研究表明,亲密关系的破裂在男女两性中都是最具创伤性的事件。其他显著的引起羞耻感和内疚的事件也能够打垮不成熟的自我,引起自杀的意识。这些事件包括挨打、被攻击、被强奸或第一次被拘留等。青少年自杀并不是不假思索、一时冲动的行为,通常的情况是,它发生于内部混乱和外部痛苦的最终阶段。大部分青少年自杀的受害者都与别人谈过或写过他们自杀的意图,所以应该严肃对待谈及自杀打算的人。实际上,我们可以解除这些痛苦,补偿那些受挫折后的需要,减少自杀想法对我们的思维的限制,敏锐地觉察自杀意图的信号,用足够的关怀去干预，对拯救那些在生活中除了自毁外看不到其他出路的人的生命是至关重要的。

（三）人格障碍

人格障碍（personality disorder）是一种持久的（慢性的）、不可变的、不适应的感知、思维或行为模式。这些模式可以严重损害一个人在社交或职业场合的功能，造成显著的痛苦。通常在一个人青年期或者成年早期即可识别。人格障碍有很多类型（DSM－Ⅳ－TR 区别了 10 种类型），我们将讨论其中四种：偏执型、表演型、自恋型和反社会人格障碍。

偏执型人格障碍。对与他们打交道的人的动机表现出一贯的不信任和猜疑。患有这种病的人怀疑别人想要伤害和欺骗他们，他们能够从无害的情境中找出隐藏的不愉快的含义。他们认为朋友或配偶总有一天会对他们不忠。

表演型人格障碍。过分情绪化和寻求注意，总是希望自己是注意的中心。如果他们不能成为注意的中心，他们就会做一些不适宜的事情去争取成为注意的中心。病人做论断的时候很感情用事，但是往往缺乏证据来支持他们的论断。他们会对很小的事件做出过分的情绪反应。

自恋型人格障碍。有一种夸大的自我重要感，被成功或权力的想象所占据，需要不断的赞美。这些人通常有人际关系方面的问题，他们觉得自己拥有特权，不需要履行自己的义务，为了自己的利益剥削他人，很难认识和体会他人的感受。

反社会人格障碍。持久地缺乏责任感，不遵守法律，违反社会规范。说谎、偷窃和打架是常见的行为。反社会人格障碍的人对他们伤害别人的行为不会感到羞耻或者后悔。违反社会规范的行为从小就开始了——扰乱课堂秩序，参与打架斗殴，离家出走。这些行为的特征是藐视他人的权利。反社会人格障碍常常与其他病理状态共鸣，如药物滥用等。

（四）分离性障碍

分离性障碍（dissociative disorder）是一种身份、记忆或意识的整体性混乱。对一个人来说，重要的是看到他们的行为，包括对情绪、思维和行动的控制。对这种自我控制的感觉来说头等重要的就是自我感——自我在各个方面的一致性以及认同感在时间和地点上的连续性。心理学家认为，在分离状态中，人们通过放弃他们的一致性和连续性——从某种程度上来说，失掉他们自己的一部分，来逃避冲突。这种没有器质性障碍而仅仅是由于心理因素导致的对个人重要经历的遗忘，称为分离性失忆（dissociative amnesia），是分离性障碍的一种。有些研究表明这种分离性失忆可能与童年经历的一些身体虐待或性虐待有关。

分离性身份识别障碍（dissociative identity disorder，DID）从前叫作多重人格障碍，是一种分离性心理障碍，指两个或多个显著不同的人格存在于一个个体之中。在不同的时间，不同的人格会占据支配地位，主导着这个人的行为。每一种显现出来的人格都与原来的自我有显著的反差，如果这个人害羞，他们可能外向；如果这个人软弱，他们可能会刚强；如果这个人在性方面幼稚，他们反而可能会成熟。每一个人格都有独特的身份、名字和行为方式。

（五）精神分裂症

精神分裂症（schizophrenic disorder）作为精神病中最严重、最复杂的一种，其本质特征是一种严重得足以产生丧失与现实联系的障碍。精神分裂症不仅有幻觉、妄想、思维障碍等重精神病症状，而且在各种心理活动之间、心理活动与现实之间，都表现出分裂和不协调的状况。CCMD－3对精神分裂症的定义为一组病因未明的精神病，多起病于青壮年，常缓慢起病，具有思维、情感、行为等多方面障碍，及精神活动不协调。关于精神分裂症的特征性主要症状，目前认为主要有以下几个方面：①情绪障碍，常常表现为不恰当的情感，或单调的情感。②人格解体，常常与单调的情感相联系，可以导致幻觉经历。③思维障碍、幻觉或妄想，这也是精神分裂症的本质特征。思维障碍包括妄想思维、逻辑上的分歧和自由联想。幻觉是在缺乏恰当刺激情况下的感觉经历，例如看见某个不存在的东西。妄想是关于世界的错误信念。

以下是精神分裂症的主要类别：

1. 紊乱型

在这种精神分裂症的亚型中，个体表现出不连贯的思维模式和非常怪异紊乱的行为。情绪很单调呆板或对当时的情境并不适当。一个人常常做出傻气的或孩子气的行为，诸如没有什么缘由地傻笑。言语变得不连贯，满是不寻常的词和不完整的句子，如此这般与他人的交流也不能进行。如果出现妄想或幻觉，他们也不能组织成一个连贯的主题。

2. 紧张型

精神分裂症紧张型的主要特征是动作活动的紊乱。有时患有这种障碍的病人会好像处于昏迷的木僵状态。在很长的时间内，病人都保持不动弹，维持一个奇怪的姿势，对环境里的任何事物都很少反应或没有反应。在其他时候，这些病人显示出额外的活动性，表现为漫无目的而且不会受外界刺激的影响。紧张型的另一个特征是极端的违拗，即对所有的指示都明显的、原因不明地抵抗。

🕒 3. 偏执型

患有这类精神分裂症的病人有围绕以下特定主题的复杂而系统的妄想：被害妄想，病人觉得他们总是在被侦察、被密谋，他们面临着死亡的危险；夸大妄想，病人相信他们自己是重要的或至高无上的人物——百万富豪、大发明家，或像耶稣基督那样的宗教人物；被害妄想可能与夸大妄想一起出现——一个人可能是一个伟人，但是一直被邪恶势力所迫害；嫉妒妄想，在没有正当理由的情况下，病人认定他们的伴侣不忠实。他们拼凑资料配合他们的理论，以"证明"他们妄想的真实性。

偏执型精神分裂症病人的发病时间通常晚于其他类型精神分裂症的病人。偏执型精神分裂症很少表现出明显的紊乱行为，相反，他们的行为多半是激烈的和非常正式的。

🕒 4. 未定型

这是精神分裂症的杂物袋类型，描述那种表现突出的妄想幻觉、不连贯的言语，或者非常紊乱的行为。这些个体所体验的症状大杂烩，不能很清楚地被分到各种精神分裂症的反应中去。

🕒 5. 残留型

被诊断为残留型的病人通常经受上一次精神分裂症发作的影响，但目前没有诸如幻觉和妄想这类阳性症状。这种障碍的特征就是次要的阳性症状或诸如情感单调这样的阳性症状。残留型的诊断显示病人的疾病进入缓解期或暂时停止活动。

精神分裂症的发展过程中，3 项生物因素被认为是精神分裂症生物方面的起因，它们分别是遗传上的缺陷、神经生化因素及出生障碍与病毒假设等。大量研究证明，遗传因素对精神分裂症的发展有着非常重要的作用。临床遗传研究仅证实精神分裂症与遗传有关，而分子遗传学从分子水平对其遗传方式进行了研究。遗传因素传递精神分裂症的易感性，现已被接受，但至今没有关于其遗传方式的定论。关于精神分裂症的生物化学因素，比较得到认可的是单胺假说。与精神分裂症有关的单胺包括多巴胺、去甲肾上腺素和 5 - 羟色胺。单胺假说提出，上述每一种以及他们共同的降解酶——单胺氧化酶都与精神分裂症的病因有关。

而精神分析学家把退回到以前的一种更原始的顺应水平视为精神分裂症的一个基本原因。按照他们的观点，具有严重障碍的精神分裂症患者常常退回到口唇期，而这时婴儿正好刚刚开始区别他们自己的自我界限。精神分析学家认为，精神分裂症患者的退化之所以发生，主要是因为本我要求的大量增多，或是因为超我的不容许导致了严重的焦虑。一些学习理论家认为，精神分裂症的病因全部或部分是社会学系的结果，尽管有充分的证据表明社会学系变量对精神分裂症的连续发展和维持是至关重要的，但是还没有任何清楚的证据表明它们起着一种最初的表示原因的作用。

第三节 ｜ 心理治疗的方法

对心理障碍治疗涉及以下四个主要的目标：诊断，即说明个体的问题类型，可能的话对现有问题作出精神病学诊断并对障碍进行归类；提出一个可能的病因学（问题的原因）的看法，即确定障碍发生并持续的可能原因；提出对预后的看法，即对进行治疗或不进行治疗可能出现的病程进行估计；确诊并进行治疗，即减轻或消除问题症状，有可能的话，铲除症状产生的根源。

生物医学治疗（biomedical therapies）关注的是改变硬件，即改变中枢神经系统运转的机制。这种治疗被精神病学家和医生大量采用，主要通过化学或物理学的干预，试图改变大脑机能。这类干预包括外科手术、电击、药物等直接作用于脑与身体的联系的多种手段。

心理学方面的治疗统称为心理治疗（psychotherapy），关注的是改变软件的功能，即人们习得的不良行为，如话语、想法、解释等，这些行为会直接影响人们的日常生活。这类治疗被临床心理学家和精神病学家所采用。心理治疗包括四个主要的派别：精神动力学、行为、认知和存在人本主义治疗。

一、精神动力学治疗

精神分析（psychoanalysis）由西格蒙德·弗洛伊德创立，是探索神经症、焦虑个体内心的无意识动机和冲突的深层的、长期的治疗方法。弗洛伊德的理论将焦虑障碍看作是个体无力很好地解决内部冲突造成的，即本我的、无意识的、非理性的冲动被超我抑制而产生的冲突。心理分析的治疗目标是重建个体心灵内部的和谐，增加本我的表现机会，降低超我的过分要求，使自我的力量强大起来。

（一）自由联想

自由联想（free association）是在精神分析中应用最多的探测无意识内容、释放被压抑的内心冲突的方法。通过让病人很舒服地坐在椅子上或以一种放松的姿势躺在长沙发上，让病人头脑处于自由的状态，把头脑中出现的想法、愿望、躯体的感觉和想象都讲出来。分析师鼓励病人说出自己的每种想法和感受，而不管这些想法、感受是否重要。

（二）解释

解释包括由治疗师指出、解释甚至教给来访者出现在梦中、自由联想、阻抗及治疗关系中行为的意义。解释的功能是使自我能够吸收新材料并加速揭示无意识材料意义的过程。解释基于治疗师对来访者人格及对其目前问题有影响的过去因素的评估。在当代定义中，解释包括确定、澄清和翻译来访者的材料。

（三）释梦

释梦是揭示无意识材料，使来访者洞悉未解决问题的某些方面的重要程序。梦有两个水平的内容：潜在内容和表现内容。潜在内容包括潜藏的、符号的和无意识的动机、愿望以及恐惧。因为它们痛苦而具有威胁性，所以潜在内容中的性和攻击冲动就转换成了表现内容中更易被接受的形式。潜在内容向威胁更小的表现内容转化的过程叫作"梦的解析"。治疗师的任务是通过研究表现内容中的符号来揭开伪装的含义。

（四）对阻抗的分析与解释

阻抗，指的是一切阻碍治疗进程，使得来访者不能产生以前的无意识材料的东西。在分析性治疗中，阻抗是指病人不愿意将以前受到压抑的无意识以有意识的形式表现出来。阻抗不仅仅是需要解决的问题，而且因为它们代表着日常生活中常见的防御机制，所以应该被理解为抵抗焦虑的装置，而不是阻碍人们接受改变，从而体验更好生活的能力。尤其重要的是，治疗师必须尊重来访者的阻抗，并且帮助他们采用心理治疗的方式来解决这种防御。如果处理恰当，阻抗可能是了解来访者最有价值的工具之一。

（五）对移情的分析与解释

移情指的是，来访者的早期关系影响了来访者使他们扭曲地认识他与治疗师当前的关系。可以理解为来访者通常把治疗师看作生活中对他们非常重要的他人。移情也被认为是有价值的，因为移情使来访者有机会重新体验一系列他本来没有机会体验的情感。通过与治疗师的关系，来访者可以表达他们原本被深埋在无意识中的感受、信仰和欲望。通过恰当地疏通与引导这些早期情感在现在的表现，来访者可以改变一些长久以来的行为方式。

二、行为治疗

行为治疗是一种临床的方法，它可以用来治疗各种情况下发生在多个特殊群体身上的各式各样的行为障碍。这一疗法对焦虑障碍、抑郁、物质滥用、饮食障碍、家庭暴力、性偏差、疼痛管理、高血压都进行了成功的治疗。运用行为治疗的领域还有发展障碍、精神疾病、教育和特殊教育、社区心理学、临床心理学、康复、商业、自我管理、运动心理学、与健康有关的行为和老年研究。

（一）操作性条件反射技术

操作性条件反射方法是当代行为矫正的组成部分，它的重要原则包括积极强化、消极强化、消退、积极惩罚和消极惩罚。行为主义者认为我们通常是以可预见的方式来做出反应的，这些反应或是来自获得的体验（积极强化），或是来自逃脱和避免不愉快结果的需要（消极强化），两者的目标都是增加目标行为。积极的强化涉及增加对个体有意义的东西（比如表扬、关注、金钱以及食物）来促使特定行为的发生，跟随在行为之后的刺激是积极强化物。消极强化涉及逃脱和避免令人厌恶的刺激，个体被激发来表现愉快的行为以避免不愉快的情境。改变行为的另一个操作方法是消退，是从一个以前被强化的反应中撤销强化，这一做法可能会有消极的作用，比如愤怒和攻击。虽然消退能减少特定行为的发生，但是却不能取代那些已经消退的反应。强化的目标是增加目标行为，惩罚的目标是减少目标行为。积极的惩罚中，在行为之后增加一个厌恶性刺激的目的是减少这些行为发生的频率；而在消极惩罚中，行为之后一个强化刺激被撤销，其目的是减少目标行为发生的频率。

（二）放松训练及相关方法

放松训练含有几个要素，包括四至八小时的指导；给来访者一套指令，要求他们放松；在安静的环境里，来访者以被动及放松的心情做紧张和放松肌肉的交互训练；深度及规律的呼吸；学习心情的"释放"，例如，把注意力放在愉快的想法或影像上。在练习中，它协助来访者实际去完成与体验正形成的紧张，注意肌肉逐渐缩紧，然后保持这种紧张状态并充分加以体验。

在这其中，体验紧张与松弛状态的差异是极为有用的。放松成为一种学来的反应，如果每天练习20或25分钟，就能成为一种习惯。放松训练最常用来处理与压力及焦虑有关的问题，因为这些问题常出现神经症的症状。放松训练也可用来处理慢性病，包括哮喘病、头痛、高血压、失眠、急性肠道综合征和恐慌障碍。

（三）系统脱敏法

神经系统无法同时处于放松和兴奋状态，因为这是两个不相容的状态，所以无法同步出现，这一原理就是交互抑制理论，是由一位南非的精神病学家约瑟夫·沃尔普提出的，他采用这一原理进行了恐惧和恐惧症的治疗。沃尔普首先教他的病人放松自己的肌肉，然后对他们害怕的情境进行视觉的想象。想象的进行由病人害怕程度最轻的情境逐步地向其最害怕的情境过渡，在放松的状态下想象害怕的情境的刺激。这种心理上面对刺激，以一系列逐步接近的程序完成的治疗技术称为系统脱敏法（systematic desensitization）。

脱敏治疗包括三个主要步骤。首先，来访者需要确认引发其焦虑的刺激，并将这些刺激按照引发焦虑的程度由弱至强进行等级排列。第二，来访者必须系统地接受渐进式深度肌肉放松的训练。放松训练需要占用几次治疗的时间，这是因为来访者需要学会区别紧张和放松的肌肉感觉，以便在躯体上和心理上能够达到放松的状态。最后，进行实际的脱敏程序，处于放松状态的来访者从恐惧程度最弱的刺激开始进行生动的想象，如果来访者对这一层次的刺激不再感到不安，就可以对下一层次的恐惧刺激进行想象了。

（四）暴露疗法

实体暴露法，让来访者暴露在现实生活中实际的恐惧等级情境中而不是简单的想象情境中。来访者逐步地暴露于恐惧事件中。若来访者体验到一种高水平的焦虑时就可终止暴露。像系统脱敏法一样，来访者学习涉及肌肉放松的竞争反应。

满灌疗法，这种方法是让来访者持续一段时间暴露在现实的或想象的唤醒焦虑的刺激情境中。正如所有暴露疗法所具有的特征一样，尽管来访者在暴露过程中会产生焦虑，但是恐惧的结果不会发生。满灌疗法包括现实满灌疗法和想象满灌疗法，都是让来访者暴露在现实或者想象的情境中，而不采取任何缓解焦虑的行为，让焦虑自行降低。满灌疗法中不允许来访者采取不适应的行为应对唤醒焦虑的情境。而且，满灌疗法要征得来访者的同意才可以使用。

三、认知治疗

认知治疗（cognitive therapy）通过改变来访者对其重要经验的思维方式来改变他们有问题的情感和行为。

（一）认知行为矫正法

认知行为矫正法（cognitive behavior modification）这一治疗模式结合了人的思维和态度对人的动机影响的观点，以及人的行为反应会因偶然的强化而改变的观点，认为人的一些无法接受的行为模式，可以通过将人的消极自我陈述改变为更有建设性的陈述而得以改变，这就是认知重建法。

这一治疗模式中最关键的部分就是治疗师要去发现并解决来访者对问题的想法和表达方式。一旦治疗师了解了来访者的思维方式，并使来访者认识到正是这种思维导致了他们的非建设性或功能失调性行为的，治疗师和来访者就可以共同找出建设性的新的自我陈述，而减少那些自我挫败和降低自尊的思维。

（二）改变错误的信念

一些认知行为治疗师将改变信念、态度和习惯的思维模式看作是来访者产生改变的关键。认知治疗师认为许多心理问题是人们在考虑自己与他人的关系或他们所面对的事件时运用不良思维方式导致的。那些错误的想法可能源于非理性的态度；错误的推理；以僵化的规则指导自己的行动，即使这些规则是无用的，但却仍然在重复先前的错误。这类治疗师认为情绪的困扰是由认知的错误和无法区分现实与想象（或期望）造成的。

1. 对抑郁的认知治疗

认知治疗的先驱人物艾伦·贝克采用认知疗法治疗了抑郁症病人，他认为治疗师应帮助病人确认其歪曲的思维，并帮助他们以更为现实的方式去构建自己的期望。认知治疗师可能会要求抑郁的人写下对自己的那些消极的想法，并帮助他们分析为什么他们对自己的自我批评是不正确的，以使来访者对自己具有更为现实的（更少破坏性的）自我认知。这一治疗与行为治疗相似之处在于，治疗师始终把病人现在的情况作为关注的重点。

2. 理性情绪疗法

认知治疗的另一种早期形式称为理性情绪疗法（rational-emotive therapy, RET），这一疗法是由阿尔伯特·艾利斯创立的。RET 的理论体系很容易理解，这一理论认为可以通过改变非理性的信念来改变人格，而非理性的信念会导致不适宜的、高情绪负荷的反应，如导致严重焦虑。理性情绪疗法的治疗师们要向来访者教授如何去辨认他们自己的那些"应该"和"必须"，使他们明白这些过高的要求一直在控制着他们的行动，阻碍了他们选择自己希望的生活。他们向来访者阐明，跟随着某些事件而出现的情绪是那些他们自己对事件的信念导致的，但是人们通常无法认识到这种关系。RET 即通过这样的工作来打破来访者那些狭隘的观念。

理性情绪疗法的治疗目标是提高个体的自我价值感，推动个体通过摆脱阻碍个体成长的不良信念系统的影响而达到自我实现。

四、存在人本主义治疗

人本主义和存在主义者认为，对人性的看法、日常生活中的问题、缺乏有意义的人际关系以及缺少重要的人生目标等导致了常见的存在危机。人本主义理论的核心概念是，个体处于连续变化和成长的过程中。存在主义者把人们体验到的现实生活情境看得非常重要。存在人本主义治疗中的三类疗法为来访者中心疗法、小组治疗以及婚姻和家庭治疗。

（一）来访者中心疗法

最初由卡尔·罗杰斯发展起来的来访者中心疗法，对许多不同取向的治疗师在确立病人的治疗关系方面都具有重要的作用。来访者中心疗法（client-centered therapy）的基本目标就是促进个体的心理健康成长。这种方法始于一种假设，假设认为所有人都有基本的自我实现的倾向——即实现他们的自我潜能。罗杰斯认为"发展其全部能力是生物体的一种遗传倾向，用以维持或提高他们自己的生存状态"。来访者中心疗法认为人的健康发展可能会被错误的学习模式所阻碍，在这种模式中人们接受了他人的价值来替代自身形成的价值。此时，自然形成的正性自我意象与负性外部批判之间的冲突导致了人的焦虑和不幸福感。人们可能无法意识到这种冲突，或者叫作"不一致"，所以只体验到了不幸福感和低自我价值感，而不知道其中的原因。

罗杰斯学派治疗的任务就是创造一个良好的治疗环境，使来访者在那里能够学习怎样提高自己并达到自我实现的目标。因为这一疗法假设人的本性是好的，治疗师的主要工作就是清除那些限制自然的正性倾向表达出来的障碍。此疗法基本的治疗策略就是承认、接受并澄清来访者的感受。这些是在一种无条件积极关注的氛围下完成的——即接受和尊重来访者而不对其进行任何价值判断。治疗师也将自己的感受和想法毫无保留地向来访者开放。为了使这种真诚得以保持，治疗师应尽可能理解来访者的感受。这种完全的共情要求治疗师把来访者看作是一个有价值、有能力的人，不是被判断和评估的对象，而是一个在发现自身个性的过程中需要帮助的人。

（二）小组治疗

小组治疗的优势主要在实践方面，比如，小组治疗更为廉价，而且少数心理健康从业人员就可以帮助更多来访者。其他的优势则与小组本身有关：①对于害怕与权威一起共同解决自身问题的人来说，小组治疗师对其威胁性相对较小；②在这种治疗中，能够运用小组的成长过程来影响个体的适应不良行为；③小组治疗的过程为参与者提供了观察和实践人际技巧的机会；④小组治疗为参与者提供了类似家庭成员的集体，这可以使个体的情绪体验有机会得到矫正。

（三）婚姻和家庭治疗

婚姻或家庭治疗是把一个具有社会意义的、业已存在的社会单位带入了小组治疗的设置中。为了解决婚姻问题而设立的夫妻咨询首先需要确认夫妻之间典型的交流模式，然后着手改善他们之间交流的质量。治疗师会同时会见夫妇双方，而且通常还要把他们之间相互交流的情况用录像机录下来并重放给他们看。这样可以帮助他们了解彼此支配、控制以及造成对方困惑的言语或非言语的行为方式。夫妇当中的每一方都被教授该如何强化对方做那些自己所期望的行为，如何撤销对不期望行为的强化。他们同样要学习非指导性的倾听技巧，以便帮助对方澄清并且表达其感情和想法。在家庭治疗中，来访者就是整个核心家庭的全部成员，而每一个家庭成员都被当作这个关系系统中的一个分子来看待。家庭治疗师与问题家庭中的所有成员一起工作，帮助他们意识到是什么原因使得他们之间产生了问题。治疗的焦点在于改变人际的心理空间，改变这个家庭单元中的人际交往的动力学状况，而并不仅仅局限于改变某个家庭成员个体的行为。

五、生物医学治疗

生理的生态学保持着某种精细的平衡。当大脑出现问题的时候，我们可以在异常的行为模式以及特殊的认知和情绪反应中看到问题导致的后果。同样地，环境、社会或者行为的混乱，比如毒品或暴力，也会改变大脑的化学物质和功能。生物医学治疗主要通过解决大脑的"硬件问题"来治疗心理障碍。在这里将介绍三种生物医学治疗方法，即精神外科手术、电休克以及药物治疗。

（一）精神外科手术

精神外科手术是对那些为了减轻心理障碍而对大脑施行的外科手术的统称。在中世纪，精神外科手术包括疯癫者大脑"切除顽石"的方法。当时很多雕刻和绘画作品都对此进行过生动的描绘。现代的精神外科手术包括切断胼胝体的纤维以减轻癫痫发作的手术、用切断的方法调节边缘系统活性的手术（杏仁核切断术）。还有前额叶切断术，是最广为人知的精神外科手术，它通过手术切断大脑额叶与间脑的神经纤维，特别是丘脑和下丘脑的部分。这种方法是由神经学家艾加斯·莫尼兹发展出来的，他因此获得了1949年的诺贝尔奖。切断术的最初候选病人来自精神分裂症以及强迫症并且极度焦虑的患者。

（二）电休克疗法

电休克疗法是通过对大脑进行电击来治疗精神障碍的一种方法，如对精神分裂症、躁狂症的治疗，而应用最广泛的是对抑郁症的治疗。这种技术用微弱的电流（75V～100V）电击病人的太阳穴，时间持续1/10秒到1秒，直到病人产生抽搐，抽搐通常在45～60秒之后消失。在接受这种痛苦的疗法之前，首先使用一种短效的巴比妥镇静剂以及肌肉放松剂，使病人处于无意识的状态，而且使躯体的剧烈反应降到最低程度。

（三）药物治疗

在对心理障碍进行治疗的历史中，还没有什么方法可以比得上药物的革命。药物的发明安抚了焦虑的病人，使那些退缩的病人重新建立了与现实的联系，还可以抑制精神分裂症患者的幻觉。药物治疗在治疗重症病人方面起到了重要的作用。目前在治疗中使用的药物主要分为三类：抗精神病药物、抗抑郁药物以及抗焦虑药物。

1. 抗精神病药物

抗精神病药物可以使妄想、幻觉、社会退缩以及偶尔的心烦意乱这些精神症状有所缓解。抗精神病药物通过降低大脑中枢神经递质多巴胺的活性产生疗效。这些药物的作用是降低大脑的整体活性水平，但它们不只是起到了镇静的作用，对于很多病人来说，这类药物不仅消除了心烦意乱，同时还消除或减轻了包括妄想和幻觉等精神分裂症的阳性症状。这些抗精神病药物存在着副作用，由于多巴胺在运动控制方面起着重要的作用，因此伴随着药物治疗个体经常出现肌肉失控的情况。

2. 抗抑郁药物

抗抑郁药物通过增加神经递质肾上腺素和 5 - 羟色胺的活性来产生疗效。三环类抗抑郁药，例如丙咪嗪和阿米替林，能够抑制从突出末端释放的神经递质的再摄取。一种二环类药物百忧解能降低 5 - 羟色胺的再摄取。单胺氧化酶抑制剂可以限制对肾上腺素的分解。当单胺氧化酶被抑制时，可利用的肾上腺素就增加了。百忧解的治疗效果远大于其他同类药物因而被作为一种神药高价出售。对百忧解以及其他精神活性药物的批评是，百忧解不仅解除了抑郁，同时也"解除"了病人的人格特点及创造力。锂盐在治疗双相障碍方面也卓有成效。处于不能控制的过度兴奋期的病人，当他们的精力有限而又行为过度的时候，就可以用锂盐使他们的躁狂水平降低。有研究发现，使用锂盐的病人中有 60% ~ 80% 恢复得很好。然而，对于那些躁狂期和抑郁期更迭非常频繁的双相障碍患者，锂盐似乎不如其他药物有效，比如丙戊酸钠。

3. 抗焦虑药物

针对不同类型的焦虑障碍，不同的药物具有不同的疗效。广泛性焦虑障碍最好使用苯二氮卓类药物来治疗，例如安定或者阿普唑仑，它们会增加神经递质 GABA 的活性。因为 GABA 控制着抑制性神经元，所以 GABA 的活性增加就会降低与广泛性焦虑反应有关的脑区的活性。惊恐发作障碍以及场所恐怖和其他恐惧症可以用抗抑郁药物进行治疗。强迫性冲动障碍可能是 5 - 羟色胺水平偏低所引起的，对 5 - 羟色胺的功能有影响的药物，如百忧解，疗效就很好。

第四节 | 异常心理实验

一、大学生焦虑与应对方式

焦虑是大学生当中普遍存在的心理问题，而对生活事件的应对方式又与许多心理疾病的发生密不可分。福克曼（Folk-man）和拉扎勒斯（Lazarus）编制了应对方式量表（WOC），将应对方式分为问题取向应对和情绪取向应对；津巴多（Zimbardo）以应对的目的为依据把应对方式分为直接解决问题来应对，以及企图回避麻痹自我来应对；我国学者肖计划结合我国实际情况编制了"应对方式问卷"，把应对方式分为解决问题、求助、自责、退避、幻想、合理化。该问卷是参考众多国外研究以及应对方式的相关理论基础得出的，有很高的信度和效度，被广泛使用。请设计实验测量大学生的焦虑状态与应对方式，并研究两者之间的关系。

【实验目的】通过学生的实际操作，让学生掌握异常心理学的实验研究方法，加深对异常心理发展的基本特点的认识，提高发现问题、探索问题和解决问题的能力和自主学习能力。

【实验工具】焦虑自评量表（SAS）、应对方式问卷（CSQ）

二、大学生抑郁情绪与心理弹性

抑郁是很受社会各界人士关注的心理问题，因为严重抑郁会导致自残甚至自杀等行为，严重危害人们的身体及心理健康；心理弹性对于情绪的调节相当重要，良好的心理弹性可以帮助人们在面对问题时，很快恢复正常的心理状态，防止抑郁情绪的产生。Wagnild 和 Young（1993）编制的心理弹性量表（Resilience Scale）是早期心理弹性测量应用最广泛的量表，该量表共 25 个条目，每个条目采用 1—7 分进行等级评定，分别表示从"完全不是"到"完全是"。量表测量的总得分越高，则表示心理弹性水平越高。

【实验工具】心理弹性量表（CD – RISC）

想一想

1. 如何区分正常心理与异常心理？
2. 焦虑障碍有哪些类别？
3. 精神分析治疗的重要技术有哪些？
4. 行为治疗有哪些方法？

测一测

焦虑自评量表（SAS）

本量表可以帮助你了解你是否焦虑。使用 4 级评分，A 为没有或很少时间，B 为小部分时间，C 为相当多时间，D 为绝大部分或全部时间。请您仔细阅读以下内容，根据最近一星期的情况如实回答。

1. 我觉得比平时容易紧张或着急   A   B   C   D
2. 我无缘无故地感到害怕   A   B   C   D

3. 我容易心里烦乱或感到惊恐	A	B	C	D
4. 我觉得我可能将要发疯	A	B	C	D
*5. 我觉得一切都很好	A	B	C	D
6. 我手脚发抖打战	A	B	C	D
7. 我因为头疼、颈痛和背痛而苦恼	A	B	C	D
8. 我觉得容易衰弱和疲乏	A	B	C	D
*9. 我觉得心平气和，并且容易安静坐着	A	B	C	D
10. 我觉得心跳得很快	A	B	C	D
11. 我因为一阵阵头晕而苦恼	A	B	C	D
12. 我要晕倒，或觉得要晕倒似的	A	B	C	D
*13. 我吸气呼气都感到很容易	A	B	C	D
14. 我的手脚麻木和刺痛	A	B	C	D
15. 我因为胃痛和消化不良而苦恼	A	B	C	D
16. 我常常要小便	A	B	C	D
*17. 我的手脚常常是干燥温暖的	A	B	C	D
18. 我脸红发热	A	B	C	D
*19. 我容易入睡并且一夜睡得很好	A	B	C	D
20. 我做噩梦	A	B	C	D

评分标准：正向计分题 A、B、C、D 按 1、2、3、4 分计；反向计分题（标注 * 的题目题号：5、9、13、17、19）按 4、3、2、1 计分。总分乘以 1.25 取整数，即得标准分。低于 50 分者为正常，50～60 分者为轻度焦虑，61～70 分者为中度焦虑，70 分以上者为重度焦虑。

第十二章　人际交往与社会心理

有这样一个任务：要求你给一位陌生人寄一封信。已知收信人的姓名、地址、职业，住址在 2400 公里外你从未去过的一个城市。你必须通过邮局用以下方式传递这封信：先把它寄给一位与你关系密切的熟人，接着，这个人也必须把信寄给与他关系密切的人，如此相传，直到那位收信人的一个熟人收到这封信，并最后把它寄到真正的收信人手中。这件事能办到吗？

社会心理学家米尔格拉姆（Stanley Milgram）和他的同事曾请许多美国人尝试以这种方式寄信。令人惊奇的是，有 1/5 的信寄到了收信人手中。更令人惊奇的是，有的信先从美国寄到欧洲，然后再寄回美国。中间平均经过了 7 个人之手。

这个实验结果说明了什么呢？"7 个人"这个数看上去并无惊人之处，但这使我们看到，每个人都处在一个复杂的社会关系网中，每个人都与其他人的社会关系网交织在一起。如果你认识几百个人，而每个收到信的人又认识几百人，7 个人的关系链上就有着数百万计的社会关系。由此可见，人是一种生活在关系网中的社会动物。

社会心理学（social psychology）的研究对象，就是人在社会环境中的行为、思想和情感。每天，我们自身的行为与周围人的行为都在相互影响。有关社会行为研究的文献浩如烟海，无法详尽叙述。因此，本章将主要对社会心理学中的几个重点研究和概念作简要的介绍。

第一节 | 人际交往

一、什么是人际交往

人际交往就是在社会活动中人与人传递信息、沟通思想、交流情感和相互作用的过程。交往具有两个最主要的特征：①信息本身。交往必须有人与人之间的信息交流，如知识、经验的交流，需要、欲望、态度、情绪的交流。人与人之间的交往如果没有内容，交往的必要性也就不存在了。②交往必须有双方心理上的接触和相互作用。交往的双方都是活动的主体。

心理学家安德烈耶娃将交往划分为三个相互联系的方面：交往的沟通方面，即交往过程中个体之间信息的互换；交往的相互作用方面，即个体之间活动的交流；交往的知觉方面，即交往双方的人际知觉以及在此基础上的相互理解。苏联社会心理学将知觉纳入人际交往范畴，说明交往过程中的认知因素具有重要作用。

二、人际交往的功能

关于交往的功能，在社会心理学中有各种不同的提法。苏联学者洛莫夫认为交往的功能分为三类，即信息沟通、思想沟通、情绪沟通。西方社会心理学家一般认为有两种功能，即传达情报和满足个人精神需要。具体而言有以下几种功能：

（一）信息获取的功能

人们之间的交往就是信息交流的过程，所以交往可以使人获得大量的信息资料。首先在群体内部的交往，可以使人获得更多的信息情报，促进人与人之间的了解，增进团结和友谊。其次，与群体外的交往可以获得大量外界信息，这是个体对外界适应、生存和发展不可缺少的条件。

（二）社会心理构建功能

人际交往有助人们构建社会心理，人的社会心理正是在同他人进行交往过程中，逐渐形成和发展起来的。社会心理现象主要包括个体在社会、群体和他人的影响下心理发展变化的规律，个体对群体、群体对个人的相互影响和心理效应，以及群体间的相互影响和作用，而这些心理现象和规律，无一不是以信息交流和人际交往为前提的，没有人际交往就没有社会心理的产生。而社会心理形成后又会反作用于个体心理，对社会成员之间以及社会成员与外来人员的人际交往产生影响。

（三）自我与人际协调功能

人的个性是在一定社会环境下，与人接触，参与社会实践活动，通过交往逐渐形成和发展起来的。人际交往有利于获得信息，调节情绪，增进团结。人们通过交往与他人产生联系，形成一定的社会关系。同时人际交往可以帮助传播健康的社会思想，促使社会行为的规范化，形成良好的社会心理气氛，消除不健康的社会意识形态，使社会处于和谐、稳定、有秩序的状态中。

（四）心理保健的功能

人是一个社会的人，他的存在不能脱离群体或社会，而人际交往则是人类最基本的社会需要之一，同时也是人们同外界保持联系的重要途径之一。通过交往，增加了个人的社会安全感，增强了人与人之间的亲密感，使安全的需要得到满足。如果交往的需要得不到满足，就会影响个人的身心健康。因此，人际交往对于个人来说，是不可缺少的行为。保持人与人之间充分的情感和思想交流，能够起到心理保健作用。沙赫特（1959）曾设计了一个简单的实验来加以验证。他选择了两组人：告诉一组说，他们要遭到一次强烈的电击；告诉另一组说，他们要受到一次轻微的电击，不会造成伤害。同时又告诉两组人，他们还要等几分钟才会受到电击，他们可以自己单独等候，也可以和别人一起等候。第一组有63%的人表示他们要和别人一起等候，第二组人中要求这样做的人却只有33%。一旦他们做出选择，实验便宣告结束，谁也没有受到电击。这个实验表明，人有亲和的需要，当心理上发生恐惧时，更需要与他人在一起。人都有归属的需要，通过彼此间的交往，可以述说个人的喜怒哀乐，增进成员之间的思想、情感交流，产生依恋之情。

此外，通过人际交往可以满足人们自我表露的需要。自我表露是将有关自己的信息主动传递给别人，它通过人际交往来实现。有研究表明自我表露同心理健康存在相关，自我表露与心理健康是一种曲线关系，即中间程度的自我表露最有利于健康，过多或过少的自我表露都不利于身心健康。

三、人际交往的原则

人际交往能力是现代人所需的重要素质，是衡量一个人能否适应社会的重要标志，要想在现代社会生活中有所作为，就必须努力培养自己社会交往的能力，掌握交往的主动权，为此在人际交往中应注意把握一些原则：

（一）交互原则

心理学家阿伦森（Elliot Aronson）等经过大量的实验研究发现，人际关系的基础是人与人之间的相互接纳、相互支持。任何人都不会无缘无故地接纳我们，喜欢我们，别人对我们的喜欢是有前提的，那就是我们也要喜欢、接纳他们，即别人对我们的态度很大程度上受我们对别人态度的影响。人与人之间的喜欢与厌恶、接纳和疏远是相互的。

（二）功利原则

人与人之间的交往本质上是一个社会交换过程，人际交往不只需要倾向的相互一致，而且还需要保持交换的相互对等。这里的交换不完全等同于市场交换，不仅有物质的交换，同时还有情感、信息、服务等各方面的交换。一切交往行为以及人际关系的建立和发展，都是人们根据一定的价值观进行选择的结果。这一价值观和客观实际决定着自己的需要。对于那些对自己来说是值得的，或得等于失、得大于失的人际关系，才会心理平衡，才倾向于建立和保持。而不值得的往往选择逃避或疏远。

（三）自我价值保护原则

自我价值保护，是指人们为了保持自我价值的确立，心理活动的各个方面都有一种防止自我价值遭到否定的自我支持倾向。心理学的研究证明，人的心理活动从知觉信息的选择到内部的信息加工，从对行为的解释到人际交往，都具有明显的自我价值保护倾向。一般而言，在知觉信息的选择时往往选择对自己有利的；在信息的加工时，对支持自己观点的信息记得多，忘得慢，而反对自己观点的信息则记得少，忘得快；在行为的解释时，容易将成功归因于自己，而将失败的原因归于其他人或外在原因；在人际交往中只接纳喜欢自己、支持自己的人，而排斥否定自己的人。这些都是自我价值保护倾向的结果。

（四）情境控制原则

人们对不明确和不能把握的环境会产生焦虑，感到束缚，处于紧张的自我防卫状态，此时会倾向于逃避。因为人们有一种主动控制情景的愿望。情境控制原则是指人需要达到对所处情境的自我控制。可见，要想使别人从内心深处真正接纳我们，就必须保证别人在同我们共处时能够在一定程度上对情境有平等地控制的机会和表现自己的自由。只有在平等、自由的人际情境中，人才能达到自我控制，获得充分的安全感。当人们面临威胁时，整个身心就会投入到自我捍卫的行动中去，出现因一些小的事情而引发不可调和的强烈冲突情况。

四、影响人际交往的因素

人与人之间的交往由于各种因素的影响导致交往程度和深度有较大的差别，这些影响因素大体上可以分为：

（一）距离或空间因素

美国社会心理学家费斯汀格（Leon Festinger）等曾对住在同一楼房里的家庭彼此成为亲密朋友的情况进行了研究。研究表明，住在同一楼房里的邻居，地理位置越近，就越容易建立友谊关系。住在同一楼层上的人比住在不同楼层上成为朋友的可能性大。甚至居住在同一楼层，两户相距 22 米和 88 米在形成友谊关系时也有区别。这说明空间距离的远近影响人际关系，但这影响因素并不是决定因素，所有的交往必须建立在交往双方通过一定的交往方式进行交往，如果没有交往，其空间距离再近也不会形成良好的人际关系。

（二）相似性和互补性

正所谓"物以类聚，人以群分"，人们往往倾向于喜欢在态度、价值观、兴趣、背景及人格等方面与自己相似的人。

交往的互补性是指交往双方在交往过程中获得相互满足的心理状态。研究表明，人际吸引中的互补因素，主要发生在交往较深的朋友、恋人、夫妻间。克克霍夫（1962）等研究了那些已经建立恋爱关系的大学生。研究结果表明，对短期恋爱关系来说，熟悉、外貌以及价值观念的相似，是形成人际吸引的主要因素；而对长期恋爱关系来说，互补是发展密切关系的一个非常重要的因素。

总之，研究表明，相似性、熟悉性和接近性是影响人际吸引的重要因素。这些因素不仅仅是好感产生的原因，也是好感的后果。此外，相似性也有类似的效应，相似性可以首先使两个人在一起，随着他们关系的继续发展，他们分享经验，由于这种联系他们倾向于越来越相似。

（三）性格与能力

性格与能力不仅是找工作或从事职业的重要因素，就是在人际关系上，性格与能力也是引人注意与令人欣赏的重要条件。

有实验研究表明，才能平庸者固然不会受人倾慕，而全然无缺点的人也未必讨人喜欢。最讨人喜欢的人物是精明而带点小缺点的人。为什么在行为表现上略带瑕疵的人反而会讨人喜欢？按照心理学的解释，此种现象称为"仰巴脚效应"，它的含义是指精明的人不经意中犯点小错误，不仅不是坏事，反而更使人觉得他具有和别人一样会犯错误的缺点，不过，此种缺点发生在精明人身上，反而成了优点。

（四）外表吸引力

西格尔等（H. Siege et al, 1966）巧妙地通过实验研究了外貌对人的吸引力与交往的影响，结果发现，有魅力的女性比没有魅力的女性更能影响男性的交往行为。实验以公认有魅力和无魅力的女性为助手，让她们扮作临床心理学研究生，给男性被试的个性特点作临床心理学评价。对被试的评价有肯定与否定之分。实验结果表明，在女性无魅力条件下，男性被试不太看重评价的结果，他们事后对实验助手的喜欢水平都是中等。但在女性有魅力情况下，被试非常看重评价的结果。在他们得到肯定评价时，他们对女性评价者的喜爱水平最高。而当他们得到否定性评价时，他们对女性评价者的喜欢水平最低。在研究者询问是否继续参与研究时，他们表现出非常愿意与有魅力女性评价者进行交往。可见，来自有魅力女性的否定对被试非常重要，他们希望自己有机会改善她们对自己的评价。

除了认为外貌有吸引力的个体具有其他优秀品质这样的刻板印象外，人们喜欢有外貌吸引力的人的第二个原因是"美丽辐射效应"。人们认为与一个十分有吸引力的人在一起对自己十分有利，因为这可以提升他们自己的社会形象。

第二节 | 社会认知

一、什么是社会认知

社会认知是个人对他人的心理状态、行为动机和意向等作出推测与判断的过程。社会认知的过程，是依据认知者的过去经验及对有关线索的分析而进行的；社会认知还必须依赖认知者的思维活动，包括某种程度上的信息加工、推理、分类与归纳。由于社会心理学对社会认知的研究着眼于对人及人与人关系的知觉感受，因而不少社会心理学文献被称为社会知觉或人际知觉。社会知觉的刺激来源于社会客体。社会客体的含义十分广泛，既包括他人、群体、人际关系，也包括认知主体自身。社会心理学感兴趣的是作为知觉主体的个人对他人、群体的人际关系的社会认知，以及与此相伴随的自我省察的过程。在这个过程中，认知客体不仅要了解对方的物理特征，如高矮、胖瘦、衣着、相貌等，还需要对客体的许多内在特点，如动机、能力、情感、意志等作出判断，形成完整的印象。因此准确地说社会认知指的是个体通过人际交往，根据认知对象的外在特征，推测与判断其内在属性的过程。作为一种特殊的社会心理过程，它具有选择性、互动性、防御性和认知的完形特性等特征。

二、社会认知的基本内容

社会认知的基本内容包括以下两大方面：一个方面的内容是个人知觉，即对他人的知觉。它不但包括对他人外部特征，如外表、语言、表情等直接能看到、听到的特征的知觉；而且还包括对他人性格的知觉，性格除了包括情绪反应的特征外，更主要的还包括意志反应的特征。另一个方面的内容是对人际关系的认知，这种认知包括认知者对自己与他人关系的认知和他人与他人关系的认知。实际上，对他人的认知包括选择自己对他人的关系形式，如对某些人反感、疏远，对某些人喜欢、亲近。这种选择直接影响认知者的交往动机。也就证实，一个人更愿意和与自己性格相似的人接近。一个人在选择交往对象时，颇为注意对方与自己是否相似。因此，这种相似程度构成认知的重要项目。人际关系认知的另一个方面是估量他人之间的关系状况，确认具体认知对象在群体中的位置。

三、影响社会认知的因素

（一）认知者因素

🌀 1. 原有经验

原有经验在认知系统中是以图式的形式存在的。它对认知过程产生着特殊的影响。个体在一定的基础上，形成某些概括对象特征的标准、原型，从而使认知判断更加简捷、明了。个人的经验不同，其认知结构也不同。

🌀 2. 价值观念

个体如何评判社会事物在自己心目中的意义或重要性，直接受其价值观念的影响。而事件的价值则能增强个人对该事件的敏感性。奥尔波特等做了一个实验，目的是检测各个背景不同的被试对理论、经济、艺术、宗教、社会和政治的兴趣。实验者将与这些部门有关的词汇呈现在被试面前，让他们识别。测验结果发现，不同的被试对这些词汇做出反应的敏感程度不同；背景不同的被试由于对词汇价值的看法不同，识别能力显出很大差异。

3. 情感状态

心理学家早就开始探讨情绪对认知的影响，至于社会认知心理学中开始探讨情绪在认知中的作用的研究开始于 20 个世纪 80 年代中期。斯瓦兹和克劳认为，人在进行判断时，人的情感本身就是一种信息的来源。一个人当时的情感状态可能是由当时的目标对象引起的。另外，情感还影响信息加工策略。一般而言，坏心情的人更可能运用系统的、数据驱动的信息加工的策略，相当注意问题的细节。相反，心情愉快的人更可能依赖于先前存在的一般知识结构，运用自上而下的策略性加工，较少注意问题的细节。

(二) 认知对象因素

1. 魅力

构成个体魅力的因素既可以是外表特征和行为反应方式，也可以是内在的性格特点。说一个人有魅力，意味着他具有一系列积极属性。但是，在实际的认知过程中，个人往往只需具备其中的某一两个特性就可能被认为具有吸引力。美貌通常被最快认知，且直接形成人的魅力。除了相貌之外，态度也同魅力相关。如前所述，对于认知者来说，对方的态度是否同自己的态度接近，决定着其魅力的大小。人们不仅仅要判断别人是否与自己相似，同时还常常会观察别人对自己的态度。

2. 身份角色和知名度

认知对象的身份角色和知名度也是影响社会知觉的一个重要因素。在一个社会里，我们对各种角色差不多会抱有共同的角色期望，因此如果我们知道某人在社会关系中占有什么地位，或具有什么角色，我们会根据对该角色行为的预期，判断他可能具有什么样的人格特质。一般来说，知名度高、社会评价积极的人，对认知者的心理有特殊的影响力。人们常常把这样的人认为是有吸引力的人。

3. 自我表演

在多数情况下，认知对象并不是认知活动中完全被动的一方，而是"让"别人认知的一方。因此，认知对象的主观意图势必影响他人对自己的判断。

按照戈夫曼的理论，每个人都在通过"表演"，即强调自己许多属性中的某些属性而隐瞒其他的属性，试图控制别人对自己的印象。这种办法有时很成功，使得不同的认知者对同一个人形成完全不同的印象，或者使同一个认知者在不同的时间和场合下对同一个人得出不一致的看法。比如，对同一个人，有人觉得他心胸开阔、热情大方，有人则认为他固执、沉静；有时使人感到深不可测，有时则使人觉得他诚挚、坦率。在这里，认知对象的自我表演对认知者的作用是不可否认的。

（三）认知情境因素

1. 空间距离

空间距离显示交往双方的接近程度。在认知活动中，它构成一种情境因素。霍尔认为人际距离可以分为四种：亲昵区（3～12英尺），表现在夫妻、恋人之间；个人区（12～36英尺），表现在朋友之间；社会区（4.5～8米），表现在熟人之间；公众区（8～100英尺），表现在陌生人之间或一般公开的正式场合。这些距离是人们在无意之中确定的，却能影响认知判断。比如，我们希望陌生人不要过于接近自己，但是如果他莫名其妙地一步一步地向自己靠近，就会感到窘迫、紧张甚至恐惧，同时我们也会判定这个人缺乏修养，不懂礼貌或有侵犯性。

2. 背景参考

在认知活动中，对象所处的场合背景也常常成为判断的参考系统。巴克指出，对象周围的"环境"常常会引起我们对其一定行为的联想，从而影响我们的认知。人们往往以为，出现于特定环境、背景下的人必然是从事某种行为的，他的个性特征也可以通过环境加以认定。

（四）认知偏差

在人际认知过程中，由于认知主体、认知对象及认知情境处在相互影响、相互作用的状态中，使得此过程呈现出复杂性与多边性的特征。我们很容易形成有关他人的错误印象，在这个过程中，有一些带有规律性的机制在起作用了。了解这些规律性的东西，有助于我们避免形成错误的认知。

1. 首因效应

在认知过程中，所感知到的信息常常是有先有后的，先感知到的信息往往对认知过程具有较大的影响，能够决定最初印象的形成以及以后的认知与交往。这种影响作用即称"首因效应"，又称第一印象。

2. 近因效应

近因，即最近的一次印象。近因效应是指最近的印象给人留下的知觉具有强烈的影响。在人际交往中，有时候左右自己对人认识的是最近的印象，例如，某位同学不管以前与自己关系如何好，但是只要他最近欺骗了自己，以前对他的良好印象可能会由此全部抵消，这就是近因效应作用的结果。首因效应主要发生在陌生人交往中，而近因效应则主要发生在熟悉的人交往中，两者并不矛盾。

3. 晕轮效应

在认知的过程中，有时感知到的信息较少、不全面，但是，这些较少不全面的信息往往能够起到一种以偏概全的作用，使得认知者根据这些片面少量的信息通过联想、推测而形成关于他人的完整印象。这种以偏概全的影响作用即为晕轮效应。换句话说，一旦我们对另一个人形成了一个大体上的印象后，我们往往会以与这种印象相一致的方式去评价他所有的特征或特点。

4. 相似假定作用

在认知活动中，人们有一种强烈的倾向，即假定对方与自己有相同之点。初次接触一个陌生人，当我们了解到对方的年龄、民族、国籍以及职业等与自己相同时，最容易做出别的方面也相同的假定。在社会生活中，背景相同的人并不一定有相似的个性和行为反应特征，但是人们却往往根据一些外部的社会特征，判断自己和他人之间的相似程度。如果没有新的信息资料，人们就很可能用这种假定的结论代替实际的认知结果。

5. 隐含人格

指在人们头脑中所存在的、在经验情境的基础上所形成的关于不同性格特征和人格类型的人的各种看法、判断、推测和猜想。它往往是无意识的、不自觉的、较少明确表达出来的。

6. 积极偏见

认知者表达积极肯定的估价往往多于消极否定的估价，这种倾向又叫宽大效应或积极偏见。许多实验研究表明，无论对方是不是熟悉的人，在被试对他们的评价中肯定往往多于否定。

7. 类化原则

认知者总是按一定的标准将他人分类，把他人归属于一些预设好的群体范畴之中。在认知具体个人时，一旦发现对方所属的群体类别，就会将群体的特性加到对方身上，例如我们认为日本人勤俭、聪明、注重礼仪，当我们见到一位日本人时，就会将这些特性赋予他，认为他一定是一个勤俭、聪明、讲礼仪的人。

🕐 8. 负性效应

人们在社会认知过程中，往往会更多关注负性信息，受其影响也更大，也即在相同的情况下，负性因素比正性因素更能影响人们的社会认知，这就是负性效应。负性信息的影响作用部分依赖于认知者所作的判断的性质。负性效应对道德判断有很强的影响力。例如，人们通常会从某人的不诚实表现中推断出他的道德水平不高。

第三节 | 社会影响

社会影响是指在社会力量的作用下，引起个人的信念、态度、情绪及行为发生变化的现象。这里所说的社会力量是指影响者用以引起他人态度和行为发生变化的各种力量，其来源非常广泛，既可来自个人，也可来自群体；既可是强制性的法律、法规，也可是自发的流言、时尚等。瑞文和弗伦奇曾区分了社会力量的六个来源，它们分别是奖赏、压制、专家意见、参照影响力、信息以及合法权威。

一、从众

（一）从众的定义

从众（conformity）指的是改变个体的观念或行为，使之与群体的标准相一致的一种倾向性。社会心理学家认为，从众行为是在群体一致性的压力下，个体寻求的一种试图解除自身与群体之间冲突、增强安全感的手段。实际存在的或头脑中想象到的压力会促使个人产生符合社会或团体要求的行为与态度，个体不仅在行动上表现出来，而且在信念上也改变了原来的观点，放弃了原有的意见，从而产生了从众行为。

（二）从众的特点

第一，从众产生的群体压力可以是真实存在的，也可以是想象的。个体想象中的群体优势倾向，也会对个体行为造成压力，使其选择与想象的多数人倾向一致的行为。第二，群体压力可以在个体意识到的情况下发生作用，使个体通过理性抉择，选择从众；也可在没有意识到的情况下发生，使其随大流时并没有意识到。第三，从众行为有时虽然不是按照个体本意做出的，但却是个体的自愿行为。

（三）从众的原因

产生从众的原因，主要是实际存在的或是头脑中想象得到的社会或群体的压力，如社会舆论、群体气氛、暗示等。在这类因素影响之下，人们改变了以往的观点和信念，产生符合社会和群体要求的行为。具体如下：

（1）长期的生活习惯导致。人们往往认为，众人提供的信息更加全面可靠。生活的经验告诉人们，个人生活所需要的大量信息，都是从别人那里得到的，离开了众人提供的信息，个人几乎难以活动。这些点点滴滴的信息的不断积累，使人逐渐形成不自觉地相信他人、依赖他人的心理。这样，就可能导致从众现象的出现。

（2）希望得到众人的认同。"木秀于林，风必摧之。"这一广为流传的格言提醒人们，对于群体一般状况的偏离，会面临群体的强大压力乃至严厉制裁。研究证明，任何群体都有维持群体一致性的显著倾向和执行机制。对于同群体保持一致的成员，群体的反应是喜欢、接受和优待。而对于偏离者，群体则倾向于厌恶、拒绝和制裁。因此，任何人对群体的偏离都有很大风险。人们一般都不愿意被别人看成越轨者。人要顺利地生活和工作，必须依赖于他人，依赖于群体。因此，一般人不愿意和群体作对，不愿意犯众怒。

（3）行为参照的需要。在许多情境中，人们由于缺乏进行适当行为的知识，因而必须从其他途径来获得行为引导。根据社会比较理论，在情境不确定的时候，其他人的行为具有参照价值。而从众所指向的是多数人的行为，自然是最可靠的首选参照系统。在通常情况下，人们在遇到不明确情境时，对多数人的行为会尤为信任。

（四）影响从众的因素

1. 个体因素

（1）性别和年龄。人们通常认为男性比女性更不容易从众。但男女在从众行为上表现出的差异在心理学领域还没有一个非常一致的结论。考勒曼等1958年的研究表明，问题难度与从众的相关系数男性为0.58，女性高达0.89。这说明问题越困难或越缺乏客观标准，从众率也越高。女性在相应的困难程度下比男性更倾向于从众。从年龄上看，儿童和青少年比成人更容易从众，因为这个时期的个体处于发展阶段，通常也被称为可塑期。随着年龄的增长、性格的稳定，在从众行为上年龄差异就不再明显。

（2）个性特征。个人的能力、自信心、自尊心、社会赞许需要等都与从众行为密切相关。能力强、自信心强的人，不容易发生从众。有较高社会赞许需要的人，特别重视他人的评价，往往以他人的要求与期望作为自己的行为标准，所以从众的可能性更大。性格软弱、受暗示性强的人，也容易表现出从众行为。

（3）知识经验。人们对刺激对象越了解，掌握的信息越多，就越不容易从众，反之，则越容易从众。如果一名医生和一群教师讨论教育问题，他往往不会反对教师们的意见，因为他对此问题不了解；而如果讨论营养问题，他可能会反对教师们的一致意见，因为他在这方面有丰富的知识经验。

（4）个人的自我卷入水平。一种意见一旦被表达出来，人们会强烈地意识到自己已经选择了某种态度。如果由于群体压力，迫使人们选择与多数人相同而与原来选择不同的态度，人们也会明确知道自己屈服群体压力而做出了态度改变。很显然，这种意识会激发人们的抗拒反应，促使人们保持自己态度的一致，不轻易屈服于他人的压力从而使人们倾向于做不从众的选择。如果意见是当众表达的，则不仅有上述自我意识更为强烈的问题，还有一个在公众面前是否有独立性、是否能坚持自己意见的自我形象问题。这种意识会使人们选择不从众的倾向更为强烈。

2. 群体因素

（1）群体一致性。个体在面对一致性的群体时所面临的从众压力是非常大的。当群体中的意见并不完全一致时，从众的数量会明显下降。阿希在20世纪50年代的实验证实，无论群体的规模如何，只要群体出现了不一致，即使持不同意见的人没有任何权威，都会使从众的比率大大下降。

群体意见不一致导致从众比率下降的原因有三个：第一，出现不一致的时候，人们对多数人的信任度就会降低，这给本来就对群体意见有所怀疑的个体找到了支持的力量，并提供了可以怀疑的空间，这就削弱了人们将多数意见作为判断参照的依赖性，导致从众率下降。第二，这种来自他人的支持力量同时也能提高个体对自我判断的信心，从而降低从众产生的比例。第三，群体已经不一致的时候，会减少人们的偏离焦虑恐惧，降低群体对个体造成的压力，使得人们进行独立判断的倾向增加，从而使从众比例下降。

（2）群体凝聚力。群体凝聚力是群体成员之间相互吸引的程度，它取决于群体中的人际关系。群体凝聚力与群体成员认同与群体规范、标准及期望的程度成正相关。实验研究证实了这样的心理原则：群体的凝聚力越强，群体成员之间的依恋性、意见的一致性以及对群体规范的从众倾向就越强烈。相反，如果群体是一个松散群体，群体成员意见存在分歧，则群体中个人的从众行为就会大大减少。

（3）群体规模。无论是实验室实验，还是日常生活观察，都很容易发现，群体规模是影响从众行为的重要因素。一般来说，群体规模越大，引起的从众率也就越高。按照社会影响理论，影响源增大，影响力也会增大，从而诱发更多的从众。但群体成员的人数是有限度的。在阿希的系列实验中，他通过改变小组成员的数量，发现随着人数的增加，从众也更容易发生。但这个人数有一个极限，即不超过 3~4 人，如果超过这个范围，人数增加并不必然导致从众行为的增加。

3. 情境因素

我们可以从三个方面来分析群体情境因素引发的从众行为：

（1）行为参照。群体中的他人的行为或者观点，可以作为自己行为或意见的参照，特别是当个体处于自己对情境缺乏把握的情况下，就更需要参照他人的表现。

（2）个体对他人的信任和群体对个体的吸引力。如果你的群体是具有较高凝聚力的，或者成员之间是高度信任的，那么，这个群体就会保持较高的一致性。

（3）害怕与众不同的心理状态。当个体的表现与众不同时，他就会面临强大的压力，他会感到自己缺乏社会支持，处于孤立状态，所以人们一般都会避免这样的情境。

二、服从

（一）服从的涵义

服从是指个人按照社会要求、群体规范或别人的愿望而做出的行为，这种行为是在外界压力的影响下而被迫发生的。这里的外界压力影响有两种情况：一种是在一定的有组织的群体规范影响下的服从，如遵纪守法、维护社会秩序等；另一种是对权威人物命令的服从，如一切行动听指挥、下级服从上级等。服从是一种普遍存在的心理现象，每个人都有着丰富的服从经历：幼儿时期服从父母，上学期间服从老师，参加工作以后又服从所在单位的领导者。虽然每个人服从的程度有强有弱，但是谁也不能完全摆脱服从行为。

（二）服从的类型

根据服从行为发生时服从者内心是否发生冲突，可以把服从分为"口服心服"和"口服心不服"两种。这里所说的"口服"，不是单指口头上表示服从，而是指行为上的服从。"口服心服"是一种达到内心层次的服从，它一方面可能是出于对发指令者的崇拜佩服，另一方面也可能是认识到指令的高明正确，因而心悦诚服。"口服心不服"是一种仅达到外显行为层次的服从，它是由于发指令者有相当的权威，能够在某些方面控制和威慑服从者，使服从者无可奈何而暂时服从。"口服心服"和"口服心不服"之间是可以转化的。

从服从对象来看，可以把服从分为对人的服从和对规范的服从两种。小孩服从大人、学生服从老师、士兵服从军官、工人服从厂长，都是对人的服从。一般来说，对人的服从都是下服从上、小服从大、弱服从强。遵守作息制度、遵守交通规则、上食堂买饭排队，都是对规范的服从。这种规范，不仅有上级明文规定的，也有大家约定俗成的。

（三）服从的原因

美国社会心理学家 F·阿尔波特（F. H. Allport）通过观察汽车司机遵守交通规则和工人上班迟到的状况，发现多数人服从规范和遵从众人的习惯，他把这种行为称为惯例行为。1934 年，F·阿尔波特和他的学生在十字路口进行观察，看汽车司机在红灯亮了后，是否立即停车。他共观察了 2019 人次，发现红灯亮了后立即停车的操作有 1594 人次，占总人数的 75.5%；见到红灯亮了减速慢行的有 462 人次，占 22%；见到红灯稍缓停车的有 47 次，占 2%；见红灯亮了仍然照行不误的有 11 人次，占 0.5%。这说明，人们一般是按规范和惯例行事的。

人为什么会产生按规范办事的惯例行为呢？通常存在着这样一种认识：按照惯例行事，易于与人交往；不按惯例办事，会产生心理紧张。

（1）按群体规范办事易于与人打交道。服从群体规范行为并非美德的表现，根本谈不上伟大和高尚，也不会有人予以表扬，它只是在社会上待人处事时应该遵守的最基础的标准和习惯。按群体规范办事，才比较容易被人理解，容易与人交往，容易被人接纳，容易办成事情。这样的行为是顺利达到目的的一条捷径。否则，难以与他人协调活动，还可能会成为人们心目中的越轨者，受到相应的惩罚。这种惩罚不仅有人们有意的惩罚，也有并非有意的，而是事态发展带来的必然惩罚。

（2）不按群体规范办事会产生心理紧张。由于社会生活的长期熏陶，人们往往以维护规范为美，不愿成为一个越轨者。如果违反规范，就会感到心理紧张，产生自我责备。自责是人内心的"警察"，它能有效地约束和控制人的行为。这样一来，社会上的规范才能得以维持，人们之间的行为才能协调。如无故迟到之后，大多数学生没有勇气"气宇轩昂"地步入教室，一些人在食堂买饭时插队，见到老人不让座，总会产生一种不安之感。

（四）影响服从的因素

（1）命令者的权威性。命令者的权威性越大，越容易导致服从现象。职位较高、权力较大、知识丰富、年龄较大、能力突出甚至财富较多等，都是构成权威影响的因素。另外，命令者手中如果掌握着奖励或惩罚服从者的权力，也会使服从行为大大增加。

（2）服从者的道德水平。在涉及政治、道德等问题的时候，人们是否服从权威，并不单独取决于服从心理，而与他的世界观、价值观等密切相关。

（3）服从者的人格。米尔格莱姆对参加实验的被试进行人格测验，发现服从的被试具有明显的权威主义人格特征。有这种权威人格特征或倾向的人，往往十分重视社会规范和社会价值，主张对违反社会规范的行为进行严厉惩罚；他们往往追求权力和使用强硬手段，毫不怀疑地接受权威人物的命令，表现出个人迷信和盲目崇拜；同时他们会压抑个人内在的情绪体验，不敢流露出真实的情绪感受。在社会心理学的有关研究中，在专制统治下，容易使人形成这种所谓的权威人格特征。

（4）情境的压力。在米尔格莱姆的预测实验中，没有一个人预测被试会将电压升至450伏，但实际上却有65%的被试这样做了。除了其他因素和影响外，情境的压力也是一个重要的方面。旁观者无法体会当事者的那种心理感受，因为他没有身临其境。我们可以从两个方面来探讨情境的压力对服从的影响：① 权威的靠近程度。米尔格莱姆在进一步的实验中，把主试和被试的关系分为三种：第一种，主试与被试面对面地在一起；第二种，主试向被试交代任务后离开现场，通过电话与被试联系；第三种，主试不在场，实验要求的指导语全部由录音机播放。在第一种情况下，被试的服从次数多于其他情况下的三倍。在第二、第三种情况下，有的被试还会弄虚作假，欺骗主试。可见，权威越靠近，来自外界的压力就越大，服从率就越高。反之，服从率则降低。所谓"天高皇帝远"，权威的压力由于距离的扩大而减小。所以，如果你想拒绝别人的要求而又没有足够的勇气，最好不要面对面地说，而以打电话或写信的方式较好。② 受害者的靠近程度。在实验中，"学生"被绑在隔壁房间里，被试的服从率为65%；如果被试与学生同处一室，则服从率降低到40%；如果被试必须把学生的手按在电极上才能实施电击，则服从率会进一步降低。可见，一个人对给他人造成的伤害越直接，他感受到的内心压力就越大，服从率就越低。距离越远，就越容易服从。所以，有的学者担心，如果战争发展到只需要在室内按按电钮的阶段，那么人们就会更容易听从权威的命令，后果将是可怕的。

第四节 | 社会行为

一、侵犯行为

（一）侵犯行为的界定

在现实社会生活中，人们对侵犯或侵犯行为似乎都能理解。但是，给侵犯行为下个定义并作出科学解释却不是一件容易的事。在社会心理学中，学者们对侵犯行为的界定是仁者见仁，智者见智，众说不一，各具其理。行为主义心理学认为，侵犯行为就是任何伤害或者能够伤害他人的行为。换言之，一种行为导致他人受到伤害，这种行为就是侵犯行为。心理学家巴斯于1971年从行为主义理论出发，给侵犯行为下的定义是：侵犯是个体向另一有机体施加有害刺激的行为反应。这个定义表明，行为本身就决定了一个特殊的举动是否具有侵犯性。它不考虑一种行为给他人造成的伤害是怎样发生的，也不管行为者本身的情况如何，只要某种行为伤害了他人就构成侵犯行为。这个定义是不完整的，因为它可能造成两种性质根本不同的行为的混淆：第一，将并非侵犯行为判断为侵犯行为。第二，将原本的侵犯行为误判为非侵犯行为。美国心理学家巴伦（R. A. Burow）于1977年给侵犯行为下的定义是："侵犯是任何一种以伤害另一力图躲避这种伤害的生命体为目的的行为。"

结合巴伦的定义和我们的习惯，我们认为侵犯行为是指有意伤害他人的任何行为，或者是任何以伤害他人为目的的行为。这个定义的根本特征在于：侵犯行为必须有侵犯意图、动机的存在，是有意使他人受到伤害的行为。

（二）产生侵犯行为的原因

（1）个人需要未被满足。侵犯者有时将侵犯的矛头指向直接妨碍其需要获得满足的人；有时侵犯行为表现为迁怒于他人，或乱发脾气，或乱扔东西；有时侵犯行为指向本人，表现为自杀自残等。

（2）已经形成侵犯的习惯。人们在社会生活中形成的不良的侵犯习惯，变成了个人的性格后，往往为了一点小事动辄侵犯他人，无事生非，称王称霸。

（3）报复。个人过去曾经受过他人的侵犯，为了报复他人而发生侵犯行为。

总而言之，侵犯行为是不道德的行为。要制止这种不道德的行为，作为个人来说，要加强自我修养，提高认识，采取自我克制的态度。同时，社会要加强法制宣传，提高人们的法制观念。对侵犯者要酌情采取法律手段，加以惩办。

（三）侵犯行为的类别

根据侵犯行为方式的不同，可以划分出言语侵犯和动作侵犯。言语侵犯是使用语言、表情对别人进行侵犯，诸如讽刺、诽谤、漫骂等；动作侵犯，是使用身体的特殊部位以及利用武器对他人进行侵犯。

按照侵犯者的动机，侵犯可以分为报复性侵犯和工具性侵犯。如果侵犯者想让受害者遭遇不幸，目的在于复仇的话，那么，这就是报复性侵犯；如果侵犯者为了达到某种目的，只是把侵犯行为作为达到目的的一种手段的话，这种侵犯就是工具性侵犯。

从侵犯的含义范围来区分可以分为广义侵犯和狭义侵犯。狭义侵犯是指有意违反社会主流规范的伤害行为；广义侵犯则涵盖了全部有动机的伤害行为，而不论其是否违反了社会主流规范。根据侵犯行为是否违背社会主流规范，可以将之划分为三种亚类型：反社会的侵犯行为、亲社会的侵犯行为、被认可的侵犯行为。

（四）侵犯行为控制

我们已经知道，侵犯行为有亲社会的侵犯行为和反社会的侵犯行为以及被认可的侵犯行为，这里讲的侵犯行为的控制，主要是指对反社会的侵犯行为的控制。因为反社会的侵犯行为对社会十分有害，它破坏社会稳定，妨碍家庭安宁，损害人们的生命财产。因此，任何社会都设法控制和预防侵犯行为的发生。主要控制和预防办法有：

（1）适宜的宣泄。"宣泄"一词，最早见于精神分析学派的著作之中，又称精神发泄，是用于治疗精神病的一种方法。

现实生活中人们常用的宣泄方式有：①对攻击自己的人直接地进行报复性的反击，包括漫骂他人、伤害他人等。经验证明，这种宣泄可以减少以后侵犯他人的行为。②知晓攻击自己的人受到别人的攻击时，有"幸灾乐祸"、

"出了气"的感觉，因而也会降低自己侵犯冲动的强度。③在自己受到伤害以后，把怒气发泄到他人身上，或者发泄到物品上。例如，某人在单位受到批评，回到家里就打孩子、骂老婆、摔东西，这样可以释放怒气，减少以后侵犯行为出现的可能性。④参加竞争性的体育活动，例如球类比赛、田径比赛、拳击等。用体育活动来消耗攻击性能量，使强烈的侵犯情绪得以释放，在一定程度上可以抑制侵犯行为。

总之，宣泄对于消释和排解消极情绪，进而抑制和消除侵犯行为有积极意义。但是，它对消除和控制侵犯行为的作用是十分有限的，欲发挥其作用需具备许多条件。因此，社会组织要想运用宣泄方法控制人们的侵犯行为，必须充分考虑到宣泄的对象、时间和地点，并认真加以指导，否则可能事与愿违。

（2）恰当的惩罚。任何国家为维护社会稳定和安宁，都必须对反社会的侵犯行为予以惩罚。国家司法机构及其执法人员是制裁反社会侵犯行为的主体，根据法律、法规，视情节轻重给予反社会的侵犯行为不同的惩处。对反社会的侵犯行为进行惩罚，无论是实际上被实施惩罚，例如刑事拘留、罚款、判刑等，或者尚未实施惩罚，但预知可能将要受到惩罚，能使反社会的侵犯行为受到一定程度的控制。

研究结果和社会实践证明，惩罚要达到控制反社会的侵犯行为的目的，必须注意以下几点：惩罚要恰当，惩罚要及时，惩罚不是目的。惩罚控制侵犯行为的心理机制是，一般正常人都害怕受到惩罚而抑制其侵犯行为。因此，社会大力宣传法制的目的，就是要使大众了解侵犯他人是要负法律责任的，严重的还要受到法律惩处。

（3）良好的道德修养。少年儿童在身心发展过程中，经过不断的社会化，将社会上人人必须遵守的道德准则和规范内化于自己的意识中，支配自己的行为使之符合社会的要求。在这一过程中家长的教育引导和影响对少年儿童道德品质的形成至关重要。要让少年儿童从小就懂得打人、骂人是对他人的侵犯，是不道德的行为，侵犯他人是要受到纪律和法律惩罚的。这样，当他们产生侵犯意图时，内心会产生"侵犯焦虑"。一般正常人都有这种"侵犯焦虑"，它会使人们"三思而行"，从而可能抑制侵犯行为的发生。少年儿童的良好道德品质要从小培养，越早越好。教育实践证明，品行端正的人，大多是从小受到良好教育，而那些品德不良的人，则大多从小缺少良好的家庭教育。培养少年儿童高尚的道德品质和良好的行为习惯，对消除和控制人们反社会的侵犯行为有着深远的和现实的意义。

（4）限制暴力影视。大量研究资料显示，经常观看暴力电视电影，确实会增加人们反社会的侵犯行为和犯罪活动。社会学习理论告诉我们，不论是少年儿童还是成人，通过观察他人的行为就能学会新的行为。

二、利他行为

（一）利他行为的基本含义

利他行为是指一个人不求社会和他人任何酬偿的助人行为，诸如同情、安慰、施舍、资助、捐赠、救难以及自我献身等。利他行为是亲社会行为的最高形式，是利他精神的表现。在现实生活中，利他行为时常发生在两种情境中。

（1）紧急情境中的利他行为。利他行为通常出现在非寻常的紧迫情况下，引起利他行为发生的事件具有突发性、危险性，很可能给行为者带来不利的结果，使其自身受到某种损失或伤害，甚至要付出生命的代价。例如，在抗洪救灾中，为抢救人民的生命财产而牺牲的战士。

（2）一般情境中的利他行为。此类利他行为一般是在非紧急情况下发生的。在这种情境中的利他行为，一般并不急迫，也没有给行为者造成生命财产的损失。引起助人行为的事件具有平常性、确定性、安全性。

两种利他行为，虽然行为发生时的情境和后果不同，但它们却有着共同的特征：①利他行为都是自觉自愿地主动采取的，而不是听命于任何组织或个人的指令被动采取的。②无论紧急情况下的利他行为，还是非紧急情况下的利他行为，都是以救助他人为目的的，并且行为者没有通过救助他人而获取某种报酬（包括物质的和精神的回报）的动机。然而，行为者会产生自我满足和自我欣慰，因为帮助他人是人生最大的快乐。③救助他人总是要付出一定代价的，即使是最简单易做的利他行为，都需要一定的物质、精力和时间的投入。

除了上述两种不同情境下的利他行为以外，依据行为者的不同动机，利他行为尚有几种不同的表现方式：①回报性的利他行为。即为报答曾经得到过他人好处的助人行为，在现实社会生活中，你帮助我，我帮助你，投之以桃，报之以李，互惠互利，可谓是人情法则，无可厚非。但是，这种回报性助人行为不是真正的利他行为。②补偿性的利他行为。即为了补偿由于自己有意无意而曾给他人造成损失的助人行为。③形为利他实为利己的行为。即为从他人那里得到某种物质利益、职位或荣誉的助人行为。这种助人行为目的不在于助人，而在于利己。

（二）影响利他行为的因素

利他行为研究是社会心理学中一个较为重要的研究领域，已有的研究侧重于查明影响利他行为表现的各种因素。一般来说，利他者个人因素、情境因素以及被助者的特征和社会文化因素等，都会在我们的利他行为，以及亲社会行为中，起到明显的作用。对此，我们可以作如下具体的分析。

🕐 **1. 利他者个人因素**

社会心理学对于利他者个人因素的研究，涉及利他者年龄、性别、个性特征，以及其助人技能等。这些因素对于人们利他行为的产生，都有着直接或间接的影响。

（1）年龄。国内外的社会心理学家，对于儿童年龄和利他行为之间的关系做了许多实验性的研究。大部分研究的结果，都表明利他行为随着年龄增长而稳定上升，自私行为随着年龄增长而明显下降。

（2）性别。在社会心理学家的有关研究中，性别是影响利他行为的因素之一。一般说来，需要较大体力或不适合女性角色的利他行为，往往会由男性完成。此外，在较为尴尬的助人情境中，女性也会比男性更少表现出助人行为。女性会更多地对依赖性较强的求助者给予帮助，男性则更多地对依赖性较弱的求助者给予帮助。

（3）个性特征。有关的研究指出，一个人的自信心和责任感，与利他行为有着某种影响关系。一般来说，社会责任感与利他行为呈正相关。此外，个人的信念和价值观，也都会在利他行为中起着重要的作用。

（4）助人技能。近期一些研究指出，懂得助人技能的人，也就是说懂得如何去帮助别人的人，尤其是懂得在紧急情况下去如何帮助别人的人，要比不具有助人技能的人更可能表现出实际的助人行为。

🕐 **2. 情境对利他行为的影响**

社会心理学家认为，情境是影响利他行为表现的一种重要因素。而在情境因素中，一般包括所谓的内在情境和外在情境两个方面。就内在情境来说，主要指助人者自己当时的心境和情绪状态，以及其原来所拥有的助人经历和经验、当时是否有充分的助人时间等。而就外在情境来说，一般指当事者所处的周围环境、其基本的社会风气或社会氛围，以及其他人的榜样和示范作用等。

● 3. 被助者的特点对利他行为的影响

利他行为中被助者的特点也是不可忽视的因素。在社会心理学家所进行的有关研究中，被助者的特点主要涉及被助者的性别特征、年龄特征和其外部表现特征等。

● 4. 社会文化因素对利他行为的影响

任何一种社会文化因素，都对我们的行为有着广泛而深刻的影响。利他行为是一种社会行为，当然也会受到社会文化因素的制约，不同的社会文化背景的人，确实也有着不同程度的利他行为表现。对此，许多较有说服力的研究，是由文化人类学家，或者是社会心理学家在有关人类学和跨文化的研究背景中提供的。比如，玛格丽特·米德（M. Mead）曾经比较了新几内亚两种文化条件下长大的儿童的行为：曼都加莫族人不大喜欢管教自己的孩子，往往放任自流，孩子长大后一般也不愿帮助别人；而阿拉培什族人喜爱自己的孩子，孩子长大后同情心很强，助人行为较多。在 20 世纪 70 年代，曾经有人对美国儿童和苏联儿童的利他行为进行了比较研究，结果发现，苏联的学校教育强调社会责任，这种责任感促使个人批评那些违反团体规范的人，在客观上导致了人们助人行为的增加。另外，研究者们发现，随着社会经济的发展，在一些国际旅游城市，人们的助人和利他行为也有所增加。

第五节 | 人际交往实验

‖ 一、手机对大学生人际交往的影响 ‖

在现代社会，手机在大学生当中越来越普遍，QQ、微博、朋友圈、人人等社交网络，成为当代学生重要的交流方式，手机对大学生的人际交往的影响也为很多研究者所关注。请设计问卷并对大学生进行调研，探索手机对大学生人际交往的影响。

【实验目的】通过学生的实际操作，让学生掌握人际交往相关心理学实验的研究方法，加深对人际交往与个人心理特质以及其他影响因素的关系的认识，提高发现问题、探索问题和解决问题的能力和自主学习能力。

二、大学生人际交往特点与其依恋类型的关系

人际交往对于大学生而言具有非常重要的作用，它不仅影响着大学生心理和人格的健全发展，还影响着大学生的学习积极性、学习效率和创造性，直接关系到大学生的心理健康，影响着他们未来的发展。而人际交往往往与个体早年的生活经历息息相关。成人亲密关系体验调查问卷（Experiences in Close Relationships Inventory, ECR）是由 Brennan Clark 和 Shaver 等人编制的，为 7 级评分（从非常不同意到非常同意），共 36 个项目，测量依恋焦虑和依恋回避两个维度，该量表具有较高的信效度。人际关系综合诊断量表，该量表是郑日昌主编的《大学生心理诊断》中收录的，主要测量人际交往行为困扰的程度，共 28 道题目，每个维度包括 7 个陈述性问题，测量了大学生人际交往的交谈、交际与交友、待人接物和异性交往 4 个维度，对每个问题做"是"或"否"的回答，答"是"得 1 分，答"否"得 0 分，总分在 0～28 分之间。

【实验工具】基本设备与器材配置、人际关系综合诊断量表、成人亲密关系体验调查问卷

想一想

1. 减少侵犯行为的方法有哪些？
2. 影响利他行为的因素有哪些？
3. 服从是对_____命令的服从。
4. 阿希的研究所关注的是_____问题，而不是服从权威的问题。

测一测

交际能力测量表

如果你想了解自己的交际水平，请你用下面这套小测验进行自测。测验方法很简单，于每项的 A、B、C 三者之间选择其一，并对所选的答案划个记号。

测试题：

1. 你是否经常感到词不达意？

A. 是 　　　　　　B. 有时是 　　　　　C. 从来没有

2. 他人是否经常曲解你的意见？

A. 是 　　　　　　B. 有时是 　　　　　C. 从来没有

3. 当别人不明白你的言行时，你是否有很强的挫折感？

A. 是 　　　　　　B. 有时是 　　　　　C. 从来没有

4. 当别人不明白你的言行时，你是否不再加以解释？

A. 是 　　　　　　B. 有时是 　　　　　C. 从来没有

5. 你是否尽量避免社交场合？

A. 是 　　　　　　B. 有时是 　　　　　C. 从来没有

6. 在社交场合，你是否不愿与别人交谈？

A. 是 　　　　　　B. 有时是 　　　　　C. 从来没有

7. 在大部分时间里，你是否喜欢一个人独处？

A. 是 　　　　　　B. 有时是 　　　　　C. 从来没有

8. 你是否曾因为不善辞令而失去改变生活处境的机会？

A. 时常有 　　　　B. 偶尔有 　　　　　C. 没有

9. 你是否特别喜欢不必与人接触的工作？

A. 是 　　　　　　B. 有时是 　　　　　C. 不是

10. 你是否觉得很难让别人了解自己？

A. 是 　　　　　　B. 有时是 　　　　　C. 不是

11. 你是否极力避免与人交往？

A. 是 　　　　　　B. 有时是 　　　　　C. 不是

12. 你是否觉得在众人面前讲话是很难的事？

A. 是 　　　　　　B. 有时是 　　　　　C. 不是

13. 别人是否常常用"孤僻"、"不善辞令"等词来形容你？

A. 经常有 　　　　B. 有时有 　　　　　C. 从未有

14. 你是否很难表达一些抽象的意见？

A. 是 　　　　　　B. 有时是 　　　　　C. 不是

15. 在人群中，你是否尽量保持不出声？

A. 是 　　　　　　B. 有时是 　　　　　C. 不是

计分：

答 A 得 3 分，答 B 得 2 分，答 C 得 1 分，将各题相加得总分。

鉴定：

如果总分在 38～45 分之间，表明你必须采取措施改善自己的交际能力。

如果总分在 15～22 分之间，表明你在交际方面过分积极，亦可能导致消极的后果——让人厌恶。

如果总分在 22～38 分之间，表明你是一个善于交际的人。

参考文献

一、著作类

ANDERSON J R. Cognitive Psychology and its Implications ［M］. 2nd ed. New York：Freeman，1985.

BOLLES R C. Learning Theory ［M］. 2nd ed. New York：Holt，Rinchart and Winston，1979.

KOHLER W. The mentality of apes ［M］. New York：Harcourt，Brace & World，1927.

MASS J B. Power sleep：The revolutionary program that prepares your mind for peak performance ［M］. New York：Harper Collins. 1999.

STERNBERG R J. In Search of the Human Mind ［M］. 2nd ed. Harcount Brace & Company，1998.

THORNDIKE E L. Educational Psychology：The Psychology of Learning ［M］. 2nd ed. New York：Teacher College，1913.

艾洪滨. 人体解剖生理学实验教程 ［M］. 北京：科学出版社，2010.

埃里克·H. 埃里克森. 同一性：青少年与危机 ［M］. 孙名之，译. 杭州：浙江教育出版社，1998.

安德鲁·科尔曼. 什么是心理学 ［M］. 陈继文，孙灯勇，译. 北京：中国人民大学出版社，2008.

伯格. 人格心理学 ［M］. 陈会昌，等，译. 北京：中国轻工业出版社，2004.

波佩尔. 意识的限度——关于时间与意识的新见解 ［M］. 李百涵，等，译．北京：北京大学出版社，2000.

蔡笑岳．心理学［M］．北京：高等教育出版社，2007.

曹禺昌．普通心理学［M］．北京：人民教育出版社，1987.

车文博．人本主义心理学（精）［M］．杭州：浙江教育出版社，2003.

程甫，等．基础心理学教程［M］．北京：人民教育出版社，2007.

科里．心理咨询与治疗的理论及实践（第八版）［M］．谭晨，译．中国轻工业出版社，2010.

崔丽娟．心理学是什么［M］．北京：北京大学出版社，2007.

黛安娜·帕帕拉，萨莉·奥尔兹，露丝·费尔德曼．发展心理学［M］．李西营，等，译．北京：人民邮电出版社，2013.

戴海崎，等．心理与教育测量［M］．广州：暨南大学出版社，1999.

丁锦红，张钦，郭春彦．认知心理学［M］．北京：中国人民大学出版社，2010.

董兴文．战胜挑战［M］．北京：北京出版社，1994.

格尔德·米策尔．心理学入门［M］．张凤凤，译．北京：中央编译出版社，2011.

方刚．中国雨人之谜［M］．广州：广州出版社.1996.

弗洛伊德．精神分析引论［M］．彭舜，译．西安：陕西人民出版社，2001.

高峰强，等．行为奥秘透视——华生的行为主义［M］．武汉：湖北教育出版社，2000.

耿兴永，吴洪珺．心理压力与健康［M］．上海：华东师范大学出版社，2006.

郭永玉．孤立无援的现代人——弗洛姆的人本精神分析［M］．武汉：湖北教育出版社，2000.

赫根汉．人格心理学导论［M］．何瑾，译．海口：海南人民出版社，1988.

H. 肯纳利．战胜焦虑［M］．施承孙，宫宇轩，译．北京：中国轻工业出版社，2000.

黄喜珊，张霞．中外故事在心理课程中的应用［M］．暨南大学出版社，2012.

黄希庭．心理学导论［M］．北京：人民教育出版社，1991.

黄希庭．人格心理学［M］．杭州：浙江教育出版社，2002．

黄希庭，郑涌．心理学十五讲［M］．北京：北京大学出版社，2005．

黄希庭．心理学与我们［M］．北京：人民邮电出版社，2008．

江光荣．人性的迷失与复归——罗杰斯的人本心理学［M］．武汉：湖北教育出版社，2000．

津巴多．心理学与生活［M］．王垒，王甦，等，译．北京：人民邮电出版社，2003．

卡萝尔·韦德，卡萝尔·塔佛瑞斯．心理学的邀请［M］．白学军，等，译．北京：北京大学出版社，2006．

卡伦·达菲，伊斯特伍德·阿特沃特．心理学改变生活［M］．张莹，译．北京：世界图书出版公司北京公司，2006．

库恩．心理学导论——思想与行为的认识之路［M］．郑钢，等，译．北京：中国轻工业出版社，2007．

K．W．夏埃，S．L．威利斯．成人发展与老龄化［M］．上海：华东师范大学出版社，2003．

拉里·谢佛，马修·R·麦伦斯．普通心理学研究故事［M］．石林，等，译．北京：世界图书出版公司出版，2007．

雷雳，张雷．青少年心理发展［M］．北京：北京大学出版社，2003．

雷瑟斯，奈维德其．适应与成长：生活的挑战［M］．1983．引自于贾晓波．心理健康教育与教师心理素质［M］．北京：中国和平出版社，2000．

梁宁建．心理学导论［M］．上海：上海教育出版社，2006．

刘永芳．人格评价［M］．济南：山东人民出版社，2001．

林崇德．发展心理学［M］．北京：人民教育出版社，1994．

林崇德．发展心理学［M］．北京：人民教育出版社，2009．

L．A．珀文．人格科学［M］．周榕，等，译．上海：华东师范大学出版社，2001．

拉瑟斯，瓦伦丁．当代心理学导引［M］．尤瑾，等，译．西安：陕西师范大学出版社，2006．

乐国安．社会心理学［M］．广州：广东高等教育出版社，2006．

刘青．生活中的心理学［M］．北京：机械工业出版社，2006．

罗伯特·费尔德曼．发展心理学——人的毕生发展［M］．苏彦捷，译．北京：世界图书出版社，2007．

罗伯特摩根，等．心理学职业发展之路 ［M］．吕晓薇，韩颖，译．北京：世界图书出版公司．2007.

罗杰·霍克．改变心理学的 40 项研究 ［M］．白学军，等，译．北京：人民邮电出版社，2010.

马绍斌．心理保健 ［M］．广州：暨南大学出版社，1995.

马伟娜．异常心理学 ［M］．浙江：浙江大学出版社，2009.

孟昭兰．婴儿心理学 ［M］．北京：北京大学出版社，1997.

墨顿·亨特．心理学的故事 ［M］．李斯，译．海口：海南出版社，1999.

莫雷．教育心理学 ［M］．广州：广东高等教育出版社，2002.

莫里斯，等．心理学导论 ［M］．张继明，等，译．北京：北京大学出版社，2007.

牧之．心理学与你的生活 ［M］．北京：新世界出版社，2006.

纽曼．发展心理学 ［M］．白学军，等，译．西安：陕西师范大学出版社，2005.

彭聃龄．普通心理学 ［M］．北京：北京师范大学出版社，2001.

彭聃龄．普通心理学 ［M］．北京：北京师范大学出版社，2004.

彭凯平．心理测验——原理与实践 ［M］．北京：华夏出版社，1989.

彭运石．走向生命的巅峰——马斯洛的人本心理学 ［M］．武汉：湖北教育出版社，1999.

菲利普·津巴多，罗伯特·约翰逊．普通心理学 ［M］．王佳艺，译．北京：中国人民大学出版社，2008.

乔治·斯特里克．心理治疗整合 ［M］．常保瑞，郭本禹，译．安徽：安徽人民出版社，2011.

人民教育出版社师范教材中心组编．心理学 ［M］．北京：人民教育出版社，1999.

里克·M·加德纳．日常生活心理学 ［M］．刘军，译．北京：中国人民大学出版社，2008.

H·鲁道夫·谢弗．发展心理学的关键概念 ［M］．胡清芬，译．上海：华东师范大学出版社，2008.

桑特罗克．心理学和我们 ［M］．吴思为，等，译．上海：上海社会科学院出版社，2008.

桑标．当代儿童发展心理学［M］．上海：上海教育出版社，2003．

申荷永．社会心理学［M］．广州：暨南大学出版社，1999．

时蓉华．社会心理学［M］．上海：上海人民出版社，2002．

斯塔诺威克．与"众"不同的心理学：如何正视心理学［M］．范照，等，译．北京：中国轻工业出版社，2005．

拉瑟斯．瓦伦著当代心理学导引［M］．尤瑾，等，译．西安：陕西师范大学出版社，2006．

孙久荣．神经解剖生理学［M］．北京：北京大学出版社，2004．

孙煜明．心理学学习指导［M］．北京：人民教育出版社，1991．

泰勒，佩普劳，希尔斯．社会心理学［M］．谢晓非，谢冬梅，等，译．北京：北京大学出版社，2004．

王玲．变态心理学［M］．广东：广东高等教育出版社，2011．

王甦，汪安圣．认知心理学［M］．北京：北京大学出版社，2005．

汪云九，杨玉芳．意识与大脑：多学科研究及其意义［M］．北京：人民出版社，2003．

王耀廷，王月瑞．心理学史上的 76 个经典故事［M］．上海：汉语大词典出版社，2005．

韦德，塔佛瑞斯．心理学的邀请［M］．白学军等，译．北京：北京大学出版社，2006．

魏景汉，阎克乐．认知神经科学基础［M］．北京：人民教育出版社2008．

吴静．心理与人生［M］．北京：大众文艺出版社，1993．

吴正豪．思维导图：图解大脑使用手册［M］．北京：中国纺织出版社，2012．

肖汉仕．社会心理学［M］．长沙：湖南师范大学出版社，2008．

熊哲宏．心灵深处的王国——弗洛伊德的精神分析学［M］．武汉：湖北教育出版社，2000．

颜世富．心理健康与成功人生［M］．上海：上海人民出版社1997．

杨治良．实验心理学［M］．杭州：浙江教育出版社，1998．

游一行．世界经典心理测试题全集［M］．北京：光明日报出版社，2011．

詹姆斯．O. 卢格．人生发展心理学［M］．陈德民，等，译．上海：学林出版社，1996.

张朝．心理学导论［M］．北京：清华大学出版社，2008.

张春兴．现代心理学［M］．上海：上海人民出版社，1994.

张春兴．心理学思想的流变：心理学名人传［M］．上海：上海教育出版社，2002.

张春兴．现代心理学——现代人研究自身问题的科学［M］．上海：上海人民出版社，2005.

张厚粲．大学心理学［M］．北京：北京师范大学出版社，2001.

张积家．普通心理学［M］．广州：广东高等教育出版社，2004.

赵志雅，等．多元才能——IQ 以外的能力［M］．北京：中国轻工业出版社，1999.

赵中天．社会心理学［M］．北京：中央党校出版社，2001.

郑日昌，等．心理测量学［M］．北京：人民教育出版社，1999.

郑雪．心理学［M］．北京：高等教育出版社，2006.

郑雪．人格心理学［M］．广州：暨南大学出版社，2007.

周晓虹．社会心理学［M］．北京：高等教育出版社，2008.

周宗奎．现代儿童发展心理学［M］．合肥：安徽人民出版社，1999.

朱翠英．现代心理学导论［M］．长沙：湖南科学技术出版社，2005.

朱莉娅·贝里曼，等．发展心理学与你［M］．陈萍，等，译．北京：北京大学出版社，2000.

朱同．你身边的心理学［M］．北京：新世界出版社，2006.

朱智贤．儿童心理学［M］．北京：人民教育出版社，1980.

邹海燕．社会心理学［M］．长沙：湖南大学出版社，2003.

左明雪．人体解剖生理学［M］．北京：高等教育出版社，2009.

二、论文类

Luchins A S. Mechanization in Problem Solving［J］. Psychological Monographs, 1942 (54)：6.

Shiffrin R N, Atkinson R C. Storage and Retrieval Processing in Long-term Memory［J］. Psychological Review, 1969 (76)：179 – 193.

Sperling G. The information available in brief visual presentations［J］. Psychological Monographs, 1960 (74)：1 – 29.